LES SPORTS A PARIS

PAR A. DE SAINT-ALBIN

LIBRAIRIE MODERNE. — 7, RUE SAINT-BENOIT.

Les Sports à Paris

A. DE SAINT-ALBIN

Les Sports

A PARIS

PARIS
LIBRAIRIE MODERNE
7, RUE SAINT-BENOIT, 7

1889

Tous droits réservés.

LES SPORTS A PARIS

LES MYSTÈRES DU TURF
DE 440 AV. J.-C. A 1889!

Le poète anglais Chaucer écrivait au XIVe siècle : « Il n'y a de nouveau que ce qui a vieilli », et près de cinq cents ans plus tard, Mlle Bertin, la marchande de modes de Marie-Antoinette, disait, en rajeunissant je ne sais quelle antique fanfreluche : « Il n'y a de nouveau que ce qui est oublié. »

Nous n'avons rien inventé, et, pour peu que nous remontions aux époques les plus reculées de l'histoire, nous trouvons les courses plates et les courses d'obstacles telles qu'elles sont aujourd'hui ; l'hygiène du jockey, l'entraînement des chevaux, les mystères du turf n'ont point varié : c'est à ce point qu'un habitué des jeux olympiques, isthmiques et néméens, le poète Pindare lui-même, assisterait à une réunion actuelle d'Epsom ou de Longchamps sans éprouver le moindre étonnement et pourrait s'écrier :

— On ne m'a pas trop changé mes habitudes depuis la dernière fois que je suis venu en 440 avant Jésus-Christ.

Il y a deux ans, j'ai parcouru les principaux haras de France et je suis revenu chargé de documents, d'observations personnelles et de renseignements puisés à la première source. J'aurais pu me dispenser d'aller si loin, il m'eût suffi de consulter les agronomes latins.

J'ouvre en effet le traité d'agriculture de Columelle écrit vers le 1ᵉʳ siècle, et voici ce que j'y trouve à propos de l'élevage :

« Ceux qui ont à cœur d'élever des chevaux doivent surtout se pourvoir d'un esclave entendu et d'une grande quantité de fourrage... »

On dit maintenant : « Ayez un bon studgroom et donnez beaucoup d'avoine ! »

« Si ces deux points, ajoute Columelle, peuvent être négligés dans une certaine mesure à l'égard des autres bestiaux, le cheval demande qu'on y apporte la plus grande attention, surtout le cheval de noble race. »

Cheval de noble race : lisez, le pur sang !

« A l'égard des races nobles, on fera saillir les mâles vers l'équinoxe du printemps, afin que les cavales puissent élever leur poulain sans beaucoup de peine, attendu qu'il viendra au monde quand les campagnes se trouveront gaies et bien fournies d'herbes... »

Venons à la naissance.

« Si la cavale a pouliné heureusement, on se donnera garde de toucher à son poulain avec la main, parce que le moindre contact avec un corps étranger suffit pour le blesser. On aura soin seulement de le mettre avec sa mère dans un lieu qui soit à la fois vaste et chaud, de peur que le froid ne lui nuise dans l'état de faiblesse où il sera, ou que sa mère ne l'écrase si le lieu est trop resserré. Ensuite, il faudra le faire sortir de temps en temps de peur que le fumier ne lui brûle la corne des pieds. Quelque temps après, lorsqu'il sera devenu plus fort, on le laissera aller avec sa mère dans les gras pâturages, de peur que le chagrin de s'en voir privée ne la fasse tomber malade...

« Les cavales vulgaires sont dans l'habitude de pouliner toutes les années, mais une cavale de race noble ne doit être saillie que de deux années l'une, afin que le lait de la mère, donnant plus de force aux poulains, le prépare bien à supporter les fatigues de la lutte. »

Cette observation mérite d'être livrée aux observations des éleveurs, mais je doute qu'elle trouve son application et qu'il y ait un propriétaire disposé à laisser vide pendant un an une poulinière qui lui aura donné un bon produit.

Je reprends Columelle :

« On peut juger de la bonté naturelle d'un poulain dès sa naissance. En effet, s'il est gai, s'il est intrépide, s'il n'est effrayé ni par les objets qui se présentent à sa vue, ni par les sons qui frappent son oreille pour la première fois, s'il court toujours à la tête d'un troupeau, s'il surpasse ses camarades par sa gaieté et sa vivacité et qu'il l'emporte même quelquefois sur eux à la course, s'il saute un fossé sans balancer et qu'il passe un pont et traverse un fleuve de même, ce sont toutes marques d'un naturel distingué.

« Pour la forme du corps, elle consistera à avoir la tête petite, les yeux noirs, les narines ouvertes, les oreilles courtes et redressées : le chignon flexible et épais sans être allongé ; la crinière bien fournie et pendante du côté droit ; la poitrine large et parsemée d'une multitude de muscles bien moulés ; les épaules grandes et droites ; les côtes arquées ; l'épine du dos double ; le ventre droit ; les reins larges et ravalés ; la queue traînante et garnie de poils longs, rudes et ondoyants ; les jambes égales, hautes et droites ; le genou cylindrique et petit sans être tourné en dedans ; les fesses rondes, les cuisses pleines de muscles et bien fournies ; la corne des pieds dure, haute, concave, ronde et surmontée d'une couronne légèrement saillante ; l'ordonnance générale du corps, grande, élevée, droite, que l'animal paraisse agile au coup d'œil.

« Quant au caractère, on estime les poulains lorsque, sans être emportés, ils ont de l'ardeur, ils sont très doux parce qu'ils sont plus portés à l'obéissance et plus patients dans les travaux de la lutte. »

Varon, dans son ouvrage sur l'agriculture, publié du temps de César, vers l'an 710 de Rome, partage l'opinion de Columelle sur le mauvais système de faire produire les juments sans leur donner de repos.

« Il y a, dit-il, des personnes qui ne font saillir les cavales que de deux années l'une, les mères se conservent plus longtemps et les poulains en sont plus forts. Suivant eux, il en est des cavales comme des terres qu'on ne laisse pas reposer ; cette production continue les épuise.

« Les poulains de dix jours vont paître avec leur mère, évitez qu'ils stationnent dans l'étable dont le fumier brûle leurs sabots délicats. »

D'après Varon, le sevrage du poulain ne se fait qu'à deux ans (on les sèvre maintenant à six mois), mais ceci rentre dans l'idée première de l'auteur qui est de laisser du repos aux mères.

« A cinq mois, dit-il, on leur donne, chaque fois qu'ils rentrent de l'écurie, de la farine d'orge avec du son ou toute autre production végétale de leur goût. A l'âge d'un an, on leur donne de l'orge en nature et du son jusqu'à ce qu'ils ne tètent plus; ce n'est qu'à deux ans révolus qu'on les sèvre.

« De temps à autre il faut les flatter de la main pendant qu'ils sont avec leur mère, afin que plus tard ils ne s'effarouchent pas d'être touchés. Par le même motif on suspend des mors dans leurs écuries pour qu'ils s'accoutument dès leur jeune âge à en supporter la vue et à en entendre le cliquetis. »

L'auteur touche au dressage, et l'on verra que la méthode qu'il indique se rapproche en bien des points de celle qui est employée de nos jours.

« Lorsque les poulains auront pris l'habitude d'approcher quand on leur tend la main, il faudra de temps à autre leur mettre sur le dos un enfant, qui d'abord s'y couche à plat ventre et ensuite s'y tient assis. Pour ce manège il faut que le cheval ait trois ans. C'est l'âge où sa croissance est faite et où il commence à avoir des muscles. »

J'ai résumé d'après mon expérience et d'après les auteurs modernes le chapitre de la naissance des poulains.

Tout y confirme ce que nous ont appris les auteurs anciens.

Comment un poulain naît? C'est très simple. Il naît tout seul. La jument se couche au moment d'être mère, et le moyen le plus sûr pour que les choses se passent bien est de la laisser tranquille.

De sa chambre, par une lucarne qui communique avec le *box* où est la poulinière, le *studgroom* surveille avec soin *l'accouchement*. La présence d'un homme près de la jument quand elle met bas pourrait avoir les inconvénients les plus graves. On risquerait de l'exciter à se relever brusquement. Elle pourrait alors déplacer son poulain, le blesser et se blesser grièvement elle-même.

Tous les traités d'élevage nous apprennent qu'une poulinière porte onze mois, que l'on reconnaît qu'elle approche de son terme au gonflement de ses mamelles et à la dépression des muscles de chaque côté de la croupe. Dès sa délivrance on lui donne du gruau chaud et un peu de foin; puis après des barbotages, des carottes et de la luzerne.

Le premier soin de la jument, quand elle est délivrée, est de faire amoureusement la toilette de son nouveau-né. Il est peu de mères plus tendrement dévouées que les poulinières, et il est rare d'en trouver de méchantes envers leur progéniture. On cite cependant des cas de mères criminelles : une jument, qui avait eu un poulain de *Monarque,* au haras de Dangu, le tua dès sa naissance. Une autre, qui paraissait ne pas pouvoir supporter la vue de son rejeton et se montrait toute disposée à le maltraiter, en fut séparée pendant trois semaines. Comme le poulain dépérissait, on le lui rendit, croyant que ses mauvais instincts s'étaient apaisés; il n'en était rien, dès qu'on lui remit son enfant, elle se précipita sur lui et le blessa mortellement.

C'est pendant les premiers jours de sa naissance qu'on peut le mieux juger les qualités d'un poulain. Si à ce moment il est bien constitué, il le sera plus tard, quand même il aurait traversé une période d'appauvrissement physique. Mais s'il naît incomplet et avec des défauts, il en sera de même que pour ses qualités : on les verra reparaître tôt ou tard pendant sa carrière.

Le poulain de couleur lavée n'annonce rien de bon; de même on peut prédire que le poulain qui porte la tête en l'air, galopera faiblement. Les poulains sont très sujets à la diarrhée; un excellent système pour les guérir est de les transporter dans un autre paddock situé dans un endroit plus élevé. En les soumettant à un air plus vif, on les guérit comme par enchantement.

Il est d'usage de ne faire sortir les poulains que six jours après leur naissance, c'est à peu près le temps où ils voient clair. A six mois, on les sèvre et on les amène dans la prairie la plus vaste et la plus aérée du haras. Tous les deux mois, on leur fait les pieds pour les habituer à la ferrure.

A partir du moment où ils sont lâchés dans la prairie, il est hygiénique de les faire galoper. Mais il n'y a aucune signification à attacher au mérite de celui qui tient habituellement la tête et devance ses camarades. C'est souvent l'animal le plus farouche qui s'élance le premier et se sauve pour ainsi dire devant les autres; le poulain plus calme se tient volontiers derrière; observe ses rivaux, voit leur façon de courir, et les dépasserait au besoin si bon lui semblait. Tout ce qu'on peut juger d'un poulain, c'est son allure.

Une méthode recommandée par nos meilleurs éleveurs et particulièrement préconisée par feu Alexandre Aumont, consiste à tenir les poulains dans la prairie, au milieu des bœufs.

On croit que l'odeur qui se dégage des bœufs est excellente à respirer pour un jeune cheval, et puis il y a un autre avantage : le bœuf est pour ainsi dire le cuisinier du poulain, il lui coupe l'herbe à la hauteur voulue pour qu'il la mange à point. Promenez-vous le matin dans une prairie où il y a des chevaux et des bœufs ensemble, et vous verrez les chevaux suivre les bœufs et brouter aux places mêmes que ceux-ci viennent de tondre.

La naissance d'un poulain issu de parents nobles est un événement dans un haras. Tout le personnel de l'établissement défile dans son box; c'est comme un jeune prince entouré par les fées qui viennent le douer à son berceau. A ce moment, tout le monde se mêle de lui distribuer des qualités; on dit qu'il aura du fond, de la vitesse, qu'il brillera par le cœur comme son père ou sa mère.

Certains éleveurs se vantent de connaître le bon cheval à des signes particuliers dont ils possèdent le secret. C'est un truc bien facile à deviner. Les signes qui aident à découvrir un bon cheval sont d'autant plus particuliers qu'ils n'existent que dans l'imagination des pseudo-connaisseurs. C'est inouï ce que le métier de prophète fait dire de bêtises à ceux qui l'exercent. Il est vrai que les prophéties s'oublient et que ceux qui les risquent ont soin de ne les rappeler que lorsqu'elles réussissent.

Enfin, voici le poulain gaillard et bien portant, se livrant dans l'herbe épaisse à des ébats de jeune faon. Son propriétaire n'a plus qu'une préoccupation, savoir s'il possède, oui ou non, un *crack* et si l'avenir lui réserve des bénéfices énormes, s'il peut entrevoir dans ses rêves un succès dans le prix du Jockey-Club ou dans le grand prix de Paris. Cependant, quelle que soit l'impatience de savoir si l'on possède, oui ou non, un poulain de valeur, il est impossible d'en prendre la mesure exacte avant que ce poulain soit dressé et puisse être monté.

Un jour que je visitais le haras de Dangu, je demandai au studgroom :

— Comment savez-vous que vous avez une bonne année de chevaux ?

— Oh! c'est bien facile, me répondit-il; je monte sur mon vieux hack; je vais dans une allée, le long d'un petit bois, et pour cinq cents mètres les poulains qui me battent malgré mon gros poids sont infailliblement destinés à devenir des vainqueurs.

Mais les essais les plus sérieux se font, pour les poulains de trois ans, au moment des grandes courses.

Celui de *Gladiateur* est resté légendaire. *Gladiateur* avait été bien essayé à deux ans, et le comte de Lagrange avait pu, en le dissimulant, le prendre à cent contre un. La commission avait été exécutée par le vicomte Paul Daru, et le cheval ayant été spécialement entraîné pour le Derby, on avait tout intérêt à ne plus l'essayer avant la course.

Mais, à cette époque, le comte de Lagrange, qui sentait qu'il y avait une fortune et une fortune immense dans les sabots de son cheval, vivait dans une anxiété bien explicable.

Un jour, il arrive inopinément en Angleterre, chez son entraîneur.

— Nous allons essayer *Gladiateur*.

— Bien ! répond Tom Jennings, qui sait qu'il n'y a pas à discuter les ordres du maître.

— Demain matin !

— Demain matin.

Il faisait un brouillard très épais, à travers lequel on distinguait toute une bande d'espions venus pour épier le galop. On les chassa.

On essaya *Gladiateur* avec *Vivid* et *le Mandarin*.

Vivid était une excellente jument que le comte de Lagrange avait achetée tout exprès pour mesurer son cheval. *Gladiateur* la battit facilement dans le galop, et le lendemain *Vivid*, portant un très gros poids, arrivait seconde dans un handicap.

— Pour le coup, pensa le comte de Lagrange, *Gladiateur* est encore meilleur que je ne l'espérais !

Et il lui fit courir les *Deux mille guinées*, qu'il gagna avec la même facilité que les autres courses.

Boïard, avant de courir le prix du Jockey-Club, fut essayé avec *Faublas*, dont il recevait six livres, et le battit avec une extrême facilité. *Florentin* fut essayé également, avant le prix du Jockey-Club, avec une jument nommée *Fidélité*, qui lui rendait dix livres, et qui fut battue facilement.

Mais *Florentin*, que son écurie put prendre à une très belle cote, pour une très forte somme, très peu de jours avant le Derby français, fit à ce moment un essai d'un genre tout particulier.

Son entraîneur, qui était un peu gêné pour l'entraîner, à cause de l'état défectueux d'une de ses jambes, le fit sortir un matin sur la pelouse de Chantilly, avec l'intention de lui donner un bon galop de 2,400 mètres, la distance du prix du Jockey-Club. Mais, à peine lancé, *Florentin* s'emballa et, sans que l'homme qui le montait pût songer à modérer son train, fit trois fois le tour de l'hippodrome à toute vapeur.

L'entraîneur qui assistait au galop s'arrachait les cheveux :

— C'en est fait de mon cheval, s'écriait-il, et de sa mauvaise jambe, quand il va s'arrêter, il sera complètement boiteux !

Le cheval fut ramené en nage à l'écurie et son entraîneur ne voulut même pas aller le regarder ; il éprouvait le sentiment de l'individu qui voit tomber un homme d'un cinquième étage et se dit :

— C'est terrible d'aller le ramasser, il doit être en tout petits morceaux !

Enfin, vers cinq heures du soir, l'entraîneur eut l'idée de faire sortir de nouveau *Florentin* sur la pelouse et de le promener en mains pour constater sa boiterie inévitable. Contre toutes prévisions, le cheval se montra frais et dispos et ne parut nullement se ressentir de sa terrible course du matin. Un tel essai était des plus concluants, aussi le propriétaire en profita-t-il largement.

Je ne dirai qu'un mot de l'entraînement et des soins donnés aux chevaux de course; ce sont des détails trop connus pour que j'aie besoin d'y insister. Le premier soin du *lad*, ou garçon d'écurie, est de faire la litière de son cheval qui a été détaché pendant la nuit pour pouvoir se coucher et prendre un bon repos. La litière faite, le *lad* donne un coup de brosse à son coursier, lui met la selle et la bride, l'enfourche et sort. Ces premiers préparatifs durent de trente-cinq à quarante minutes. Les chevaux sortent de l'écurie à la file et vont au pas pendant une demi-heure. Au pas succède le trot qui leur dégourdit mieux les jambes. Les chevaux qui sont en plein travail vont au pas pendant trois quarts d'heure, puis au petit trot et font ensuite un bon galop. Cette première séance qu'on appelle *première promenade* dure de une heure et demie à deux heures.

On rentre à l'écurie; le *lad* débride son cheval, lui donne une poignée de foin et procède à sa toilette en commençant par la tête et l'encolure. Quand le cheval est bien sec, on lui donne à boire, on lui lave les pieds et les jambes, puis on panse tout le reste du corps.

Il est huit heures quand ce premier travail est terminé; on refait la paille du cheval; le head-lad, premier garçon, lui apporte son avoine servie dans une mangeoire soigneusement nettoyée. Puis il ferme la porte à clef pour le laisser reposer jusqu'à midi.

A midi, chaque garçon revient près de son cheval, lui attache la tête, le bouchonne consciencieusement, lui refait la tête, lui sert son foin et son avoine et l'enferme de nouveau jusqu'à cinq heures.

De cinq à huit le cheval reste attaché. A huit heures on refait son lit, on le détache et bonsoir, libre à lui de bien dormir jusqu'au lendemain.

L'éducation est la même pour les poulains de deux ans, qui ne font leur première sortie que vers huit heures et demie ou neuf heures.

Nous venons de suivre en détail la naissance et l'éducation du cheval, nous allons maintenant l'accompagner sur l'hippodrome où il va désormais appartenir au public et galoper à la célébrité.

Mais, avant de terminer ce chapitre, je ferai remarquer que les anciens avaient un système d'entraînement qui se rapprochait tout à fait du nôtre.

Je lis dans l'histoire de Pline l'Ancien :

« Les Sarmates sur le point de faire de longues courses préparent leurs chevaux par l'abstinence, ne leur accordant qu'un peu de boisson; il les montent ainsi préparés et parcourent cent cinquante milles d'une traite. »

Suétone, dans l'histoire des Césars, raconte que

Caligula, qui fut tour à tour gladiateur, cocher, chanteur et danseur, conduisait des chars dans un cirque où l'on avait réuni des difficultés de toutes sortes.

« Il aimait tant un cheval nommé *Incitatus* que, la veille des courses du cirque, il envoyait des soldats commander le silence dans tout le voisinage afin que le repos de cette bête ne fût point troublé. »

Ce respect du repos des coursiers fameux n'a rien perdu de ses droits. Je me souviens d'avoir vu M. Alexandre Aumont surveiller le sommeil de Monarque la veille du prix du Jockey-Club. Il se releva plusieurs fois la nuit pour s'assurer que son cheval dormait paisiblement. Le comte de Lagrange était aussi sévère que possible dans la surveillance des bons chevaux qui allaient courir. Bien souvent ses amis lui demandaient de voir tel ou tel de ses champions illustres. Le comte, qui était homme du monde avant tout, paraissait faire selon leur désir et leur ouvrait le box d'un autre cheval que de celui qu'il craignait de déranger.

— Je vous le montre, disait-il aux curieux tout en riant sous cape, mais vous ne direz à personne que vous l'avez vu !

Et à part, à son entraîneur :

— S'ils se figurent que je vais embêter mon cheval pour leur être agréable !

En Angleterre, on prend des policemen pour monter la garde devant le box d'un futur vainqueur.

Il est certain que l'entraîneur doit, en tout cas, garder dans sa poche la clef de l'écurie qui renferme le cheval favori et ne la confier à personne, sous peine de le voir drogué par des gens intéressés à le faire perdre.

On m'a conté qu'en Angleterre, un homme soudoyé par des parieurs s'était glissé un jour dans l'écurie d'un futur grand vainqueur et lui avait introduit des aiguilles dans une jambe, pour l'empêcher de galoper et lui faire perdre la course.

L'homme fut découvert et pendu. Mais les parieurs n'en perdirent pas moins leur argent.

Et maintenant que nous avons parlé de la naissance du cheval, de son élevage, de son entraînement, concluons et abordons l'acte final : son apparition sur l'hippodrome. « Sois sévère dans le choix des chevaux. Que ceux que tu destines à multiplier leur espèce aient, dès l'âge le plus tendre, les premiers soins. Vois le poulain de bonne race comme il marche brièvement dans la plaine et se pose sur ses pliants jarrets. Le premier il ose aller en avant, tenter le passage d'une onde menaçante, se risquer sur un pont inconnu, aucun bruit ne l'épouvante. Il a l'encolure haute, la tête effilée, peu de ventre, la croupe rebondissante et son poitrail plein de vie laisse voir ses muscles ramassés.

« Assure-toi avant tout et de l'âge et du cœur et de la race de ton coursier et de ses autres qualités ; vois s'il est sensible à la honte d'être vaincu, à l'honneur de remporter la palme. Ne vois-tu pas dans la course comme les chars précipités ont envahi l'espace et tous ensemble se sont répandus hors des barrières ; comme l'espoir de vaincre transporte les jeunes cœurs, comme la peur d'être vaincus les fait battre, comme ils s'étouffent dans les transes? Armés du fouet, les conducteurs pressent l'attelage et se penchent sur leurs coursiers, ils leur abandonnent les rênes; l'essieu s'allume, le char vole, tantôt ils se baissent, tantôt ils se dressent, on dirait qu'ils vont s'envoler dans les airs, qu'ils y sont déjà perdus. Point de halte, point de répit; un nuage de sable a tout enveloppé : les coursiers vainqueurs sont mouillés de l'écume et de l'humide haleine de ceux qui les suivent; tant ils aiment la gloire, tant ils ont à cœur de vaincre! »

Mais c'est Virgile qui parle, j'ai ouvert un chapitre des *Géorgiques*. J'emprunte encore au livre V de l'*Énéide*.

« Énée ordonne à tout le peuple répandu dans l'immense cirque de se ranger et de laisser la carrière libre (ainsi font le baron de la Rochette, le comte de Kergorlay et le comte de Salverte).

« Alors s'avancent les jeunes cavaliers (Ascagne et les enfants troyens) et tous, splendidement harnachés, défilent aux yeux de leurs parents. La jeunesse troyenne et sicilienne les admire et frémit d'allégresse. Tous, selon la coutume, ont la chevelure tressée par une guirlande de feuillage.

« Priam monte un coursier de *Thrace* au pied tacheté de blanc, ses pieds portent une marque blanche; une blanche étoile se montre étalée sur son front altier. Enfin paraît Ascagne, le plus beau de tous; il monte un coursier de Tyr que la belle Didon lui a donné, souvenir et gage de sa tendre amitié. Les autres enfants courent sur des coursiers siciliens du vieil Aceste.

« Les timides cavaliers s'avancent au milieu des applaudissements des Troyens qui les regardent avec joie et qui reconnaissent sur leurs visages les traits de leurs aïeux. Après qu'ils eurent joyeux parcouru le cirque entier et joui des regards de leurs parents, Épylides (le starter d'alors), qui les voit prêts, donne de loin le signal par un cri et fait résonner son fouet. »

Et maintenant, me direz-vous, le public est-il toujours satisfait? N'y a-t-il pas des jours où le peuple murmure?

Suétone va nous apprendre que nous n'avons pas l'étrenne de ces jours d'émotion.

« Vérus, nous dit-il, s'occupait tellement des jeux du cirque qu'il était à cette occasion en continuelle correspondance avec les provinces de l'empire. Étant un jour assis pour un de ces spectacles, à côté de Marc-Aurèle, il fut à plusieurs reprises injurié par la faction des Venètes parce qu'il favorisait indécemment leurs rivaux. »

L'histoire nous fournit aussi des exemples de jockeys infidèles.

Celui que je vais citer est empreint d'une certaine poésie que je n'ai pas encore constatée de nos jours:

OEnomanus était un roi d'Olympe célèbre par la beauté et la vitesse de ses coursiers. Son cocher appelé Myrtèle était aussi d'une extrême habileté; c'était d'ailleurs un homme considérable et qui sait pour fils de Mercure.

OEnomanus avait une fille extrêmement belle qui trouvait chaque jour de nouveaux prétendants. Or son père déclarait qu'il n'écouterait les propositions d'un gendre qu'autant que celui-ci l'aurait vaincu dans une course de chars. Une petite condition de la course était faite pour refroidir légèrement les soupirants, il était dit que tout individu acceptant la lutte deviendrait gendre d'OEnomanus, s'il était vainqueur, ou, s'il était vaincu, périrait sous le fer de sa lance.

Douze prétendants avaient déjà succombé. Quand un certain Pelaps, un malin celui-là, qui brûlait d'amour pour Hippodamie, s'imagina de s'assurer le triomphe par la perfide complaisance du cocher Myrtèle qui trahit son maître et se laissa battre.

L'histoire ne dit pas si Myrtèle fut disqualifié.

Enfin, pour terminer mes citations, je fais un dernier emprunt à Suétone qui raconte ceci à propos de Varus :

« Il portait sur lui l'image en or d'un cheval de la fraction frasine nommé l'*Oiseau*. Il lui faisait donner, au lieu d'orge, des raisins secs et des dattes, et il le faisait amener dans le palais de Tibère, couvert de housses tout en pourpre. Quand ce cheval fut mort, il lui fît ériger un tombeau sur le Vatican. »

Nous avons suivi la tradition de ces honneurs rendus aux chevaux célèbres. N'est-ce pas sous un massif de fleurs bleues et rouges, sans cesse renouvelées que fut enterré, devant le château de Dangu appartenant au comte de Lagrange, le célèbre *Monarque* qui fut père de notre plus fameux coursier français, *Gladiateur*, le vainqueur des Anglais à Epsom !

LES COURSES DE CHEVAUX.

Longtemps, en France, on a nié l'utilité des courses et on a fait plus que nier leur utilité, on les a plaisantées comme une œuvre inutile. Les faiseurs de caricatures ont représenté les chevaux de pur sang comme des haridelles étiques dont n'eût pas voulu l'équarrisseur, montées par des jockeys d'une espèce ridicule.

Il y a vingt ans nous savions à peine ce que c'était que le sport; les choses ont bien changé depuis.

Le public qui suit les courses a fini par les comprendre, et c'est le jeu qu'on a tant blâmé comme immoral qui a amené ce résultat.

Il y avait en France un millier d'individus qui s'intéressaient à l'amélioration de la race chevaline, il y en a maintenant cent mille.

Je ne saurais calculer le nombre de fois que j'ai eu à répondre à cette question :

— Prouvez donc l'utilité de vos courses ?

J'avais beau me mettre en frais d'éloquence, essayer de démontrer que le pur sang donnait à l'espèce chevaline ce qui lui manquait en élégance et en endurance. On riait de mes arguments, et les incrédules me répondaient presque invariablement :

— Vous ne nous ferez jamais avaler que vos ficelles peuvent lutter avec nos beaux chevaux de demi-sang, aux membres solides et qui *ressemblent à des membres*, et qui ont du muscle.

L'Angleterre et l'Allemagne, un grand nombre de pays étrangers, ont compris avant nous l'avantage d'utiliser le pur sang. En France, on hésite encore, — on hésite toujours quand on veut du nouveau. Cependant, ceux de nos officiers qui sont montés avec des animaux de race pure s'en trouvent à merveille. Dans tous les concours, dans tous les carrousels, partout où paraissent les chevaux d'armes, les pur sang affirment leur supériorité. Mais nos ministres sont si arriérés qu'ils se rendent à l'évidence avec une lenteur de tortue.

On dirait que nous ne comprenons rien au progrès.

A la chasse, le pur sang enfonce le demi-sang de toutes les manières, comme fond, comme vitesse, comme résistance. Nos gouvernants n'y prennent même pas garde. Chaque fois qu'il est question du budget de l'agriculture, il se trouve un ministre convaincu qu'en s'intéressant à la culture de la betterave, il se fera plus d'électeurs qu'en se dévouant à l'élevage du cheval, et qui veut culbuter l'administration des haras.

Nous venons cependant d'avoir récemment une preuve encore plus concluante que les autres de la grande utilité du cheval de sang. Nous avons pu constater, aux dernières courses au trot qui ont eu lieu à Vincennes, que les meilleurs trotteurs étaient fils ou petits-fils de pur sang.

L'écurie de M. E. Le Comte, un spécialiste du trot, nous a montré un nouveau système d'élevage ; il a fait des trotteurs de pur sang, et ces trotteurs ont battu leurs concurrents de demi-sang de telle façon qu'on peut presque dire qu'ils les ont mis dans leur poche.

Il est facile d'en conclure qu'à quelque branche que l'on touche dans l'industrie chevaline, que l'on veuille faire le cheval de guerre, le cheval de service et le cheval de chasse, c'est au pur sang qu'il faut recourir. Le pur sang et les courses se tiennent. Je crois avoir démontré suffisamment par ce qui précède l'utilité des courses de chevaux dont le gouvernement semble trop facilement se désintéresser.

Et maintenant, que sont devenues les courses de chevaux en France depuis quelques années?... Jusqu'en 1887, elles allaient à pleines voiles. Le jeu qui, je le disais tout à l'heure, a contribué à ce mouvement, faisait encaisser aux diverses sociétés des recettes considérables.

Je ne suis pas un moraliste, moi, je me préoccupe peu des moyens. Comment instruit-t-on les gens ? en les amusant d'ordinaire. On ne prend pas plus les mouches avec du vinaigre qu'on ne prend les Parisiens en les ennuyant. On a attiré la foule aux courses par le jeu. Le jour où les grandes sociétés ont voulu mettre un frein à ce qu'elles considéraient comme une immoralité, le public leur a tourné le dos, et elles se sont vues forcées de reconstituer l'idole qu'elles avaient voulu brûler.

Il y avait des piquets où l'on pariait avec des bookmakers. On a pourchassé les bookmakers et on a installé des baraques de pari mutuel où l'on a comme employés maintenant d'anciens bookmakers, dépossédés de leurs piquets.

Il y a en France actuellement, sans compter les sociétés de province, quatre sociétés importantes : la Société d'Encouragement pour l'amélioration des races de chevaux, la Société des Steeple-Chases, la Société du Demi-Sang et la Société Sportive d'Encouragement.

La Société d'Encouragement donne ses réunions au Bois de Boulogne, à Chantilly et à Fontainebleau. La Société des Steeple-Chases à Auteuil et une fois par an à la Croix de Berny; la Société du Demi-Sang à Vincennes et la Société Sportive d'Encouragement à Saint-Ouen, Enghien, Maisons-Laffitte, La Marche et Le Vésinet.

Les principales réunions de province ont lieu à Caen, Deauville, Dieppe, Beauvais, Bordeaux, Le Havre, Moulins, Nice, Rouen et Compiègne.

Nous avons un grand nombre de propriétaires que je diviserai en deux classes : les propriétaires éleveurs et les propriétaires acheteurs. Les premiers ont un haras laborieusement monté. Un haras n'est pas l'œuvre d'un jour; il faut force de patience, d'argent et de sélection pour arriver à produire des animaux dignes de figurer sur le turf.

Les principaux propriétaires éleveurs sont : MM. Auguste Lupin, Paul Aumont, Henri Delamarre, C.-J. Lefèvre, le comte de Juigné, le comte Berteux, le baron de Schickler, E. de la Charme, Delâtre, Michel Ephrussi, Maurice Ephrussi, Moreau-Chaslon, J. Prat, Edmond Blanc, baron de Soubeyran, baron de Varenne, Camille Blanc, L. André, le prince d'Arenberg, de Saint-Roman, baron Finot, le comte de Marois, le comte de Nicolay, Robinson, le baron de Rothschild, le baron Roger, le comte Hallez-Claparède, le vicomte de Trédern, P. de Vanteaux, etc., etc.

Le très grand nombre de chevaux appelés à courir chaque année nécessite un entraînement sur plusieurs points assez éloignés. C'est ainsi qu'il y a des écuries de course à Chantilly, à Compiègne, à la Morlaye, à Maisons-Laffitte, à Avermes près Moulins et dans bien d'autres endroits.

Les jeunes poulains (yearlings) sont amenés au dressage à l'automne; on les habitue peu à peu à supporter la selle et le cavalier et on ne tarde pas à les galoper et à les essayer pour se rendre compte de leur valeur. C'est alors qu'on sait à quel rang on les destine. Les uns, les meilleurs, sont préparés en vue des grandes courses qu'on appelle les épreuves classiques; d'autres, moins bons, sont destinés aux prix de cette catégorie secondaire; la dernière catégorie enfin, jugée de qualité inférieure, compose la réforme destinée à débarrasser la maison et à s'en aller soit dans les ventes aux enchères, soit dans les prix à réclamer.

On comprend l'importance des premiers essais de

poulains et l'intérêt qu'un propriétaire peut avoir à ne pas se tromper sur leur qualité. Il est, en effet, une faute à éviter avant tout : c'est de se défaire prématurément d'un animal qui pourrait bien tourner en d'autres mains; il n'est pas moins utile de purger un établissement de tous les parasites qui ne peuvent que manger l'avoine aux dépens de leurs camarades et augmenter ainsi les frais sans profit.

Les poulains sont essayés sur les pistes ou dans les allées d'entraînement ; ils sont généralement montés par des jockeys et mesurés avec un vieux cheval doué d'une certaine vitesse, qui leur sert de maître d'école.

Les principaux jockeys actuels montant en France sont : Dodge, Hartley, Rolfe, Madge, Bridgeland, Hopkins, Kearney, Wycherley, Storr, Lane, Childs, French ; en obstacle : Mitchell, Lightfoot, Newby, Hatchett, H. Andrews, Brockwell, Johnson, Lansdell, Miles, Newling, Tunley, Turner.

Les entraîneurs se nomment : A. Archer, J. Bartholomew, A. Bartholomew, J. Boon, C.-E. Briggs, A. Carratt, A. Carter, F. Carter, T. Carter, Richard Carter, W. Carter, J. Collins, R. Count, C. Cunnington, G. Cunnington, T. Cunnington, H. Gibson, H. Heslop, H. Hurst, T. Hurst, T. Lane, Leach, F. Lynham, J. Marsh, J. Mitchell, W. Planner, C. Pratt, Price, E. Rolfe, A. Stripp, A. Thorp, W. Webb.

Il me reste, pour terminer cette nomenclature, à citer les gentlemen qui paraissent le plus habituellement dans les courses qui leur sont réservées : MM. le comte G. d'Andigné, Robert d'Astier, le vicomte A. d'Autichamp, A. d'Aimery, le baron de Bizi, le comte de Contades, Joseph Desbons, Edgard Gillois, Maurice Gillois, le comte G. de Gontaut-Biron, le comte Lahens, J. de Lamothe, Gaston de La Motte, le vicomte Marc de Pully, le comte de Nieul, le vicomte H. d'Espous de Paul, Marin B. de Saint-André, Amédée de Thauzia, Charles-A. de Tinguy, etc., etc.

J'ai dit comment les poulains arrivaient au dressage après leur éducation au haras. Ceci s'applique aux écuries qui produisent elles-mêmes leurs chevaux pour les autres; mais il y a des écuries qui se forment tout autrement.

Les courses sont restées assez longtemps inaccessibles aux bourgeois. Le bourgeois n'osait pas s'aventurer dans un luxe aussi coûteux. Il était comme le faux nageur qui s'approche de la rive et ne se décide jamais à se lancer. Aujourd'hui, nous avons des propriétaires de chevaux de course dans l'épicerie, la soierie et autres professions analogues. Est-ce un bien? Est-ce un mal? Je n'en sais rien.

Il n'y a pas de jeu plus séduisant ni plus entraînant que le jeu des courses. On s'y ruine sans s'en apercevoir, et l'ennui c'est qu'on est presque toujours dupé au début. Au bout de l'apprentissage, il y a la désillusion. Les prudents se retirent, les imprudents s'enferrent.

On se lance généralement dans les courses après un coup de chance inespéré. C'est comme à la Bourse, à tous les jeux, *qui gagne perd!*

— Comment vous êtes-vous fourvoyé dans les chevaux? ai-je demandé bien souvent à des gens qui, pour avoir vu leurs couleurs briller au soleil du turf, étaient arrivés à l'épuisement complet de leur saint-frusquin.

Il est difficile de trouver plus naïf qu'un joueur. Le bonneteur en sait quelque chose. Un individu joue devant un autre avec trois cartes, dont l'une est un as de cœur. Il brouille ses trois cartes, en s'efforçant de faire perdre de vue l'as de cœur. Tant que le bonneteur opère sans *truc*, quelle que soit la vitesse qu'il imprime à ses cartes, jamais l'as de cœur n'échappe à l'œil du spectateur. C'est ce qui tente et amène forcément à jouer, sans réfléchir qu'il doit y avoir quelque chose là-dessous.

Ce qui contribue à enferrer la victime, c'est que le bonneteur lui laisse généralement gagner un premier coup. Alors, remarquez bien, ce qui le perd, c'est sa propre indélicatesse. Quand il serait de son devoir de dire au bonneteur :

— Pardon, monsieur, votre jeu est trop bête, il faut que vous soyez le dernier des serins pour y risquer votre argent. N'allez pas plus loin, ou je vous fais enfermer comme idiot.

Un autre calcul s'empare du joueur, il se dit : « Cet imbécile-là se figure que je suis myope, il va bien voir, je vais lui gagner une vingtaine de louis comme leçon et pour lui apprendre à faire le malin. »

Vous jouez. Le bonneteur exécute alors son coup d'escamotage et l'argent du pigeon s'envole, comme l'oiseau de la chanson.

Son malheur naît de son indélicatesse combinée avec son orgueil.

En courses, c'est bien souvent ainsi que les choses se passent. Un jour, un entraîneur quelconque, je parle, bien entendu, d'une certaine catégorie d'entraîneurs dits publics, et que je n'assimile pas pour cela aux bonneteurs, — au fond le résultat de l'amorce est le même, — un de ces entraîneurs vient à votre oreille et vous glisse en secret :

— Prenez tel cheval. Sûr de gagner.

— Combien faut-il mettre?

— Cent louis.

Votre confiance, quel que soit son frein, va toujours jusqu'à dix louis; vous gagnez, retenez bien ce point. Vous gagnez!...

La course finie, votre enthousiasme est égal à celui d'un spéculateur qui ayant placé 200 francs pendant cinq minutes a reçu 2,000 francs de dividende. C'est du délire!

Le veinard d'un jour se considère comme lié par la plus étroite reconnaissance à son bienfaiteur inconnu. Il voudrait lui offrir immédiatement tous les rafraîchissements de Rouzé et le faire photographier chez Nadar pour placer son image vénérée au fond de l'alcôve, sous une branche de buis bénit.

— Que faire maintenant? demande le goujon altéré d'amorce.

— Eh bien, mais, conseille l'entraîneur, le savant entraîneur, l'homme prophète qui a réussi, c'est tout simple : il faut ajouter 4,000 francs aux 2,000 que vous venez d'empocher et acheter le cheval.

J'avais oublié de vous dire que le cheval en question était dans un prix à réclamer, et qu'après sa victoire il appartiendrait au plus offrant formulant sa proposition d'achat sous pli cacheté remis à l'un des commissaires.

On a généralement un quart d'heure pour la réclamation. Au bout de ce quart d'heure l'heureux parieur est devenu, moyennant 6,000 francs et des centimes, propriétaire de l'animal qui en cinq minutes lui a rapporté 2,000 francs, alors qu'il n'en avait exposé que 200.

Le tour est joué, c'est l'engrenage. Le supplice va commencer, mais agréablement. Supposons, cher lecteur, que c'est de vous qu'il s'agit.

D'abord, la veine vous ayant touché de sa roue ce jour-là, vous avez acheté pour 4,000 francs — ne comptons pas les 2,000, c'était du bénéfice — un cheval qui vaut 500 louis au bas mot.

Le nigaud de propriétaire qui l'a laissé partir ignorait sa valeur, il le regrette déjà et le reprendrait volontiers en vous offrant du retour. Mais vous ne le lâchez pas, car il y a 100,000 francs à gagner avec cette bête précieuse dans le courant de l'année. 100,000 francs, sans compter les paris, qui peuvent s'élever à une somme à peu près égale. Soit 200,000 francs.

Vous voyez que le supplice commence bien. Mais examinons la suite. Le cheval réclamé n'a pas donné les résultats qu'on espérait; on l'a fait courir une, deux, trois et quatre fois sans parvenir à lui tirer le plus petit exploit du ventre. A toutes ses défaites l'entraîneur a trouvé une excuse plus ou moins vraisemblable. Et le malheureux propriétaire qui l'a toujours arrosé de son argent accepte volontiers les histoires invraisemblables qu'on lui débite. Le coup a raté, mais c'est partie remise, — il y aura des jours meilleurs. Va-t'en voir s'ils viennent, Jean ! Dans l'intervalle, on lui fait acheter encore deux autres chevaux. Voilà son écurie montée. Et ça n'a l'air de rien, c'est une écurie de quatre sous, créée dans les conditions les plus modestes, et malgré ça le résultat de l'année se traduit par une perte d'environ 30,000 francs.

Quelle douche pour l'amateur qui se croyait parti pour la gloire !

Bien des débutants en courses sont ainsi démoralisés. — Et cependant tout le monde ne peut pas avoir un haras.

Le métier de propriétaire de chevaux est un métier de grand seigneur et, en ce temps où les grands seigneurs se décavent, les rangs ne peuvent manquer de s'éclaircir. Les vétérans du turf se plaignent assez volontiers. Ils prétendent que les courses se vulgarisent. Si les courses ne se vulgarisaient pas, les recettes diminueraient fatalement, et ce sont les recettes qui permettent aux diverses sociétés de courses de maintenir un superbe budget qui tentera toujours assez de concurrents pour que l'institution et la prospérité chevaline se maintiennent.

Ce que je conseillerai aux débutants qui n'auront pas les ressources suffisantes pour créer un établissement d'élevage, c'est de ne pas viser au trop bon marché dans l'achat de leurs chevaux. Je considère en général plus sage de réclamer un cheval de vingt mille francs que quatre chevaux de cinq mille. Avec quatre chevaux on est tout de suite sur le pied de trente mille francs de frais ; avec un seul, il y a réduction des trois quarts et, en cas de bénéfice, on voit ce qu'il y aura de moins à en déduire.

Le goût du public parisien pour les courses se développe chaque jour davantage. Depuis l'installation du pari mutuel, le jeu qui intéressait toute une catégorie de sportsmen et de sportswomen a pris de telles proportions qu'au bois de Boulogne et à Auteuil, on peut compter pour chaque journée sur une moyenne d'un million d'affaires.

Ma seule crainte est que l'argent drainé par les frais et la part faite à l'Assistance publique n'arrivent à un certain moment à faire le vide dans la bourse des amateurs. Mais ce jour-là est encore éloigné et, avant que les recettes ne diminuent, il se passera, comme on dit, pas mal d'eau *sous le ponte !*

LE YACHTING ET LES YATCHSMEN.

Par une belle matinée de juin 1832, les flâneurs du Pont-Royal s'arrêtaient à la vue d'un petit canot à voile qui venait de pousser au large, salué par les hourrahs d'une quinzaine de jeunes gens, groupés sur le quai. Un bourgeois curieux demanda quel était l'esquif qui provoquait un tel enthousiasme. — C'est l'*Élan* de Boulogne, monsieur. — L'*Élan* de Boulogne… Ah! sapristi, et il entreprend sans doute un long voyage, fit crânement le bourgeois. — Mais oui, monsieur, il va… au Havre. — Au Havre! mais il y a la mer, au Havre!!! Et, regardant son interlocuteur qui souriait, il s'éloigna, persuadé que l'on venait de se moquer de lui. Cependant, quelques jours plus tard, il pouvait lire dans son journal que quatre amateurs parisiens : Théophile Gautier, Alphonse Karr, Léon Gatayes et L. Leroux, étaient entrés au Havre, venant de Paris, à bord du canot l'*Élan* de Boulogne, un « frêle esquif… »

Ce voyage, qui semblait alors un événement extraordinaire, est devenu la chose la plus simple du monde. Tous les ans, après les régates internationales d'Argenteuil, les yachts du cercle de la Voile de Paris descendent à la mer pour prendre part aux courses du littoral. Puis, la saison terminée, — toujours glorieusement par nos yatchsmen parisiens, fort habiles manœuvriers, — la flottille remonte à tire-d'aile prendre ses quartiers d'hiver dans le bassin d'Argenteuil. Parfois elle est convoyée par de grands steam-yachts qui viennent également hiverner aux portes de Paris... port de mer de par le yachting.

La navigation de plaisance s'est sensiblement transformée depuis 1832. Le canot est devenu yacht. Le « canotier » s'est fait yachtsman.

Très marin, le yachtsman. Mais évitant, avec un tact parfait, de singer la marine — ce qui fut le grand défaut de son ancêtre, le loup de Seine, aujourd'hui totalement inconnu dans nos parages. On l'a rencontré depuis, en province, où l'amiral de Poitiers est resté légendaire. Ce pauvre amiral! Un jour qu'il avait pris sa femme à « son bord » pour lui faire goûter les jouissances d'une promenade nautique, il ne parvint qu'à lui procurer les plaisirs d'une pleine eau. Son bateau capota en plein milieu de la rivière. Disparu aussi l'amiral de Poitiers. La race en est perdue — heureusement pour le yachting.

Le yachtsman moderne ne « joue plus au marin ». Il aime la navigation pour les seuls agréments qu'elle procure. Et ils sont multiples. Qu'il fasse du racing ou du cruising, le propriétaire d'un yacht a mille façons de satisfaire ses goûts pour la course qui passionne — ou le voyage qui charme. Et les amateurs de ces deux manières de pratiquer le yachting ont ce commun avantage d'échapper — tout en voyageant — aux exigences des hôteliers et aux inconvénients de la vie d'hôtel. Pouvoir transporter partout son *home*, n'est pas un mince avantage. Cela n'est pas non plus permis à tout le monde. C'est ce qui explique la faveur avec laquelle le yachting a été accueilli par la classe aisée, et les nombreux adeptes qu'il a faits.

J'ai sous les yeux la liste des yachts français, éditée par le journal le *Yacht*. J'y vois, en face, des noms de 794 bâtiments à voiles ou à vapeur (jaugeant ensemble 17,050 tonneaux), ceux de leurs propriétaires, dont beaucoup sont des sommités de la marine, de la littérature, de la finance et du monde élégant.

Sur cette liste figurent de grands yachts, véritables navires de haute mer, qui peuvent rivaliser avec les plus beaux échantillons du yachting anglais. Pour n'en citer que quelques-uns, je nommerai l'*Eros* de 820 tonneaux, au baron Arthur de Rothschild ; la *Némésis* (571 tonneaux) à M. Albert Menier, qui fit en 1887 un voyage de cruising en extrême Orient ; la *Velleda*, de 615 tonneaux, à M. Henri Menier ; enfin le superbe yacht à voiles le *Velox*, construit en France, et qui ne le cède en rien aux beaux schooners sortis des chantiers anglais et américains.

Le *Velox* appartient à M. Sieber. Combien d'autres encore qu'il m'est impossible d'énumérer, malgré le plaisir que j'aurais à vous conter les exploits de ces racers si bien menés par MM. Pilon, Fouade, de Damrémond, Billard, Demay, Caillebotte, Michelet, vicomte de Quelen, Gindicelli, comte de Guébriant, de

Kerdrel, Voizot, etc., etc. Je veux dire, cependant, un mot de la *Fauvette*, un de nos plus célèbres cruisers. N'en déplaise à nos confrères d'outre-Manche, qui publièrent autrefois que le canal de Suez avait été inauguré par la *Cambria*, à M. Ahsburry, c'est la *Fauvette* qui, la première, traversa le canal. La *Cambria* ne passa que deuxième, par la bonne raison que ce yacht était remorqué par celui de M. Pérignon. C'est encore avec la *Fauvette*, qu'en 1875, M. Pérignon se porta au secours du paquebot *Normandie* naufragé sur les côtes de Provence. Ce jour-là, 400 personnes bénirent le yachting et les yachtsmen.

Il me faudrait, pour compléter ces notes, parler des nombreuses Sociétés nautiques qui se sont fondées chez nous. Je me bornerai à dire qu'il y en a une dans chaque ville de notre littoral.

Parmi les plus importantes sociétés établies en province, il convient cependant de citer la Société des régates du Havre, fondée sous les auspices du prince de Joinville, le Sport nautique de la Gironde, le Sport nautique de l'Ouest, le club nautique et le club de la Voile de Nice, la Société des régates internationales de Trouville, celles de Cabourg, Saint-Nazaire, Marseille, Dinard, Fécamp, Cette, Cannes, etc. Partout où il y a un port, une baie, une crique, il y a maintenant un cercle nautique et des régates.

Paris aussi possède ses cercles de yachtsmen.

Pouvait-il en être autrement de la ville qui porte un vaisseau dans ses armes? — Et tout le monde connaît le yacht-club de France et le cercle de la Voile.

Comme on le voit, de grands progrès se sont accomplis dans le yachting pendant cette période de cinquante années qui nous sépare de l'époque où l'*Élan* de Boulogne entreprit son fameux voyage de Paris au Havre. Le modeste canot à voile est devenu le yacht élégant que l'on rencontre, pendant la belle saison, dans toutes les stations balnéaires ; et l'informe bachot à fond plat sur lequel nos pères se livraient — après avoir fait leur testament — aux douceurs de la « promenade sur l'eau », a cédé la place au coquet *steam-launche* qui sillonne maintenant tous les cours d'eau navigables.

Parmi les nombreux yachts qui composent aujourd'hui la flottille de plaisance française, beaucoup, il est vrai, sont de simples *cruisers*, — c'est-à-dire des navires destinés à faire des promenades, des excursions ou des voyages ; mais les *racers* — ou bateaux de course — ne manquent pas non plus. Si tous ne figurent pas sur la *Liste des yachts*, c'est que cette publication ne mentionne que les yachts jaugeant plus de trois tonneaux, et que, chez nous, c'est dans les petites séries que l'on trouve le plus de racers. Les plus grands dépassent rarement vingt tonneaux.

Quoi qu'il en soit, les régates fluviales et maritimes sont très suivies, et il n'est pas rare d'y voir en ligne, le même jour, trente à quarante embarcations de plaisance. C'est un assez joli résultat, si l'on considère qu'il y a une vingtaine d'années il existait à peine cinq ou six sociétés de yachting en France.

Actuellement, ces Sociétés sont au nombre de 72 ;

elles comptent environ 15.000 membres, et possèdent un millier de yachts de 1 à 800 tonneaux.

Le yachting est donc un sport décidément acclimaté chez nous. Comme tel il avait sa place marquée dans cet ouvrage.

LE ROWING ET LES ROWINGMEN.

Le Sport de l'aviron compte deux genres d'adeptes : le *rowingman* et le *canotier*. Tous les deux vont sur l'eau et canotent — pour employer l'expression chère aux profanes — mais chacun à sa façon : le premier travaille, le second s'amuse ; l'un fait du sport, l'autre se promène. La nuance entre le rowingman et le canotier peut échapper au vulgaire ; les hommes de sport la saisissent dès l'instant où ils se trouvent en présence des deux espèces du genre « canotier ».

Quoi qu'en disent les érudits, qui font descendre le canotier des vieux Normands qui remontèrent autrefois la Seine, son origine est plus moderne. Parisien, né en 1822 et 1830 — l'histoire ne précise pas — il est le fruit de la passion inspirée par les yeux verts des nymphes séquaniennes à un groupe de poètes et d'artistes. Théophile Gautier, Alphonse Karr, Adolphe Adam, Léon Gatayes, Louis et Théodore Gudin constituèrent, en effet, la première réunion de canotiers qui se forma à Paris.

Oh ! les homériques promenades que fit cette équipe ! Léon Gatayes, qui tenait le journal de bord, en a fidèlement enregistré les péripéties.

On louait trente sous — en se cotisant — un immense bachot faisant eau par toutes les coutures. Les uns s'attelaient au câble, les autres poussaient avec le croc, tandis que deux néophytes armés d'avirons sans pelle s'escrimaient avec une ardeur superbe — qui n'avait d'autre résultat que de couvrir d'eau le reste de l'équipage. Mais l'on avançait tout de même, tant bien que mal — plutôt mal que bien — jusqu'à Charenton où l'on « s'amarrait à quatre » pour manger la matelote traditionnelle, arrosée d'un petit vin nature à six sous le litre, que les progrès de la chimie ont, depuis longtemps, remplacé par le Château-Bercy.

La traversée ne s'effectuait pas toujours sans encombre. Un jour le câble cassa net, le croc resta planté sur un bateau de blanchisseuse, un aviron, se décrochant, renversa l'un des rameurs dont les pieds prirent immédiatement, sur le banc, la place de la figure — ce qui n'empêcha pas l'autre de continuer à ramer de toutes ses forces. Le bateau se mit alors à tourner comme l'aiguille d'un jeu de macarons... et il tournerait encore si l'un des équipiers ne se fût jeté à l'eau pour aller chercher l'aviron en dérive.

Ces premiers navigateurs, malgré leur inexpérience, ne tardèrent pas à se faire des prosélytes. Bientôt la Seine se couvrit de canots et de canotiers. Puis, insensiblement, le canotage se transforma, et, s'il resta pour certains un simple et agréable passe-temps, il devint pour d'autres un exercice raisonné — un sport.

Parmi ces derniers, je citerai M. Lucien Môre, l'un

des doyens du Yachting et du Rowing français, qui, en 1853, fonda la société des régates parisiennes de concert avec le vicomte de Châteauvillard et quelques fervents de l'aviron. Les canotiers se trouvèrent dès lors, et tout naturellement, divisés en deux catégories bien tranchées. Et l'on doit se garder de réunir aujourd'hui sous une commune appellation tous ceux qui vont sur l'eau. Il y a entre le canotier de promenade — autrement dit le baladeur — et le rowingman, ou rameur de course, la différence qui existe entre le bon jeune homme qui monte un locatis à cinq francs l'heure, et le gentleman qui galope son pur sang.

Le baladeur... mais vous le connaissez tous. C'est le type cher aux dessinateurs des journaux illustrés et aux vaudevillistes, qui ignorent encore le rowingman.

Correct dans sa tenue originale, le rowingman porte la toque aux couleurs de son cercle, le maillot collant au torse, la culotte courte et les bottines de toile. Rien, on le voit, du canotier de café-concert. Ce costume est tel, non par caprice, mais parce qu'il laisse au rameur la liberté de mouvements dont il a besoin pour manier son aviron. Le rowingman monte des embarcations de prix, d'une extrême légèreté, skiffs, yoles, funnys, outriggers, construites spécialement pour la course. Soir et matin il s'entraîne, et ne se met en ligne que lorsqu'il se sent bien en forme.

Quelques-uns acquièrent dans cet exercice une certaine célébrité. Qui ne connaît, dans le monde nautique, Frébault, Gesling, Mouney, Rustan, Marius, Poulain, Vichy, Abel d'Hautefeuille, Fenwick, Lacroix, Lambert, Bidault et Lein, qui, pendant huit années consécutives, garda le titre de champion de France, que porte aujourd'hui M. Rambure, un jeune rameur valenciennois plein d'avenir ?

Il en est du Rowing comme du Yachting. Il a fait, en vingt ans, d'immenses progrès et a conquis, non sans difficultés, on doit le dire, une place importante parmi les sports qui se pratiquent aujourd'hui en France. Autrefois, quand un jeune homme « canotait », il était mis à l'index ; maintenant les pères de famille achètent à leurs fils des bateaux de course. C'est que l'on a fini par comprendre que le maniement de l'aviron est un exercice sain et fortifiant, et que l'on peut aller sur l'eau sans frayer avec les gens vulgaires, qui, montés dans de mauvais bateaux de louage, s'en vont le dimanche et le lundi — le lundi surtout — prendre à l'abordage les cabarets qui émaillent les rives de la Seine et de la Marne. Rien de commun entre ces tristes personnages et les jeunes gens qui composent la majorité des sociétés de Rowing.

Au nombre de 95, ces Sociétés comptent environ 20.000 membres.

Les plus importantes sont, à Paris, le Cercle nautique de France, le Rowing-Club, la Société nautique de la Marne et la Société d'encouragement. En province, il nous faudrait les citer toutes, car depuis la vieille Société des régates Lyonnaises, fondée en 1854, jusqu'au Cercle de l'aviron de Limoges qui date de l'année dernière, toutes sont également puissantes et prospères ; et, chose à noter, elles ont pour la plupart, à leur tête, de hauts fonctionnaires ou des hommes dont le nom seul est une recommandation. Aussi les fils des meilleurs familles font-ils partie de ces cercles nautiques.

A Paris, le sport de l'aviron aura mis plus de temps et aura eu plus de mal à triompher des vieux préjugés. Mais il y parviendra, et, déjà, l'on peut trouver dans les principales Sociétés de la capitale un noyau de jeunes gens du monde, au sein duquel le jeune gentleman le plus gourmé ne serait nullement déplacé. Cela tient à ce que les sociétés se sont constituées en cercles. La première, la Société nautique de la Marne a donné le ton, en faisant construire à Joinville un *Boat-House*, dans le genre de ceux que l'on voit en Angleterre. En outre d'un vaste *garage*, où sont remisés 80 bateaux de courses, ce Boat-House offre aux membres de la Société toutes les commodités et tout le confort désirables : salons, bibliothèque, vestiaire, salle de douches, gymnase, chambres particulières, salle de billard, buvette, etc. — L'exemple était bon à suivre et il l'a été par la Société d'encouragement d'abord, puis par le Rowing-Club.

Ainsi que je le disais tout à l'heure, il n'y a donc plus rien de commun entre le *canotier* d'antan et le *rowingman* de nos jours.

COURSES A PIED.

La course à pied est un des exercices les plus difficiles à soutenir, lorsqu'il s'agit de franchir rapidement une grande distance. Ce qui fatigue le plus, ce n'est pas précisément le mouvement des jambes ; une fois qu'on est lancé, le corps se trouvant porté en avant en vertu de la force acquise, les jambes n'ont d'autre chose à faire qu'à maintenir l'équilibre du corps, de manière à prévenir les chutes, qui sont d'autant plus graves que la course est plus rapide. La difficulté est d'habituer la poitrine à supporter l'exercice violent auquel elle est soumise. Quand on court, un air toujours nouveau afflue dans les poumons, le sang circule plus vite, la respiration devient plus fréquente, la chaleur augmente rapidement, la sueur ne tarde pas à couvrir le corps et annonce la fatigue et l'épuisement. Ce n'est donc que par un entraînement graduel et progressif, c'est-à-dire en s'exerçant par degrés, que l'on finit par s'habituer à cette surabondance d'air et, au bout de peu de temps, les serrements de poitrine et d'estomac disparaissent.

Voilà ce que sont les courses à pied.

Si maintenant vous voulez savoir comment le coureur s'entraîne, et les principes dont il a à tenir compte, s'il aspire à devenir un champion, méditez ce qui suit :

Le pas de course doit d'abord être exécuté sur place, les mains étant fermées et les poignets un peu portés en avant, on lève le pied gauche, de manière que la cuisse soit inclinée en avant et la jambe inclinée en arrière; puis en ne restant dans cette position que le temps nécessaire pour y arriver, on replace tout de suite le pied sur le sol sans frapper, et l'on repart aussitôt du pied droit pour continuer à sautiller ainsi en place sur la pointe des pieds, en accélérant les mouvements qui seront d'environ deux cents par minute, le corps maintenu droit sur les hanches, la poitrine ouverte sans raideur.

La course en avançant ou course proprement dite s'exécute d'après les mêmes principes. Elle est moins fatigante que la course sur place, du moins tant qu'elle est modérée. Le corps doit être un peu penché en avant, la tête restant bien droite Les avant-bras et plus encore les poignets se portent légèrement et alternativement en avant, de manière que le bras gauche accomplisse son mouvement avec le pied droit, et le bras droit avec le pied gauche. Le talon ne doit pas ou doit à peine toucher le sol, de telle sorte que le pas ait la légèreté et l'élasticité nécessaires. Enfin, les rapports les plus parfaits doivent exister entre les mouvements des extrémités supérieures et ceux des extrémités inférieures.

Les courses à pied font partie du sport athlétique.

Pourquoi, pendant si longtemps, en France en a-t-on fait si peu de cas? Nous l'ignorons. On pensait peut-être que c'était un plaisir de collégien.

Ce sont, en effet, des collégiens, jeunes gens de quinze à dix-huit ans, qui ont donné le branle et mis la chose à la mode.

Au printemps de l'année 1882, une quinzaine d'entre eux, s'inspirant sans doute de la formule du divin Homère : *podas ochus*, prirent l'habitude de se réunir chaque dimanche matin au bois de Boulogne pour faire assaut de jarrets.

Peu à peu leur nombre s'augmenta, ils prirent de l'importance, convoquèrent des amis, intéressèrent la presse à leurs exploits, tant et si bien que la Ville finit par leur concéder un terrain situé sur la pelouse du bois de Boulogne, limité par le chemin de ceinture du lac inférieur, la route de la Grande-Cascade, la route de Bagatelle aux lacs.

Par décision du 23 novembre de la même année, le préfet de police autorisait la constitution du Racing-Club. Le sport pédestre avait désormais à Paris une consécration légale.

Le nouveau club sut bientôt prendre position.

Se greffant, au début, sur une association de tout jeunes gens, potaches pour la plupart, il songea à constituer un véritable comité, pour lequel il sollicita l'adhésion de personnalités marquantes, pouvant seules lui donner prestige et rayonnement.

C'est ainsi qu'il constitua son comité comme suit :
Président d'honneur : M. F. de Lesseps.
Président : M. Napoléon Ney.

Vice-présidents : MM. H. de Villeneuve et Cucheval-Clarigny.

Membres du comité : MM. Abel Couvreux, Lewis, H. Sandford, Henry Pascal, H. de Labordère, Alexandre Devès, Marcel L'Heureux, Paul et Jacques Chant.

Secrétaire général : M. G. de Saint-Clair (rue Lincoln), de la société.

Parmi les membres honoraires, qui, par leur présence, vinrent soutenir la société, nous citerons : MM. le prince d'Hénin, comte Constantin, baron d'Aubignose, marquis de Castellane-Novante, A. d'Ideville (un des membres fondateurs), Ernest Demay (le président sortant), A. Périvier, G. Marchand, E. et P. Decauville, comte Sapia de Lencia, G. Sardoz, etc.

Les premières courses organisées par le Racing-Club éveillèrent la curiosité publique. Bientôt les journaux y eurent des rédacteurs spéciaux, on commenta les performances, le fond et la vitesse des champions engagés ; il y eut foule aux réunions du dimanche matin. C'est alors que le Racing-Club quitta son ancienne piste et obtint, grâce à une entente avec le conseil municipal et M. Alphand, la concession de l'ancien Parc-aux-Biches.

L'emplacement est choisi à souhait ; c'est assurément un des endroits les plus pittoresques du bois de Boulogne. Sans toucher à aucun des arbres magnifiques qui sont disséminés sur cette pelouse, le premier soin de la société fut de construire une piste gazonnée, bien nivelée, de 500 mètres de long sur 8 mètres de large. Elle a une forme elliptique et son arrivée de 150 mètres en ligne droite, se trouve bordée de châtaigniers et de chênes que l'on considère comme les plus beaux du bois.

C'est là que j'assistai pour la première fois à une manifestation « officielle » du sport pédestre.

Voici quelles sont les impressions que je notai alors.

Rien d'amusant comme ces courses à pied, véritables réductions Collas des courses hippiques. Tandis que les coureurs s'équipent, faute de mieux, sous le guitoum africain, dont le général Colonieu a fait don au Racing-Club et qui lui servit pendant toute sa campagne contre Bou-Amena, on entoure la pelouse d'une enceinte de cordages, le long de laquelle se rangent piétons, cavaliers et voitures. Puis on dresse le pavillon d'azur à la bande d'argent sur lequel se détachent les initiales R. C. Un bon boy crie le programme de la réunion. Quelques coups de cloche retentissent. A cet appel, les coureurs, vêtus de casaques et de toques de jockeys, arrivent sur la piste qui se développe dans l'ancien Parc-aux-Biches avec une série d'obstacles. Le starter agite son drapeau et les champions s'élancent. Le public les suit de l'œil et de la lorgnette, les encourage du geste et de la voix et salue les vainqueurs, lorsqu'ils arrivent au poteau, par des hourrahs frénétiques. Pour un peu on se croirait à Longchamps le jour du Grand Prix.

Il est à observer que c'est le Racing-Club qui, prenant les devants sur les sociétés anglaises, a organisé le premier championnat international, auquel plusieurs journaux d'outre-Manche ont consacré d'importants articles.

Dans cette course du championnat international, le gagnant fut un Anglais, M. Ch. Mabey, des South London Harriers; M. de Laborderie, du Racing-Club, qui avait gagné le championnat belge en 1885, arriva second. Mais cette très honorable défaite n'a fait que stimuler le zèle des coureurs du Racing, dont quelques-uns comptent déjà de très belles performances.

Les principaux sont : M. H. de Laborderie (remarqué surtout dans les courses de fond ; gagnant du championnat belge, en 1885 ; arrivé deuxième dans le championnat international de France ; 1er dans le grand steeple du Racing-Club, dans l'Omnium, le prix Congress ; 2° dans le prix de la Moskowa, M. G. Debacker (également coureur de fond ; gagnant du prix du ministre de la guerre ; 1er dans le prix de la Moskowa); M. Darceau (coureur de fond ; gagnant du grand prix d'automne); M. Dezaux (remarqué surtout dans les courses de vitesse ; gagnant du Critérium d'hiver); M. Pallissaux (certainement un des meilleurs fencers du Racing-Club ; gagnant du grand prix du Racing-Club); M. H. Cucheval-Clarigny (arrivé 1er dans le concours national); MM. Bourdon, A. Breitmayer, Dézarnaulds, O. Maignien, H. Pascal, G. Picard, L. Pujol.

Les réunions du Racing-Club ont lieu d'ordinaire le dimanche matin, à neuf heures et demie, sauf pour de grandes réunions, comme le championnat international, qui se court l'après-midi.

Les prix consistent en médailles ou objets d'art, non en espèces; les amateurs seuls sont admis, à l'exclusion des professionnels ou coureurs par état, tels que « l'Homme-Éclair » et « l'Homme-Vapeur ».

Ajoutons que :

Est considérée comme amateur toute personne qui n'a jamais pris part à une course publique ouverte à tous venants; ou pour un prix en espèces; ou pour de l'argent provenant des admissions sur le terrain; ou avec des professionnels pour un prix; ou pour de l'argent provenant d'une souscription publique; ou encore pour de l'argent provenant des admissions sur le terrain; ou qui n'a jamais été, à aucune période de sa vie, professeur (ou moniteur) d'exercices de ce genre, comme moyens d'existence.

Cette division entre amateurs et professionnels n'a pas été sans offrir quelques difficultés.

Pareille réglementation existe cependant pour tous les sports; elle définit la différence entre le jockey et le gentleman-rider; mais il fut plus difficile de l'élaborer pour les courses à pied, comme pour le Rowing, car il n'est pas aussi facile de découvrir le professionnel, dont les performances n'ont pas toute la publicité donnée aux courses de chevaux.

Le programme des réunions comprend des courses plates et des courses d'obstacles, dont les distances varient au gré des commissaires, de 100 mètres à 1,500 mètres; toutefois, les courses de haies ne comportent jamais plus de 500 mètres. Les courses sont divisées en courses hors série, où les champions partent sur une même ligne, et en handicaps. Les handicaps sont publiés en même temps que le programme, à moins de conditions spéciales.

Le Racing-Club organise également des rallye-papers. Le dernier en date eut lieu le dimanche 11 décembre dans les bois de Ville-d'Avray.

Cette réunion était d'autant plus intéressante, que les membres du Stade français s'y étaient fait représenter.

A neuf heures trente, on débarquait ensemble au restaurant Cabassud, et là on se préparait à la chasse en endossant la tenue de rigueur : le jersey bleu et la culotte courte. A dix heures précises, les « lièvres » — MM. de Saint-Clair et G. Debacker, du Racing-Club, et R. Malizard, du Stade français — se mettaient en route, suivis bientôt après par la meute, composée des membres des deux sociétés : MM. D. Balensi, A. de Pallissaux, Marcadet, Chevalier, Lambert O. Maignien, G. Darceau. Il y avait aussi plusieurs invités et des représentants de la presse sportive.

Prenant la côte à droite de la route de Versailles, les « lièvres » s'engagèrent sous bois, où la meute trouva son premier défaut, qui les conduisit par trois voies différentes sur le village des Marnes ; laissant ce village à droite, les « lièvres » s'engagèrent sur les terres de la ferme du Jardy, où la meute se trouva encore une fois en défaut. De là, la voie, partie sur la route, conduisit la meute presque aux portes de Versailles, qu'elle laissa sur sa droite ; puis, coupant à travers les bois des Fausses-Reposes, elle enfila la route de Versailles à Ville-d'Avray, donnant ainsi une ligne droite de route sur deux kilomètres de parcours et sur laquelle s'engagea la lutte pour la première place. Les vainqueurs furent MM. Dezaux et A. de Pallissaux, tous deux du Racing-Club, arrivés premier et deuxième, gagnant ainsi la médaille d'argent et la médaille de bronze, offertes par la société. Malgré la neige glacée qui n'avait pas encore abandonné les environs de Paris, le train fut des plus rapides; le parcours de 6 à 7 kilomètres ayant été effectué en moins d'une heure.

Cette réunion se termina par un excellent déjeuner.

Ajoutons que les membres du Stade, après avoir vivement remercié le Racing-Club de sa très aimable réception, l'invitèrent de leur côté pour un prochain rallye-paper.

LE STADE.

La rive gauche, véritable centre de la jeunesse des écoles, ne pouvait pas rester en arrière.

En mai 1884, un certain nombre de jeunes gens du quartier Latin fondèrent le Stade français. C'étaient pour la plupart des lycéens et des étudiants. Ils instituèrent un comité composé de MM. Renould, étudiant en droit, président; Malizard, étudiant en médecine, vice-président; Marcadet, trésorier. Le ministre de l'instruction publique leur concéda un emplacement central, très commode, long de 300 mètres, sur la terrasse de l'Orangerie (jardin des Tuileries).

Les réunions ont lieu tous les dimanches matin, de neuf à onze heures, sauf en août et septembre, où les courses sont supprimées. Le mauvais temps n'arrête pas les intrépides coureurs du Stade, et la neige seule peut les forcer à renoncer provisoirement à leur exercice favori, pour lequel beaucoup s'entraînent fort régulièrement.

Le comité du Stade français se compose actuellement de MM. J. Puzin, président; R. Malizard, vice-président, directeur des courses; J. Marcadet, qui a le même titre; Mercier, trésorier; A. Labourdette, secrétaire; Lantz, juge à l'arrivée, et Dugas, starter.

Ces deux sociétés, qui ont entre elles les meilleurs rapports, organisent des réunions « interclubs » qui stimulent l'émulation et produisent d'excellents résultats.

D'autre part, il vient de se fonder, sous le nom d'*Union des sociétés françaises des courses à pied*, un comité central, dont le but est l'encouragement des sports athlétiques et la formation de sociétés similaires en province, ainsi que la répression de tous les abus qui pourraient s'y produire.

Les sociétés adhérentes ont adopté un règlement uniforme. L'Union est tenue, d'après ses statuts, à donner au moins une réunion où seront courus les championnats nationaux. Cette organisation est destinée à faciliter la formation de nouvelles sociétés, à qui le comité central ne ménagera pas ses encouragements.

M. G. de Saint-Clair, du Racing-Club, a été élu président de l'Union et M. A. Labourdette, du Stade (27, rue de Penthièvre), secrétaire général.

Afin d'encourager les courses parmi les sociétés adhérentes, l'Union, donnera tous les ans plusieurs réunions ouvertes à tous les membres desdites sociétés. Ces réunions comprendront :

1° Un grand cross-country, sur une distance de 3 à 6 kilomètres;

2° Quatre championnats nationaux, sur 100, 400 et 1,500 mètres plats et 40 mètres haies;

3° Et toute autre réunion que l'Union jugera utile.

Pour chacun des championnats, il sera donné une coupe, dite *coupe de défi*. Pour en devenir le propriétaire définitif, le gagnant de la première année devra la gagner deux années consécutives.

Les championnats seront courus en avril; le championnat international en mai.

Telle est l'organisation des courses à pied, en France. N'oublions pas un bruit qui, s'il se confirme quelque jour, est appelé à jeter un vif éclat sur le nouveau sport.

« Les courses à pied, disait mon confrère et ami Parisis, sont si bien entrées dans nos mœurs, qu'elles sont en train de faire des prosélytes parmi les femmes, si friandes des choses du sport. Le bruit court qu'une société rivale, composée de femmes du monde, est en voie de s'organiser sous le patronage de la comtesse X..., bien connue. Atalantes contre Hippomènes! »

LE VÉLOCIPÈDE

C'est l'amour du cheval qui a fait le vélocipède. Tout le monde n'a pas le moyen de posséder un hunter, ni même un poney. Le vélocipède est le hack du pauvre. Facile à nourrir, facile à remiser.

Pour le Parisien, l'empire du véloce commence avenue de la Grande-Armée, s'étend sur les belles allées sablées du Bois de Boulogne et les avenues en enfilades de Neuilly, pour aller aboutir au rond-point de Courbevoie.

Pour la province, l'orientation a son point culminant à Bordeaux, d'où l'œil embrasse toute la région du midi sud-ouest en se prolongeant jusqu'à Montpellier. Qui n'a pas vécu dans cette contrée ne se doute pas de l'importance et de la vogue du sport vélocipédique en France. A Bordeaux, la moindre course de vélocipèdes sur la place des Quinconces réalise des recettes de 15,000 francs, tandis que l'unique hippodrome du Bouscat arrive à grand'peine, les jours fashionables, à 6,000 ou 7,000 francs, et encore !...

Ce sport est-il d'origine française ou anglaise ? Personne ne peut se prononcer en parfaite connaissance de cause. J'ai vu à la Bibliothèque nationale une estampe qui représente des incroyables du Directoire se promenant sur des vélocipèdes fabriqués d'une façon très primitive. D'autre part, on prétend que Nicéphore Niepce, l'inventeur de la photographie, serait aussi l'inventeur du vélocipède. Quoi qu'il en soit, ce sport est beaucoup plus anglais que français. Nos voisins, en gens pratiques, ont forgé à son usage des mots d'un emploi commode et facile à prononcer. Ainsi, au lieu de vélocipèdes « à deux roues » et « à trois roues », ils ont dit des « bicycles » et des « tricycles »; les vélocipédistes sont devenus des « cyclistes ». Le cycling est devenu chez eux non seulement un sport national, mais aussi un élément à la vie industrielle et sociale. Il n'est pas de petite ville qui n'ait au moins un cycling-club, dont la mission est d'organiser des courses, lesquelles sont très suivies; pour sa part, Londres en possède une trentaine. Presque tous les jeunes Anglais sont membres d'un de ces cercles, et consacrent le plus de temps qu'ils peuvent à l'entraînement exigé par les courses.

La passion du cycling a même gagné les jeunes filles et les femmes d'âge respectable. C'est à leur intention qu'a été créé le « sociable », vélocipède à trois ou quatre roues, sur lequel deux personnes peuvent se tenir, soit côte à côte, soit en tandem. C'est fréquemment en sociable que M. et Mme John Bull font route ensemble, suivis par leurs filles en tricycles et par leurs garçons en bicycles. Quand ils ont des paquets à porter, ils prennent un *carrier* ou un *parcels*, tricycle muni d'un grand panier. Il paraît que c'est à une Anglaise, Mrs Allen de Birmingham, que revient l'honneur d'avoir fourni la plus longue course qu'ait jamais faite cycliste du sexe faible; elle parcourait en tricycle une distance de 200 milles (320 kilomètres), en vingt-quatre heures moins six minutes.

Nous n'en sommes pas encore là. Et cependant le véloce se propage en France et on s'ingénie à multiplier ses usages.

N'avons-nous pas, depuis quelque temps, des bicyclistes militaires sur lesquels on compte, paraît-il, beaucoup, et destinés à rendre de véritables services à l'armée comme éclaireurs ou porteurs de dépêches? En Autriche, les bicyclistes militaires ont d'autres attributions : ils ont pour mission d'aller porter en temps de guerre des secours aux blessés. Leurs bicycles sont montés sur coussinets à billes. Leur uniforme se compose d'un manteau plissé posé sur l'épaule, de pantalon et de guêtres leur serrant étroitement le mollet. Ce sont généralement des hommes de taille moyenne, mais aux larges épaules et à la poitrine très développée.

Dès 1867, il y avait à Rouen des établissements industriels dont les employés se servaient de vélocipèdes. A Paris, aujourd'hui, on voit circuler de nombreux garçons de courses, des porteurs de journaux, montés sur des tricycles.

Au point de vue exclusivement sportif, le vélocipède a, comme le cheval, ses courses de fond et de vitesse, ses handicaps, ses épreuves d'entraînement.

De plus, il donne lieu à de nombreux championnats, ainsi qu'à des « records » ou courses contre le temps. Un des derniers records accomplis consistait à « couvrir » la distance de 641 kilomètres en quarante-huit heures. Le vrai recordman doit se ménager en raison de ses forces et de son tempérament. Il lui est recommandé de ne pas presser l'allure au départ de l'étape ou d'une halte, mais de donner un coup de pédale, suivant la force dont le jarret dispose à ce moment-là. Peu à peu, les membres n'étant plus engourdis, il déploiera insensiblement et sans s'en apercevoir plus de vigueur, d'où une vitesse croissante ; il ralentira l'allure aux derniers kilomètres, afin de descendre de bicycle dans un état normal, et en évitant de finir haletant et inondé de sueur.

Le vêtement du velocemanR, sauf quelques légères modifications, ne doit pas différer d'une façon sensible du costume usuel. Pour les courses de vitesse, la culotte courte et les bas de laine sont d'usage. Le pantalon de véloce est mi-collant, à fond solide, condition indispensable pour éviter qu'il se prenne dans les rayons de la roue et occasionne une chute dangereuse. Le veston est le plus souvent un peu court, croisé, fermant haut, le gilet semblable au veston ou remplacé par un tricot ou gilet de chasse, suivant la température. En hiver, la casquette en drap, la toque de fourrure ou le feutre ; les gants fourrés ; les fortes bottines anglaises lacées, montant très haut, et à l'intérieur desquelles on peut au besoin introduire le bas du pantalon, composent la tenue la plus habituelle du cycliste.

Les vélocipédistes français ont de nombreux clubs à Paris et en province, se rattachant presque tous à l'*Union vélocipédique de France*. Ils ont aussi des publications périodiques, dont les plus importantes sont : Le *Sport vélocipédique*, paraissant à Paris ; la *Revue vélocipédique*, publiée à Rouen ; le *Véloceman*, revue bi-mensuelle, publiée à Montpellier et le *Vélo-Sport*, à Bordeaux.

Le jour n'est pas éloigné où nous verrons de jeunes couples faire en sociable le tour du lac au Bois et où nous rencontrerons aux environs de Paris des familles entières sur des vélocipèdes.

Il y a déjà un ménage qu'on rencontre fréquemment dans l'avenue des Champs-Élysées, où il excite la curiosité des promeneurs.

Seulement, le bonheur des velocemen est incomplet. Ils se plaignent de l'administration qui leur permet de remonter la rue des Martyrs ou la rue Rochechouart, ce qui ne rentre pas dans leur programme, mais qui leur interdit les boulevards où ils ne seraient pas fâchés de se montrer en élégant costume de *touring*.

Avec le vélocipède actuel, un amateur exercé fait ses trente lieues par jour sans fatigue.

Le dimanche, des velocemen vont par bandes déjeuner aux Andelys ou à Étampes et reviennent dîner à Paris, sans la plus légère courbature. C'est charmant de voyager ainsi à demi-vitesse de chemin de fer sans crainte de déraillement ou de tamponnage. Un exploit fort connu est celui de M. Pagis, qui fit en treize jours le trajet de Paris à Vienne, tandis que le lieutenant Zubowitz mit, quelque temps après, quinze jours pour faire le même trajet à cheval.

Les velocemen prétendent lutter de vitesse et de force avec les cavaliers les mieux montés. Pour les voir à l'exercice, il faut aller, le dimanche matin, boulevard de la Seine, à Neuilly-Saint-James. C'est là qu'ils ont établi leur centre de rendez-vous, d'où ils rayonnent sur les environs de l'avenue de Villiers et l'arc de l'Étoile.

Le dimanche matin, le Bois leur est ouvert jusqu'à onze heures.

A part les trois grandes divisions dont je parlais tout à l'heure, le monocycle, le bicycle et le tricycle, il y a encore : le quadricycle à vapeur, le canot-vélocipède à hélice, le facilitor anglais, l'homme à roues, le kangarvo, le cocotricycle, le pédocaèdre, le pioneer, le raymondo-vellaris, le standard marine, le vélocipède aérien, le vélocipède moulin à vent, la voiture mammotive, le tricycle aquatique et le vélocipède à musique.

Un de mes amis, venu de Londres, connaît l'inventeur de ce dernier vélocipède. Il a pris, paraît-il, deux brevets : l'un pour le vélocipède-harmonium, l'autre pour le vélocipède-piano. Pour le vélocipède-orgue, le mouvement des pieds fait aller le soufflet. On a devant soi un petit clavier, et, pour charmer sa promenade, on se joue à soi-même ou l'on joue aux passants des airs variés. Si c'est à la ville, on peut exécuter, sous les fenêtres de sa fiancée : *Salut! demeure chaste et pure!* Si c'est à la campagne, on attaque en face d'un riant paysage : *Vallons de l'Helvétie!* et ainsi de suite.

Mais le vélocipède-piano est encore plus simple. Les pieds seuls agissent. On adapte aux roues du vélocipède un de ces appareils à cylindre qui exécutent des polkas ou des quadrilles. C'est exquis pour s'arrêter au milieu d'une fête champêtre.

L'inventeur anglais a confié à mon ami qu'on pourrait également composer des bandes harmoniques en réunissant plusieurs vélocipèdes à musique qui joueraient ensemble en faisant leur partie.

De là, à proposer ce système pour les musiques militaires, il n'y a qu'un pas. Ce sera si commode! l'instrument portant l'instrumentiste!

Il y aura peut-être un embarras pour la grosse caisse, et j'y pense en souvenir d'un croquis de Cham à la suite de la campagne d'Italie. Là aussi on représentait un soldat masqué par une grosse caisse colossale.

— Eh bien! musicien, lui demandait un bourgeois... comment avez-vous trouvé l'Italie?

— Je ne sais pas, répondait Dumanet, je n'ai jamais vu que le dos de mon instrument!

LA CHASSE A TIR.

La chasse à tir a bien changé depuis une vingtaine d'années. Elle est devenue un des plaisirs les plus difficiles et les plus coûteux que je sache. — Entendons-nous bien. C'est de *chasse à tir* que nous voulons parler et non de *promenade à tir*. Car nous allons convenir de suite avec la plus parfaite loyauté que, si de la chasse à tir nous supprimons le gibier, ça va tout seul : le sport est à la portée de toutes les bourses. Voulons-nous au contraire que notre carnier se garnisse de plume ou de poil, ah! c'est autre chose : notre budget en souffrira. Que de terres sont devenues succursales de la plaine Saint-Denis, de cette bonne plaine Saint-Denis que blaguaient nos pères parce qu'on n'y fusillait pas un moineau. Les plus belles campagnes sont devenues plaines Saint-Denis, on n'y peut plus brûler sa poudre même aux alouettes.

J'ai connu une société de chasseurs qui avaient loué il y a deux ans une terre communale. Pendant les premiers jours de l'ouverture, on entendait bien encore quelques coups de fusil provoqués par l'essor d'un linot ou d'un pinson. Les rois de la chasse rentraient triomphalement avec des brochettes de petits oiseaux comme les Nemrods du Midi. Mais, au bout d'un laps de temps assez court, les dimanches se passaient autrement qu'à battre les guérets complètement dépeuplés. Les sociétaires arrivaient consciencieusement le dimanche guêtrés et précédés d'une armée formidable de chiens ; ils fixaient des papiers blancs contre une meule et s'exerçaient à cette cible improvisée jusqu'au moment de reprendre le train du soir.

Il y a deux ans, en revenant des courses de Nice, j'étais sur le quai de la gare lorsque tout à coup je vois débarquer une armée de chasseurs, chacun d'eux tenant au moins deux chiens en laisse, et ils se dépêchaient, et ils se bousculaient que c'était une bénédiction.

— Pourquoi donc se poussent-ils comme cela, demandai-je à un employé de la Compagnie, pourquoi vont-ils si vite ?

— Eh ! mon Dieu, me répondit-il, ils vont vite, souvent l'histoire de passer un pinson en fraude !

Presque tous les petits boutiquiers des villes prennent un port d'armes, et grossissent la foule des bredouilles. Je ne les en blâme pas au point de vue de l'hygiène, ils n'ont pas tort. Autrefois le jeu en valait la chandelle; sur des terres banales que l'on avait le droit de parcourir, moyennant une faible redevance, on trouvait encore moyen de faire manger du perdreau à la bourgeoise. On allait même parfois jusqu'au civet. Mais que les temps sont changés ! Depuis que le braconnage est considéré comme peccadille, les filetiers et les colleteurs ont fait plaines rases. La rafle est complète. Ce qui m'étonne, c'est que les chasseurs si nombreux, se voyant contrariés dans leurs goûts, ne donnent pas mieux la guerre aux braconniers.

Est-ce indifférence? Est-ce indulgence? les plus ardents se résignent. Pour un peu c'est aux gens qui font garder qu'on serait tenté d'en vouloir. Cependant, sans les chasses gardées, il y a beau jour que les perdreaux seraient un mythe.

Ce n'est cependant pas si amusant, ni si commode de faire garder une chasse, pour qu'on ait la dent dure pour ceux qui se livrent à cet exercice.

Pour faire garder il faut des gardes. — Remarquez que j'écris des gardes et non pas un garde. — Avec un garde, on ne garde rien que le souvenir du gibier qu'on n'a plus.

Donc il faut des gardes qu'on a beaucoup de peine à garder et dont il est parfois nécessaire de se garder. Il importe que les gardes soient de solides gaillards, indifférents au danger et décidés à sortir la nuit au risque d'être tués à bout portant par des assassins à peu près sûrs de s'en tirer à bon compte devant le jury. Trouvez-vous que ce soit rose? Avec l'organisation actuelle du braconnage qui vous dévalisera une plaine par une belle nuit de clair de lune, si vos gardes se relâchent un instant de leur surveillance, vous ne serez jamais sûr du lendemain.

L'année dernière, les gardes de Chamant avaient pincé des braconniers à minuit avec un sac contenant une trentaine de faisans; après leur avoir dressé procès-verbal, ils les repinçaient à deux heures du matin en train de récidiver.

Je ne puis pas m'expliquer l'indulgence des jurys envers des braconniers qui sont la plupart du temps des malfaiteurs de la pire espèce. Je trouve que, si les gardes tiraient un peu plus les *premiers* comme à Fontenoy, ils ne s'en trouveraient peut-être guère plus mal.

Je suis tout à fait de l'avis de ce propriétaire auquel on reprochait de trop empêcher d'aller braconner sur ses terres et qui répondait :

— J'aimerais bien mieux être mon voisin!

Le voisin de propriétaires qui font garder, voilà l'homme heureux! Il n'a ni les soucis, ni les dépenses de la chasse; il ne s'attire pas de rancunes en persécutant les braconniers et il tue un gibier, qui, selon les lois de l'ingratitude, montre une tendance particulière à aller se faire tuer sur la terre qui ne le protège pas.

Nous avons commencé par manger le pain bis et parler des chasses qui ne sont pas des chasses. Changement de décor : la scène va représenter les trois plus belles chasses du monde. Celles des Rothschild : Alphonse à Ferrières, Edmond à Armainvilliers et Arthur à l'abbaye de Vaulx de Cerney. On n'y tire jamais moins de mille coqs!... Et chez les Greffulhe. Quel territoire!... quels résultats obtenus d'une façon peut-être moins factice. On chasse une fois par semaine chez les Rothschild et tous les jours à Bois-Boudran. Le total des pièces tuées à la fin de l'année se chiffre par quarante mille!

Savez-vous que, chez Arthur de Rothschild, il n'y a pas moins de trente gardes? Toutes les nuits ils marchent par brigade de dix renforcée par des chiens terribles.

Ah! dame, par exemple, la chasse ainsi comprise est un sport de millionnaire. Il y faut mettre au bas mot quatre cent mille francs par an. Comme organisation chic de gardes, porteurs, chargeurs, etc., c'est Arthur de Rothschild qui a le panache.

Il y a encore d'autres chasses admirables, celles de MM. Louis et Cahen d'Anvers, aux Bergeries, la chasse de Verneuil, Sainte-Assise aux Camondo, où l'on tue une moyenne de six cents pièces par dimanche, celle de M. Lefèvre à Chamant, celle du parc d'Apremont, celles des Singer et des Pereire ; Éclimont au duc de La Rochefoucauld offre les plus belles réserves de perdreaux qui existent. Dans toutes ces terres on fait des ouvertures de quatre à cinq cents perdreaux.

Voici d'ailleurs une nomenclature plus complète des principales chasses de France :

MM. Aguado à Melun ; de l'Aigle à Compiègne ; Aumont à Chantilly ; Amic à Gouvieux ; Mme Edmond Adam à l'Abbaye ; Bemberg à Brunoy ; baron de Bessière au Bois de Roy ; Cahen d'Anvers à Corbeil ; Camondo à Melun : Chanet à Villers-Cotterets ; Coche à Bourneville ; comte de Caraman à Beauregard ; Cosson à Villers-Cotterets ; Caillat à Villiers-le-Bel ; baron de Coubertin à Coubertin ; Darblay à Corbeil ; Duplessis à Bois-de-Fosses ; Demont à Boullay-les-Troux ; Desfossés à Château-Thierry ; Desbrousses aux Moyeux ; Depret à Fontainebleau ; Fessart à l'Hermitage ; Fould à Triel ; comte Foy à Compiègne ;

Fouillard à Villers-Cotterets ; Paul Fould à Apremont ; Henri Fleury au Grand-Menil ; Fontaine à Granchamp ; comte Greffulhe à Bois-Boudran ; Gunzbourg à Melun ; Guichard à Fontainebleau ; Léon Gage à Limours ; comte de la Giclais à Bures ; Halphen à la Ferté-sous-Jouarre ; Hublé à Survilliers ; comte de Hédouville à Chantilly ; Hédouin à Saint-Aubin ; Halley Desfontaines à Bissy ; comte d'Heudecourt à Rouqueux ; Jullien à la Ferté-sous-Jouarre ; Juigné à Gif ; Jamin à Saint-Paul ; Joubert au Voisin ; Jacquemain à Poissy ; Laniel à Corbeil ; Le Roy à Nangis ; Laveissière à Dravel ; Legrand à Uri ; de Lestrange à Villers-Cotterets ; Lamaze à Moussy-le-Neuf ; la duchesse de Lesparre à Mauvières ; la duchesse de Luynes à Dampierre ; le duc de La Rochefoucauld-Bisaccia à Éclimont ; Lestiboudois à Pounas ; Legrand à Bel-État ; Lefèvre à Chamant ; Lemaire à Villers-Cotterets ; Labitte à Clermont ; Ménier à Émerainville ; Marin à Villers-Cotterets ; Mas à Saint-Firmin ; Moriot de l'Isle à Villers-Cotterets ; Munster à Chevincourt ; Moreau à Villers-Cotterets ; comte de Montesquieu à Bligny ; Marsaux à Villers-Cotterets ; Nenot aux Écuses ; Georges Ohnet aux Abîmes ; Obbé au Parc-aux-Dames ; Patard aux Garennes ; docteur Péan aux Boulayes ; Pereire à Gretz ; Albert Petit à Puisaloup ; Poronzoff à Melun ; Pierquin à Ors ; le duc de Pourtalès à Courson-Launay ; comte Potocki au Perray ; Poiriet à Behoust ; Perrier au Clos-Bonnelles ; Pillet Will à Compiègne ; Ratisbonne à Triel ; Rigaut à Gretz ; Regnard à Chantilly ; baron de la Rochette à Melun ; baron Edmond de Rothschild à Armainvilliers ; baron Alphonse de Rothschild à Ferrières ; baron Gustave de Rothschild à Laversine ; baronne Nathaniel de Rothschild au Vaux-de-Cernay ; baron Arthur de Rothschild au Vaux-de-Cernay ; Raspail à Gif; duc de la Rocheguyon à Rochefort ; Louis Singer à Neufmoutiers; Savart à Verneuil ; Sommier à Melun ; Stern à Triel ; Servan à Villers-Cotterets; comte Sapia à Angervilliers ; Suberville à Brunoy ; Samson à Compiègne ; Texier à Chantilly ; comtesse de Thelusson à Vaugien ; Weber à Beauplan; Vailemont à Villers-Cotterets; duchese d'Uzès à Bonnelles.

Voilà ce qu'on peut appeler une jolie série. Et que d'hospitalités bien comprises! Heureux les convives qui vont dans ces chasses où leur sont offerts bon gibier et bon gîte!

Cependant le rôle de l'hôte est difficile quand il s'agit de contenter tous les invités, de donner à chacun la meilleure place, d'éviter les froissements et les accidents.

Les accidents, j'avoue que je suis souvent étonné de les voir heureusement si rares. Le ciel vous préserve du voisinage d'un fusil léger!

Un jour, dans une grande chasse en battue, le marquis de F... qui me recevait me dit :

— Mon cher, je vous présente M. S..., mon architecte, qui est le plus charmant homme que je connaisse, il sera votre voisin pour la journée.

— A merveille, enchanté!...

Nous causons, nous marchons, nous arrivons. Première battue, on nous place. Silence général, les rabatteurs se mettent en marche. Mon voisin s'approche de moi et me tendant son fusil :

— Dites donc, me fait-il, c'est la première fois que je tiens cet outil-là. Montrez-moi comment ça se manœuvre!

A la battue suivante j'avais semé mon architecte.

Mais le soir même de cette aventure, un incident comique me fit oublier mes alarmes.

Comme il était resté pas mal de monde à dîner, le maître de céans avait dit à son maître d'hôtel de prendre des auxiliaires, et celui-ci avait choisi, entre autres, le plus beau de nos rabatteurs qu'il avait transformé en l'affublant d'un magnifique habit noir. Quand le gaillard se mit à passer le rôti qui se composait de perdreaux, il se mit à faire le tour de la table et, en offrant à chaque convive, il cria à tue-tête comme en battue : « Perdreaux !... Perdreaux !... » Je vous demande si l'on riait ! Et le serveur qui ne savait pas de quoi l'on riait continuait de s'égosiller en criant : « Perdreaux ! »

Il est certain qu'ayant à passer un civet il eût crié : « Au lièvre ! »

On avait fait d'ailleurs une hécatombe ce jour-là, car on comptait de fameux fusils.

Nous avons en France de très forts tireurs, peu comme lord de Gray qui vous abat régulièrement ses quatre perdreaux quand il tire en battue dans une compagnie, deux devant et deux derrière. Mais les du Lau, les Hallez-Claparède, les Caumont La Force, les Caillard, les Drevon, les Greffulhe, les Robert de l'Aigle, les de Quelen, les Costa de Beauregard, les Cahen d'Anvers, les Valanglard peuvent être considérés comme imbattables.

Je ne ferai pas la nomenclature de toutes les chasses qui se pratiquent en France. Ce n'est pas dans mon cadre. Une des bonnes chasses de mai, très amusante, consiste à tirer des corbeaux, on en tue jusqu'à mille dans une journée, à balle, bien entendu.

Ce ne sont pas non plus les belles chasses au lapin qui manquent, mais la réputation déplorable du lapin s'accentue d'année en année et, surtout par les grands hivers, on a reconnu qu'il commettait de telles déprédations dans les forêts, qu'on a partout juré sa perte. Je ne parle pas de ces contrées lointaines où l'on offre des primes fabuleuses à celui qui inventera le moyen d'en exterminer la race.

Pour peu que cela continue, on ne trouvera plus le lapin que dans les dunes, où il aura sa place marquée à côté de la sauvagine. La garenne de Neufchâtel est une des plus giboyeuses. Elle n'a pas moins de quatre cents hectares bordés par la mer et entrecoupés d'étangs ; sur tous ces étangs des huttes sont installées et permettent de guetter l'arrivée des canards dans des conditions de confort inespérées au milieu d'un site presque sauvage.

Il y a des chasses très giboyeuses aux environs de Boulogne. J'en connais où, dans les bons passages, il n'est pas rare d'occire une cinquantaine de bécasses.

Il y a aussi de belles chasses au marais. Le marais est plus facile à préserver du braconnage que la plaine et le bois.

Et cependant à notre époque je ne sais plus ce qu'il est facile de préserver. Le gibier de passage lui-même n'est pas plus épargné que l'autre, et les cailles, si amusantes à rencontrer en plaine et si succulentes à déguster, tombent elles-mêmes dans des filets pillards.

Pour peu que l'on n'y mette pas un frein en réprimant le colportage, nous n'aurons bientôt plus que des chasses d'élevage, je serais presque tenté de dire des chasses de poulailler.

Je ne suis pas de ceux qui adorent la chasse en battue et cependant j'admets qu'elle ait un avantage pour les grands propriétaires qui réunissent de brillants invités.

Un petit croquis de battue que j'avais fait à Apremont :

Chantilly, 20 octobre.

Il fait un soleil magnifique. Saluons je crois, la plus belle journée de l'année. Il a gelé cette nuit. C'est peut-être fini de la pluie, au moins voilà une éclaircie, contentons-nous de ce bienfait du ciel. J'entends des coups de fusil, la première grande battue d'Apremont, le duc d'Aumale chasse à tir.

Une merveille, ce parc, admirable sous sa dorure d'automne ! La route d'Aumale domine les pièces d'eau du château et, de cette belle pelouse tapissée de mousse, l'œil, prenant comme point de mire la statue du connétable de Montmorency et la grille d'honneur, s'étend sur la route des Lions qui parcourt 3.000 mètres en ligne droite dans la forêt de Chantilly.

Mais la fusillade, qui a commencé à onze heures, continue plus nourrie ; j'ai bien envie de faire seller un poney et d'aller du côté de la chasse, car *on égorge mes amis*.

Je m'explique : tous ces faisans, tous ces perdreaux,

qui tombent sous les coups habiles du prince et de ses invités, je les ai vus naître au printemps.

Le parc d'Apremont est la plus jolie promenade des environs, et presque toutes les semaines, j'allais à la faisanderie où le brigadier Dessaint dirige l'élevage du gibier.

Rien n'est plus intéressant que de voir éclore et grandir ces jolis oiseaux, dont on fait plus tard un massacre. D'abord les voici qui sortent de l'œuf, ils ne sont pas plus gros que des pierrots. On les enferme dans une boîte qui ressemble à une malle de soldat, dans un tiers de la malle une poule est retenue derrière des barreaux de bois; c'est la nourrice sèche qui les réchauffera pendant la nuit sous le duvet de ses ailes et qui sans cesse veillera sur eux avec une sollicitude maternelle.

Le faisandier se charge de leur nourriture préparée dans une cuisine spéciale par les soins de six gardes : du foie haché menu, du jaune d'œuf, des herbes spéciales, de la mie de pain et du riz, le tout passé au tamis, tel est le menu quotidien qu'on leur distribue six fois par jour, servi d'une façon très appétissante sur des petites planchettes nettoyées soigneusement à chaque repas.

La cuisine de Bignon n'est pas mieux tenue et il n'y a pas de chef à Paris qui puisse se vanter de mettre plus d'art à flatter l'estomac de ses clients que les gardes d'Apremont à garnir l'œsophage des faisans du prince.

Au bout d'une quinzaine, les petits pierrots deviennent alouettes ; au fur et à mesure qu'ils grandissent, on leur donne plus d'indépendance. Leur boîte, qui avait été tenue fermée et dans laquelle ils avaient un mètre de promenade, est placée sur la limite d'un petit champ de pâquerettes. On ouvre la porte et les voilà comme de jeunes écoliers qui se perdent dans les fleurs des champs, à portée des appels de la poule attentive à les ramener au bercail vers la tombée du soir.

Peu de jours après, le faisandeau atteint la grosseur d'une perdrix — autre étape. On l'approche du bois au milieu des touffes serrées des maonias — pour lui c'est déjà le collège — il reste des demi-heures absent, ne répondant plus à la voix désespérée de la poule qui déplore ses escapades.

Enfin, les moutards ont grandi, voici des jeunes gens prêts à faire leur volontariat. La poule quitte sa prison et, attachée à une chaîne qui pivote sur un émerillon, se voit condamnée à une surveillance difficile sur de jeunes échappés qui s'en vont courir la pretentaine dans les champs de sarrasin.

Mais il n'y a pas que la poule à veiller sur ce petit peuple errant qui a coûté si cher à nourrir. Ces quatre mille écervelés qui n'ont pas consommé moins de mille œufs par jour, sans compter l'œuf de fourmi — la truffe du faisan — ont encore besoin de bien autres protections.

Des pièges incessamment tendus détruisent leurs implacables ennemis, putois, fouine, hermine et belette, et dès qu'une buse est signalée dans le canton, on met sa tête à prix.

Il n'est pas de soins délicats, de prévenances minutieuses dont ils ne soient l'objet. Ainsi, ces délicieuses petites fraises des bois qui parfument l'atmosphère et fourniraient des millions de desserts exquis, dessèchent sur leurs tiges, plutôt que d'aller figurer sur les tables des gourmets. On ne les cueille pas de peur de déranger les faisandeaux.

Ainsi la violette meurt délaissée sous ses feuilles humides. Pourtant, il semble que ces faisans élevés royalement ont la destinée fatale des jeunes princes ; le plomb mortel les attend. Ils pourraient chanter, eux aussi :

<blockquote>Quand vous verrez tomber les feuilles mortes...</blockquote>

Au 1er novembre, la guerre commence, une guerre implacable, et quand le plomb du maître les épargne, le fusil du braconnier les guette.

Que d'illusions ils doivent se faire et comme la vie doit leur sembler facile, quand ils grandissent si peu tourmentés ! De là leur sécurité. Que j'en ai rencontré ces jours-ci dans mes promenades, au milieu du chemin, de ces coqs superbes au plumage de rubis, dressant fièrement la tête dans leur collier d'argent !

C'est à peine si le trot de mon cheval accélérait leur marche. La nuit venue, je les entendais se brancher et pousser de hardis *cococoq* dans les bois.

Quand, tout à l'heure, je vais parcourir le champ de bataille, il n'y aura pas un brin d'herbe qui ne soit couvert de leurs plumes envolées.

***

Bientôt au milieu du carrefour d'Aumale, leurs cadavres rangés formeront le tableau, et les invités du prince contempleront orgueilleusement leurs victimes. Il y a généralement d'excellents fusils à ces chasses, à part quelques artistes, plus humains ou moins adroits. — Les artistes peintres ou académiciens sont généralement peu chasseurs. — Je me souviens que Cham, le grand protecteur des animaux, était un adversaire juré des plaisirs cynégétiques. Quand il lui arrivait d'y assister par hasard, il faisait le désespoir de certains tireurs. S'approchant tout à coup, en battue, d'un invité qui ajustait un lapin, il lui retenait le bras au moment de presser la détente et lui disait avec des larmes dans la voix :

— Pas celui-là, je vous en prie, il soutient sa mère.

Ce n'est pas à tort qu'on dit merveille des chasses du duc d'Aumale. Toutes les précautions imaginables sont prises pour faire tuer beaucoup de gibier. Les bois sont entourés de banderoles et les lapins expulsés de leur domicile par les moyens connus.

Aujourd'hui à onze heures, il y avait foule au rendez-vous. Quarante rabatteurs d'abord uniformément vêtus de toile blanche. Une dizaine de gardes en velours vert bouteille et haut guêtrés. Les tireurs n'ont pas de tenue spéciale. Les uns sont simplement en jaquette claire avec les jambes de pantalon en caoutchouc comme le marquis de Caumont la Force, d'autres, portent un petit collet Directoire comme le duc de la Trémoïlle ; le vieux comte d'Hédouville chasse en jaquette longue et est coiffé d'un chapeau gris haute forme, on dirait un shooter anglais descendu de la gravure.

*
* *

A cette dernière chasse, il y avait comme invités MM. le prince de Joinville, le duc de Chartres, le duc de Penthièvre, le baron Gustave de Rothschild, le duc de la Trémoïlle, le duc de Fézensac, le marquis du Lau, le marquis de Caumont, le marquis de Trévise, le marquis de Beauvoir, le comte de Saint-Roman, le baron Hainguerlot, Anisson-Duperron, Th. Mallet, Laugel, Quiclet, de Chazelle et le général Pajol.

Dans le nombre des Nemrods que je viens de nommer, on trouve assurément de bons tireurs, mais les *riches fusils*, comme disent les gardes, sont le duc d'Ayen, le marquis du Lau, le marquis de Caumont; le comte de Paris — *très riche fusil* — le prince de Saxe-Cobourg, le marquis de Trévise, le duc de la Trémoïlle, le vicomte de l'Aigle, le comte Hallez-Claparède, le comte de Greffuhle et le marquis de Ganay. Voilà les *riches fusils*.

Le duc d'Aumale est un *riche fusil* à ses heures. Mais il est journalier. C'est la goutte qui veut ça. Lundi il est venu assez tard pour la dernière battue. On l'a vu arriver à pied, la canne à la main, en jaquette noire et le pantalon serré en vis, rappelant le soldat d'Afrique.

La duchesse de Chartres a fait également une apparition au moment du bouquet, c'est-à-dire à la fin, quand les faisans tombaient dru comme des fusées de Ruggieri.

Avant quatre heures, on pouvait voir au tableau : 116 faisans, 39 lièvres, 147 lapins et 3 perdrix. Les baguettes des rabatteurs avaient cessé de frapper le gaulis, les gardes rangeaient les pièces, et les invités, le duc d'Aumale en tête, rentraient à pied pour dîner au château.

Le duc d'Aumale aime beaucoup ces journées de chasse et tout se passe à son gré, quand il a de bons tireurs. Mais ce qu'il déteste par-dessus tout, ce qui a le don de l'énerver au dernier degré, c'est le *fusil léger*. L'invité qui tire imprudemment est sûr de son affaire, on le raye impitoyablement des listes d'Apremont.

Il y a un an ou deux, je ne sais plus au juste, à l'une de ces battues de l'automne, un des tireurs eut le malheur de blesser légèrement un rabatteur. Ledit rabatteur se mit aussitôt à pousser des cris déchirants dans le but sans doute d'attirer l'attention du maître. Celui-ci en effet paraissait fort contrarié et craignait un accident plus grave.

Le prince de Galles, qui était de la partie et qui avait suivi la scène, s'approcha du blessé.

— Mon ami, lui dit-il, je suis le docteur.

Et il lui versa un plein verre — dans un de ces verres en corne qu'on fabrique à Londres — d'une royale fine champagne qu'il lui fit avaler. En même temps, il lui remit un billet de cent francs.

Depuis lors, on ne chasse pas une fois chez le duc d'Aumale sans que les rabatteurs expriment un regret :

— C'est dommage, disent-ils, qu'on n'ait pas invité le médecin anglais.

ÉLEVAGE DU GIBIER.

Je viens de consacrer trop peu de lignes à la faisanderie d'Apremont, qui mérite quelques détails complémentaires. Je l'ai toujours considérée comme une faisanderie modèle.

LA FAISANDERIE D'APREMONT.

La faisanderie du parc d'Apremont était tenue à merveille par le garde Dessaint, qui lâchait chaque année dans les tirés de Chantilly quatre mille faisandeaux très gaillards, solides et bien portants.

Outre ces quatre mille faisans, Dessaint donnait encore la volée à huit cents perdreaux, éclos sur mille œufs, envoyés d'Angleterre par un fournisseur bien connu.

Il fallait voir avec quelle fierté, un mois avant l'ouverture, le faisandier permettait de visiter ses quatre-vingts parquets, vides comme des appartements de touristes en villégiature !

« Plus rien ! s'écriait-il, tout ça grouille dans les tirés où nous allons aller tout à l'heure. »

Mais avant de visiter les taillis touffus où pousse le jeune faisan, suivons Dessaint dans les divers bâtiments de la faisanderie.

Je vous ai parlé de quatre-vingts parquets.

Savez-vous ce que c'est qu'un parquet?... Oui, car vous êtes allé au Jardin d'acclimatation et vous avez vu ces sortes de volières où logent par couple des oiseaux multicolores. Le parquet est une grande cage de la dimension d'une petite chambre à coucher. Au fond, il y a une alcôve pour que les faisans puissent se tenir à l'écart quand bon leur semble. Au milieu, une sorte de perchoir, et par terre, c'est sablé.

Dans chaque parquet, on met un coq et six poules, qui produisent une moyenne de cent dix à cent vingt œufs ; il y en a d'autres dont les efforts sont moins bénis et qui n'en possèdent qu'une cinquantaine; je prends la moyenne.

Les faisans qui peuplent les parquets, et qui repeuplent les bois, sont pris dans des mues quelques jours avant l'ouverture.

— Pourquoi, demandai-je au faisandier, ne les gardez-vous pas — les reproducteurs — pour vous éviter la peine de les reprendre ?

— C'est, me dit-il, parce qu'au moment où nous leur donnons la clef des bois, ils ont encore une couvée possible à l'état libre.

La raison est excellente.

Les parquets donnent huit mille œufs. Quand ces huit mille œufs sont récoltés, on les place sur des nids installés dans des paniers couverts de la forme des paniers de bureau. Ces paniers sont destinés aux poules couveuses; d'autres paniers ou caissons beaucoup plus grands sont réservés aux dindes couveuses.

L'avantage de la dinde sur la poule est facile à expliquer : sous une poule, on met dix-sept œufs ; on en confie trente-cinq à une dinde.

La poule qui réussit le mieux comme couveuse est la poule bâtarde de dimension ordinaire.

Dès que le faisandier a pu se procurer dans le pays les cinq cents couveuses nécessaires dans son élevage, il entame sa première incubation, qui est généralement de seize à dix-huit cents œufs.

Il y a six incubations par saison : on commence la première du 24 au 25 avril ; les premiers faisandeaux doivent éclore ainsi du 15 au 18 mai.

Les œufs de faisans éclosent au bout de vingt-cinq jours, quelquefois au bout de vingt-trois, mais c'est plus rare.

Pendant l'incubation, le faisandier n'a pas les bras croisés, comme on pourrait le croire. Il faut qu'il veille à la santé de ses couveuses, qu'il les enlève doucement de sur leurs œufs pour les transporter au dehors devant la salle de couverie, qu'il les place sous un panier dit crinoline et qu'il leur donne à manger. Il peut leur laisser une heure de tranquillité, à moins que la température ne soit froide, auquel cas il doit les remettre plus promptement sur leurs œufs.

Enfin, les vingt-cinq jours sont écoulés, la faisanderie est en liesse : huit cent cinquante faisandeaux sont éclos à la même minute.

Plus de paniers ! changement de domicile : les nouveau-nés et leur mère passent dans une boîte de

1^m,50 de longueur sur 0^m,45 de largeur et 0^m,50 de hauteur. Au fond, il y a un compartiment fermé par des barreaux pour la poule; ce compartiment mesure un tiers de la caisse, le reste est réservé aux petits qui peuvent s'y promener sous un treillage en fil de fer. En cas de pluie, un toit en bois recouvre toute la caisse. A l'extrémité opposée à la chambre de la couveuse, il y a une porte à coulisses qu'on enlève au bout d'une huitaine de jours pour laisser les petits se promener sur le gazon.

La caisse est supprimée au bout d'un mois et remplacée par une autre où la poule seule est enfermée ; liberté plus grande est ainsi laissée à la couvée de prendre la poudre d'escampette avec espoir de retour sous la nourrice.

La période critique pour le petit faisan est à douze jours quand il commence sérieusement à manger, quand il se couvre la tête, et à deux mois quand sa première queue tombe pour faire place à la seconde. Mais la maladie sérieuse, celle qui décime les élèves, est une sorte de dysenterie que produit l'eau quand les petits s'avisent de boire.

Jusqu'à deux mois, il ne faut pas qu'une goutte pénètre dans l'estomac de l'oiseau soumis à une nourriture échauffante. L'eau est mortelle pour le petit faisan; c'est son plus grand ennemi. Voilà ce que les gardes, nouveaux dans le métier d'éleveur, ont de la peine à comprendre.

Qu'on retienne bien cet axiome : jusqu'à deux mois, pas une goutte d'eau !

Vous savez maintenant comment on fait couver les

faisans et comment on les dirige jusqu'au moment de les lâcher. Abordons maintenant le point essentiel : la nourriture.

Rien de curieux comme la cuisine de la faisanderie d'Apremont. Cinq gardes y étaient occupés presque en permanence.

L'un d'eux, assis entre deux paniers, épluchait des œufs durs ; dans le panier de droite il jetait les blancs, dans le panier de gauche il plaçait les jaunes ; un second garde était occupé à droite à hacher menu du bœuf et de la tripaille ; un troisième coupait des gâteaux de riz cuit en sac ; un quatrième divisait par tranches des œufs au lait (œufs et lait serrés dans un sac ; on exprime le lait, et la pâte qui reste devient compacte) ; un cinquième garde enfin hachait très fin de l'achillée, la fameuse herbe mille-feuilles révélée à Achille par Chiron.

Toutes ces préparations faites à part étaient en dernier lieu passées chacune dans un tamis spécial, puis mélangées avec de la mie de pain pour être distribuées aux faisandeaux.

Quel régal ! quel menu de Potel et Chabot !

Pour les perdreaux, le mélange était plus simple ; il se composait de pain et d'œufs au lait, mais tamisés plus fin, tandis que pour toutes les autres périodes de l'élevage, le système restait le même.

Si les faisans sont tristes et manquent d'appétit, une pincée de poivre de Cayenne dans de la poudre de gentiane leur rend instantanément leur gaieté et leur énergie.

Cette poudre est la revalescière du faisandeau.

« Et les œufs de fourmis? » me diront les anciens.

Les œufs de fourmis pendant les deux premiers jours seulement.

Quel maître faisandier que ce Dessaint!.. La dernière fois que je l'ai vu, c'était après le départ des princes. Il avait les larmes aux yeux. Cependant une foule de faisans grouillaient autour de lui :

— Tenez, me dit-il, tout ça c'est pour vendre; vous croyez que ce n'est pas malheureux!

— Consolez-vous, dis-je à Dessaint, vous referez d'autres élèves pour le prince. »

Je crois bien avoir été bon prophète.

ÉPREUVES POUR CHIENS

LE COURSING

Nous aimons beaucoup le chien en France; nous nous plaisons à lui reconnaître des qualités intellectuelles et un instinct merveilleux qui en ont fait la conquête la plus précieuse et la plus complète que nos semblables aient obtenue sur la nature, et cependant, toutes les fois qu'à l'imitation de ce qui se pratique chez nos voisins de l'autre côté du détroit, nous avons tenté de rehausser son prestige par l'éclat d'une attraction sportive, il y a eu insuccès... Pourquoi le sport du chien ne jouit-il chez nous d'aucune considération, lorsque le public fashionable des stations balnéaires prend plaisir aux courses de crabes?...

Plus privilégié que le field trials, le coursing a pu cependant se produire plus fréquemment et donner sa mesure. Ce n'est plus un inconnu.

Le véritable coursing est celui du lièvre, très difficile à se procurer en temps de chasse prohibée, surtout à l'époque de l'année où les hases sont pleines.

Le coursing du renard, quand le départ est bon,

est plein de péripéties. La bête se fait vivement poursuivre, ruse, met les chiens en défaut et, quand elle est atteinte, fait face et se défend avec énergie. Les lévriers ont de bonnes mâchoires et gagnent tout de même la bataille.

Le coursing du daim ou chevreuil offre un peu le spectable de la chasse à courre; mais les âmes sensibles s'attendrissent à l'hallali et versent des larmes à la curée.

Raconter en quoi consiste ce sport, auquel un de mes confrères, M. A. de Sauvenière, a consacré une intéressante notice, serait chose superflue, si les diverses tentatives qui en ont été faites, avaient été mieux comprises du public.

Le coursing n'a de commun avec les courses de chevaux qu'une des performances du lévrier : la vitesse. Arriver le premier au poteau est la seule chose qu'on demande au cheval de course. Du lévrier, on exige davantage. Si le gibier fait des crochets, marque des angles, décrit des courbes, on attend, sous peine de disqualification, que les lévriers en course décrivent les courbes, marquent les angles, fassent les crochets. Et puis, accomplir ces prouesses pour être proclamé vainqueur ne constitue qu'une partie de la tâche; il faut les renouveler autant de fois qu'il y a d'adversaires.

On sait que les chiens qui se disputent le coursing courent deux par deux et s'éliminent jusqu'à l'épreuve finale qui donne le vainqueur et le second. Le juge est à cheval, prêt à suivre avec la plus minutieuse attention les péripéties de l'épreuve; il doit marquer les points obtenus par chacun des deux concurrents, afin de pouvoir proclamer le vainqueur dès la prise du lièvre. Alors se présentent les deux chiens appelés à prendre part à la première épreuve ; ils sont tenus en laisse par un fonctionnaire salarié, que les Anglais appellent *slipper*. Sur un signal du juge, quand le lièvre a pris une certaine avance sur les chiens, le slipper lâche son accouple et les coureurs se lancent à la poursuite du fuyard. Le juge donne à ce dernier une avance de 200 mètres environ. Alors commencent les délicates fonctions du juge (*field steward*), qui consistent dans le marquage des points obtenus par les lévriers. Le marquage porte sur six performances différentes qui sont : la vitesse, le crochet, l'angle, le trébuchet, le retour et la mort.

La fin d'une course se termine presque toujours par la mort de l'animal poursuivi ; néanmoins, il n'est pas rare de voir un lièvre se loger dans un taillis et échapper ainsi aux chiens. Le juge donne alors la course au chien le plus avantagé comme points au moment où le lièvre s'est rasé. Dès que le résultat est acquis, le juge tire un foulard blanc de sa poche et l'élève en l'air ; le porte-fanion, qui se tient à quelques centaines de mètres, lève à son tour un petit drapeau blanc et la foule des spectateurs et des parieurs apprend que le chien au collier blanc a gagné cette première manche. Si le vainqueur est un favori, pour lequel de gros paris sont engagés, un hourrah frénétique salue le fanion à ses couleurs.

Telle est la façon dont se pratique le coursing.

Une des premières tentatives réellement sérieuses

du coursing en France eut lieu à Bordeaux en juin 1884.

La réunion était organisée par un de nos confrères de la presse sportive, nouvellement débarqué dans la capitale de la Gironde, comme don de joyeux avènement ; elle se produisit au milieu d'un cadre merveilleusement approprié aux évolutions d'une grande chasse aux lévriers : le parc bordelais. C'était l'image de la forêt avec ses arbres séculaires, étendant leurs branches feuillues, qui se mêlaient à la verdure, entourant et dominant une vaste prairie, fraîchement fauchée, formant le plus coquet des hippodromes champêtres.

L'équipage de lévriers inscrit en tête du programme avait grande réputation ; il n'était autre que celui de M. Poirier, amateur distingué et lauréat de toutes les expositions canines. D'autres amateurs de la région du sud-ouest s'étaient joints à lui.

Ce jour-là on vit figurer :

Cinq lévriers anglais ou *greyhounds*, estimés les plus redoutables champions, en raison de leur courage, de leur rapidité et de leur intelligence remarquable, de robe noire pour la plupart ; neuf *sloughis* d'Afrique renommés par la beauté de leurs yeux et l'amour-propre qu'ils déploient dans la lutte ; un *lévrier de Perse* à poil ras ; deux *lévriers russes* à longs poils ; deux *lévriers anglo-arabes*, et deux *lévriers d'Albanie*, un des plus beaux spécimens de la race canine.

L'interprétation de la pièce offrait donc toute garantie ; hélas ! il n'en fut pas de même des accessoires. Le gibier qu'on avait eu toutes les peines du monde à se procurer — c'était en temps de chasse prohibée — venait de l'étranger ; il était arrivé le matin, après un long voyage, harassé, perclus, engourdi. Aussi, quand il fut lâché, resta-t-il cloué sur place, livré sans défense à la dent meurtrière des lévriers.

Le second coursing mémorable date du 6 mai 1885 au Champ de Mars.

Tout le monde se souvient des péripéties qui l'illustrèrent. Voici quelles furent mes impressions personnelles :

Quand j'arrivai à l'École Militaire, je trouvai le Champ de Mars entièrement fermé par une palissade en planches, défendue par des soldats et des municipaux ; les tribunes étaient dressées le long du square qui bordait le quai à cette époque ; un large espace se continuait autour de l'immense rectangle. Devant les tribunes était le « pesage », sur les côtés, la « pelouse ». Quant à la piste, elle était limitée par un grillage en fil de fer qui protégeait le public contre les animaux, et vice versa. Les entrées coûtaient vingt francs et vingt sous ; il y en avait pour toutes les bourses.

Le programme comportait, comme lever de rideau, un vol au leurre avec faucons pèlerins ; mais il n'y eut pas de faucons. Force fut donc de faire entrer les lévriers en lice et de lâcher les lièvres sans plus tarder. La chose eut lieu, mais elle se passait tellement loin des spectateurs, qu'à la demande générale, le juge dut se rapprocher. Pauvres lièvres, payés très cher, vingt-huit francs chacun ! Fatigués d'un séjour en boîte trop prolongé comme ceux de Bordeaux, ils n'eurent vraiment pas la partie belle. Ils avaient bien un vaste champ à leur disposition — tout le Champ de Mars — mais les flaques d'eau les gênaient, et les treillages contre lesquels ils venaient à chaque instant se casser le nez paralysaient leur meilleur moyen de défense. Il y eut des paris payés, remboursés, annulés, personne n'y ayant rien compris.

La course des piqueurs qui suivit, rata de même. Tout était grotesque, y compris les fanfares exécutées dans les entr'actes. Il y avait une dizaine d'hommes jouant de la trompe, montés et d'un style incomplet, car il leur manquait les galons correspondants au lampion qui les coiffait.

Le Canis-Club, qui débutait, ne fut pas plus heureux le dimanche suivant, bien qu'il eût à son actif une séance de fauconnerie, conduite par un fauconnier irlandais, M. Edward Dwyard.

Somme toute, ce fut un four... *in hand*.

Cette année on essaya de mieux faire sans plus de succès, en organisant des coursings à Enghien. Le public faillit assommer le juge dont il contestait les arrêts.

Ces tentatives semblent concluantes, et pourtant on se demande pourquoi les courses de lévriers qui sont si goûtées en Angleterre, puisqu'elles sont l'occasion de réunions de première importance, d'un Derby de chiens *(Waterloo Cup)*, et de gros paris, ne finiraient pas par s'implanter chez nous.

J'ai entendu des hommes compétents en attribuer la cause à la loi de mai 1844, qui interdit toutes chasses à l'aide de chiens rapides. Mais si la loi défend de se servir des lévriers en chasse, elle ne s'oppose pas au sport qui consiste à voir se déployer l'adresse, la vitesse, le courage de deux chiens sur du gibier panneauté, dans une propriété privée.

J'estime qu'il faut chercher ailleurs le motif de ces échecs successifs.

D'abord les organisateurs, en France, ne se sont pas assez pénétrés, dans la pratique, de la façon dont procèdent les Anglais.

De l'autre côté du détroit, le sport du lévrier a pour champs clos certaines propriétés d'une étendue immense, telles qu'il s'en trouve aux environs de Londres, à Kempton Park et à Plumpton, où foisonnent des lièvres, gardés spécialement en vue des coursings. Aux deux extrémités de la vaste pelouse, des parcs à gibiers sont installés. Ces parcs, mesurant vingt-cinq mètres carrés, sont entourés d'un grillage serré en fil de fer, haut de deux mètres, et sont totalement garnis de fascines embroussaillées. Une trappe est ménagée du côté de la pelouse. Deux ou trois jours avant le coursing, les lièvres arrivent en caisses, chaque animal ayant un compartiment séparé. Aussitôt le gibier est réparti dans les deux parcs, où il reprend dans les broussailles une liberté relative et un calme nécessaire ; il y trouve même de la nourriture à profusion.

Au moment où les épreuves commencent, un homme s'introduit dans chacun des parcs, soulève la trappe à tour de rôle pour les épreuves, un lièvre s'échappe sur la pelouse et la trappe retombe.

De cette façon, on obtient des lièvres vigoureux,

qui se défendent longtemps et fournissent aux lévriers l'occasion de déployer toutes leurs qualités de vitesse, d'adresse et de sang-froid ; tandis que, dans tous les coursings qui ont eu lieu chez nous, le gibier, tenu en caisse et lâché au moment d'être mis en présence des lévriers, ahuri et affolé, se laisse presque toujours massacrer sans défense.

D'autre part, le coursing comporte certaines complications algébriques qui ne sont pas du goût du public français. S'il s'agissait purement et simplement d'une course de vitesse dans laquelle le lévrier qui atteindrait le premier le lièvre serait proclamé vainqueur, à merveille ; mais il n'en est rien ; on exige, je l'ai déjà dit, sous peine de disqualification, que le chien décrive les courbes, marque les angles, fasse les crochets, tout comme le lièvre, et la façon dont il s'en acquitte forme un ensemble de points qui décident de son triomphe. Ce qui fait que les spectateurs français, moins rompus que les Anglais aux inductions sportives et plus mobiles dans leurs impressions, ne voulant pas se donner la peine d'approfondir les subtilités du marquage, ne prennent aucun intérêt à ce genre de sport.

Telles sont, à mon avis, les causes d'insuccès du coursing en France.

ÉPREUVES POUR CHIENS D'ARRÊT.

FIELD-TRIALS

Les field-trials ont été institués, ainsi que les expositions canines dont ils sont le corollaire, en 1869, par le *Kennel Club* de Londres, dans le but d'accroître la popularité du setter, qu'un grand nombre de sportsmen anglais considèrent comme le chien d'arrêt par excellence.

Aujourd'hui, les field-trials sont en grande faveur en Angleterre, en Belgique, en Hollande et en Allemagne.

On ne saurait nier l'utilité des field-trials. Ils sont au chien d'arrêt ce que sont les courses pour les chevaux, c'est-à-dire le critérium de leur mérite et de leurs aptitudes.

Les expositions, par elles-mêmes, ne signifient que fort peu de chose. On commence partout à être fatigué de ce qu'on appelle « les chiens d'exposition », et les véritables amateurs réclament depuis longtemps des épreuves sur le terrain, comme étant seules capables de faire ressortir le mérite absolu d'un chien et de préparer pour l'avenir les effets d'un atavisme fructueux.

Il ne suffit pas, en effet, que le sang soit beau, il faut qu'il porte avec lui les instincts d'une éducation parfaite, c'est le secret de l'élevage des races canines.

Dans le Royaume-Uni, les field-trials sont très suivis. Ils représentent le dessus du panier de la production, il faut payer 150 francs pour faire concourir un chien : aussi se dispute-t-on le vainqueur à prix d'or, ce qui explique les prix de 15,000 et 20,000 francs payés pour des chiens doués d'aptitudes extraordinaires.

C'est grâce à cette pratique, constamment suivie, que nos voisins sont arrivés à cette perfection, qui rend le monde entier tributaire de l'Angleterre pour les chiens d'arrêt. Rien ne vaut leur pointer et leur setter. En dehors des lauréats, on peut, à la suite d'un field-trials, acquérir un jeune chien ayant passé la maladie et très bien doué et dressé, pour 5 à 6,000 francs, ce qui est infiniment moins cher que d'acheter 200 et 300 francs des chiens plus que médiocres.

Les field-trials, de l'autre côté du détroit, sont organisés avec une grande entente. Le premier jour est consacré à l'essai des jeunes pointers; le second jour, à l'essai des jeunes setters; le troisième jour, au championnat entre le jeune pointer et le jeune setter qui, chacun dans sa classe, a remporté le premier prix; vient ensuite l'essai des chiens de quinze mois, pointers ou setters, concourant par paire appartenant au même propriétaire.

L'âme des field-trials, chez nos voisins, est le *Kennel Club*, réunion d'éleveurs et d'amateurs de chiens. D'abord relégué au delà de Victoria-station où il végéta quelque temps, ce club se développa rapidement et transporta son siège dans Pall-Mall. C'est là qu'il trône aujourd'hui, au centre de Londres, au milieu des cercles les plus opulents et les plus aristocratiques. On estime à deux par semaine la moyenne de ses concours et à 500,000 francs la somme qu'il distribue annuellement en primes. Grâce à ces encouragements, les vieilles races à demi-éteintes ont été reconstituées et les caractères attribués aux chiens parfaitement définis par un code de loi qui fait autorité dans le monde de l'élevage.

Les chiens d'arrêt en faveur en Angleterre sont : les setters, chiens d'arrêt à longs poils, et les pointers, chiens d'arrêt à poils ras. Viennent ensuite les petits épagneuls, sorte de bassets choupilles à longs poils n'arrêtant pas, et qui sont comme une transition entre les chiens courants et les chiens d'arrêt : les retriwers, qui servent uniquement à rapporter le gibier.

Notre indifférence pour le chien de chasse au fusil ne s'explique pas, car enfin, c'est le chien de la grande majorité des Nemrods français.

On compte en France près de 400,000 permis de chasse : on peut ajouter, sans crainte de se tromper, 100,000 individus qui chassent sans permis, soit le total assez respectable de 500,000 chasseurs. Les deux tiers au moins ont pour auxiliaire le chien d'arrêt.

Et quoi de plus charmant, que les manœuvres d'un

excellent chien pour découvrir le gibier ; l'arrêter et faire partager au chasseur les émotions muettes et si vives qu'il éprouve en l'approchant, au moment où il lui désigne des yeux la place où il est blotti, prêt à partir ! Le coup de fusil, alors, a ses charmes, parce qu'il récompense le chien et satisfait le chasseur. Rien ne vaut donc un bon chien.

Avant l'inauguration des field-trials en France, qui a eu lieu le 11 avril, mon collaborateur et ami le marquis de Cherville écrivait dans le *Sport* :

« Il y a quelque cinq ou six ans que ces field-trials sont à l'incubation : l'éclosion a été longue et laborieuse : bien des amateurs de bonne volonté ont tour à tour renoncé à la mener à bien. C'est parce que la loi, imparfaite sous tant de rapports, frise tout simplement l'absurdité sur un point, et rend les épreuves des chiens d'arrêt en campagne bien difficiles à exécuter.

« En tout temps, même la chasse étant close, surtout la chasse étant close et les grains sur pied, la plaine comme les bois sont infectés de quadrupèdes de tous les poils et de tous les formats qui, sous prétexte que leurs maîtres les ont emmenés aux champs pour se distraire de leurs travaux, en profitent pour traquer sans merci le poil et la plume : pillant les nids et les rabouillères, étranglant les perdreaux à la traîne et les levrauts, tout cela au bénéfice de leurs estomacs. Cependant ni gendarmes, ni gardes champêtres ne s'occupent de mettre un frein à leurs razzias. Sous le spécieux prétexte qu'ils ne sont point chiens de chasse, on les tolère ! Espérons du moins que la consolation d'avoir été croqué par un chien de garde adoucit les derniers moments de leurs victimes.

« En revanche, si, ayant acheté un chien quelques jours avant l'ouverture et étant curieux de vous assurer que vous n'avez pas été volé, vous vous avisez, un fouet à la main, de promener dans un champ vous appartenant ce chien incapable de saisir une pièce de gibier qui lui partirait sous le nez, vous aurez commis un délit de chasse, c'est la Cour de cassation qui le dit, et vous ne devez pas vous étonner d'être passible d'une bonne amende agrémentée de tous ses falbalas. »

La logique est une bien merveilleuse invention, vous devez l'avouer.

Quoi qu'il en soit, ce fut la pierre d'achoppement de toutes les tentatives dont je viens de parler. Moi-même, il y a quelques années, à la demande de quelques enthousiastes de field-trials dont le désarroi me touchait, je risquai une démarche auprès du garde des sceaux du jour. Il me fut répondu avec beaucoup de bonne grâce que le parquet ne prendrait l'initiative d'aucune poursuite contre ces épreuves dont on appréciait non seulement l'innocuité, mais l'utilité ; que cependant il était impossible aux pouvoirs judiciaires de garantir les organisateurs contre les manifestations de quelques grincheux, et ces organisateurs étant convaincus que, par le temps qui passe, la grincherie court les rues, au moins autant que l'esprit, l'affaire en resta là.

On avait, il est vrai, la ressource d'installer les field-trials dans un parc clos attenant à une maison habitée; des parcs, on n'en manquait pas, quoique leur plus grande partie fût plantée en bois; on pouvait en trouver d'assez vastes, pour se prêter aux épreuves des chiens à courte quête, dressés selon les méthodes françaises; mais il n'en était pas qui fussent pourvus de cultures assez vastes pour permettre aux pointers, aux setters à grandes quêtes de développer leurs énergiques allures et les qualités de haut nez qui les distinguent.

A vrai dire, on commençait à désespérer de voir ces intéressantes épreuves en campagne réussir à s'acclimater chez nous et on le déplorait profondément. Après avoir, pendant tant d'années, fait leurs choux gras de la contrefaçon, nos voisins du Nord, tout étonnés et nécessairement triomphants de la première initiative que nous ne pouvions leur disputer, devenaient railleurs et goguenards. Tuant des cerfs à coup de fusil, comme les Marseillais leurs becfigues, ils n'avaient jamais considéré que comme des inutilités les meutes avec lesquelles nos veneurs forcent ces animaux; mais voilà que leur moniteur cynégétique commençait à insinuer que les chiens d'arrêt eux-mêmes ne pouvaient pas nous servir à grand'chose, puisque, de notre aveu, il ne restait plus ombre de gibier aux alentours de la Cannebière; cela commençait à devenir humiliant.

Le dernier field-trial belge, malgré son demi-fiasco, eut chez nous un contre-coup décisif et dont nous ne saurions trop nous applaudir. Quelques membres de la Société pour l'amélioration des races canines, l'élite de nos sportsmen, s'étaient rendus à Othée:

ils en revinrent frappés de l'intérêt qu'aurait pour tous les chasseurs français l'institution de ces épreuves en campagne : quelques jours après, la Société française des field-trials était fondée par MM. le marquis de Vibraye, le vicomte d'Hédouville, Paul Caillard, le comte d'Archiac, le comte de Torcy, sous la présidence du comte Arthur d'Orglandes.

Les noms des fondateurs indiquaient à l'avance que cette fois le chariot sur lequel il s'agissait de hisser notre élevage ne resterait pas dans la fatale ornière. Il ne faudrait pas cependant en conclure que ces messieurs ont eu du premier coup ville gagnée. Il leur a fallu, au contraire, beaucoup de dévouement à l'œuvre qu'ils assumaient, beaucoup de persévérance et de zèle, pour arriver à triompher des obstacles qui se dressaient devant eux et dont le plus grand a été, comme toujours, l'inertie des intéressés, de ceux-là mêmes qui avaient le plus passionnément réclamé cette création. Ce fut l'histoire de la Société centrale elle-même, ce sera celle des plus utiles fondations dans notre pays, où l'on paraît convaincu que d'avoir crié haut peut dispenser d'agir.

M. le comte d'Orglandes et ses amis agirent beaucoup et avec fruit, et ils ont fini par déblayer le terrain.

C'est à l'obligeance de M. le duc de Larochefoucauld-Doudeauville que les éleveurs et les amateurs de chiens d'arrêt devront ce résultat si impatiemment attendu. Il a bien voulu mettre à la disposition de la Société ses belles chasses d'Éclimont.

Le mercredi 11 avril 1888, avait lieu la première

tentative d'acclimatation des field-trials en France.

Impossible de débuter dans de plus désastreuses conditions. Une pluie continuelle, un champ d'exploration à travers des terres labourées où l'on enfonçait jusqu'à mi-jambes; le gibier partant à des distances incommensurables; une plaine nue sans le moindre petit couvert recélant une pauvre perdrix à l'abri; ni arbres ni verdure, aucun vestige de récolte émergeant de terre et, joint à cela, un vent violent, sifflant de tous côtés, la tempête et l'humidité froide : tel était le théâtre où les field-trials étaient appelés à faire leurs débuts.

Le concours comprenait deux journées : la première, consacrée aux chiens dressés suivant les exigences et les usages de la chasse en France; la seconde, réservée aux chiens nés et élevés en tous pays, dressés suivant les usages des field-trials tels qu'ils sont pratiqués depuis plusieurs années à l'étranger.

Partis de Paris par un train spécial, nous étions à Rambouillet à neuf heures. Nous repartions après déjeuner, dans des breaks de louage qui nous débarquaient vers onze heures à la faisanderie d'Éclimont. Nous étions à ce moment deux cent cinquante personnes environ. Les commissaires : MM. le comte d'Orglandes, marquis de Vibraye, comte d'Archiac, vicomte de Hédouville, comte de Torcy, prirent immédiatement la tête de la colonne et l'on se mit en marche, sous la conduite des gardes de la propriété et de deux gendarmes, représentant l'autorité légale.

Parvenus à l'entrée de la chasse, on s'arrêta, et les épreuves commencèrent. Douze chiens se trouvaient engagés dans la première classe : quête restreinte, rapport. Les groupes des chiens appelés à concourir deux par deux l'un contre l'autre ayant été tirés précédemment au sort, les numéros 3 et 7 du programme furent appelés. Alors, voici comment on procéda : les deux concurrents entrèrent en chasse, l'un à gauche, l'autre à droite, accompagnés de leur propriétaire. Au milieu s'avançaient les trois juges : MM. Étienne Coste, A. Grassal, Taconet, escortés d'un garde, seul armé d'un fusil, dont d'ailleurs il n'eut occasion de faire usage qu'une seule fois sur une alouette qu'il manqua. Nous suivions à deux cents mètres, précédés d'un porte-fanion chargé de maintenir les distances.

Bientôt on nomma les champions très connus des chasseurs présents. A gauche, c'était *Sacquine*, chienne griffon d'arrêt, à M. Guerlain ; à droite *Dick*, chien braque Saint-Germain, à M. Thierréc, tous deux excellents chiens bien dressés, et parfaitement doués comme odorat. Le griffon se montra mieux mis, fit preuve d'une quête plus savante ; il émerveilla surtout par la sûreté et la rapidité de ses arrêts. On le déclara vainqueur.

Vinrent ensuite : *Sam*, setter anglais, à M. le marquis du Bourg, et *Gascon*, chien griffon d'arrêt à M. Guerlain. Le setter se fit de suite remarquer par ses arrêts continuels sur la piste la plus légère — qualité que quelques connaisseurs ont jugée poussée à l'excès ; — mais, où tout le monde est tombé d'accord, c'est sur son parfait dressage : impossible d'être mieux mis, et d'obéir avec plus d'entrain au moindre signe du maître. Il a été classé premier. Je signale une lacune dans ces épreuves qui comportaient le rapport. En l'absence de tout gibier tué, il a fallu se rabattre sur un canard et un lapin dont la mort remontait à pas mal d'heures ; les chiens, on le conçoit, ne semblaient pas goûter un pareil gibier. Il fut donc impossible, de se rendre compte de leurs qualités.

Prirent également part aux épreuves de la première classe : *Mascotte*, chienne griffon d'arrêt, à M. Emmanuel Boulet, contre *Boy-Dan*, chien pointer, à M. P. Barreyre ; *Boy-Sting*, chien setter anglais, à M. Robert Guichard, contre *Maud*, chienne pointer, à M. Margueritat ; *Lass*, chienne braque, à M. le marquis du Bourg, contre *Rob*, chien pointer à M. le baron de Segonzac ; *Marco*, chien griffon d'arrêt, à M. Boulet, contre *Diane*, chienne braque Saint-Germain, à M. Thierrée.

Contrairement à ce qui a lieu généralement, les vainqueurs dans chaque groupe n'eurent pas à se mesurer de nouveau ; le premier prix fut accordé d'emblée à *Sacquine* et le second à *Sam*.

La seconde classe ne comptait que cinq engagements. *Sam*, qui, dans la quête plus étendue et rapide, montra les mêmes qualités d'arrêt et de dressage, eut le premier prix, et *Monck*, chien setter anglais, à M. le vicomte d'Hardivillier, le second.

A quatre heures, le concours était terminé, nous regagnions Éclimont, où les breaks nous attendaient, et à cinq heures nous étions de retour à Rambouillet. Chemin faisant, les opinions s'échangeaient. Je dois constater que tout le monde semblait d'accord pour convenir que les field-trials avaient désormais cause gagnée en France, et que d'autres essais, faits dans de plus heureuses conditions et avec un peu plus d'entente peut-être, seraient assurés d'un plein succès.

Voici les résultats du lendemain jeudi :

Classe internationale : chiens dressés suivant les usages des field-trials tels qu'ils sont pratiqués à l'étranger. Quête plus étendue et rapide.

Le jury se composait de deux juges étrangers : M. R.-J. Lloyd Price, juge anglais, et M. le baron W. del Marmol, juge belge, et d'un juge français, M. le marquis de Juigné. Juges suppléants : M. Mac-Swiney et M. P. Fessard.

Même temps pluvieux et désagréable que la veille. Après le concours de tous les groupes engagés, on rappelait sept chiens pour reconcourir. Les prix étaient donnés dans l'ordre suivant :

1er prix : *Prince-Fred*, setter anglais, à M. Grassal.
2me prix : *Nun-of-Kippen*, setter anglais, à M. Lowe.
M. T. H. : *Stop*, setter anglais, à M. Stiewenard.
M. H. : *Tutshamp-Trip*, setter, à M. Lowe.

LA VÉNERIE EN FRANCE

SOUVENIRS RÉTROSPECTIFS

Chantilly, 17 novembre.

Grand remue-ménage !... Grand branle-bas !... On va chasser à courre dans la forêt de Chantilly !... Il est cinq heures du matin, le ciel se dénuage à peine pour éclairer d'une lueur faible les hautes cimes des bois, et déjà, à l'écurie et au chenil, tout le monde est sur pied ; c'est un va-et-vient général.

A ce mouvement qui se prépare, les quatre-vingts chiens qui dormaient au chenil ont dressé l'oreille, à l'écurie les chevaux hennissent et piaffent, chacun se doute que c'est jour de combat.

Ce qui frappe particulièrement au milieu de cette agitation, c'est l'air joyeux des chiens qui, tous, sont gais, en bon état et entraînés comme de vrais chevaux de course. Leur discipline est admirable : il n'y en a pas un d'entre eux qui n'obéisse au moindre geste et ne réponde à l'appel de son nom.

A l'heure de la promenade ou de l'*ébat,* comme on

dit en vénerie, on peut assister à une vraie marche militaire; pas un soldat ne quitte le rang. A l'heure du repas, même bonne tenue. Les toutous ne se mettent à table que sur un ordre du piqueur. Chacun prend sa place habituelle, et le moindre aboiement en signe de jalousie et de mauvaise humeur serait considéré comme infraction au règlement, et puni de la mèche.

Le chenil se compose de deux pièces, la salle à manger et le dortoir. Au dortoir, chacun a sa place marquée, comme à table, toujours la même. La salle à manger est une grande pièce carrée, où pour tout ornement on voit accrochés aux murs les bois de cerfs et les pieds des animaux pris par l'équipage. Il n'y a pas moins de trois cents pieds, dont dix ornés de la cocarde de saint Hubert.

Pendant qu'on prépare le dîner qui doit leur être servi à la rentrée de l'ébat, les chiens, qu'on a momentanément enfermés au dortoir, poussent des cris joyeux. Enfin c'est servi; dans quatre mangeoires longues de trois mètres et rangées à terre. Les valets ont soigneusement rompu le pain de meute. Le piqueur tient un moment son personnel en respect; sur un signe de lui, tout le monde est à table. Vingt chiens par mangeoire, dix de chaque côté, en sorte que, d'une mangeoire à une autre, dix queues en trompette s'entre-croisent avec dix autres queues en trompette, ce qui donne l'effet de quatre faisceaux de queues de chiens raides comme des baïonnettes.

La meute n'est pas longtemps à table. Ce repas est une vraie lutte de vitesse : à qui jouera le mieux de la mâchoire. Quelques chiens ennemis de la table d'hôte emportent un morceau dans un coin et vont à l'écart dîner à la carte. Au bout d'un instant les plus prompts à déguster sont expulsés du festin. Ils ne laisseraient rien aux autres.

— Allons! Mousquetaire!... Fortuno!... Magenta!...

Les pauvres gloutons s'en vont l'oreille basse, désolés qu'on leur coupe ainsi l'appétit.

* *

Le personnel de l'équipage se compose d'un premier piqueur, Hourvari, qui a fait ses premières armes chez le comte d'Osmond, au service d'un des premiers vautraits de France, où il a passé par tous les grades; La Feuille, deuxième piqueur; Lambert, troisième piqueur; Beale et un valet de chiens à pied.

J'allais oublier un personnage qui ne fait pas partie de la vénerie, mais qui tout de même y joue un petit rôle. On l'appelle l'*Idiot*. C'est un pauvre jeune garçon du pays dont le cerveau s'est détraqué. On parlait de l'enfermer comme fou. Sa mère, une bonne vieille, voulut le garder près d'elle. Il était atteint d'une manie assez inoffensive : il se croyait valet de chiens. Tous les jours, au moment de la promenade de la meute, l'Idiot se présente exactement armé d'un fouet et vêtu d'un vieux costume de la vénerie qu'on lui donne par charité. Il suit ses animaux favoris et, l'ébat terminé, rentre tout joyeux au logis. Sa seule joie sur terre est d'exercer son métier, il n'en demande pas davantage. Sa seule crainte au monde est d'être *renvoyé*.

— N'est-ce pas, dit-il parfois au piqueur, n'est-ce pas, monsieur Hourvari, que vous ne voulez pas me renvoyer?

On a pitié de lui et il n'est pas question de le priver du passe-temps de ses rêves.

Dernièrement, il eut un gros chagrin ; on lui avait abandonné volontiers de vieux habits de valets de chiens, mais on avait décousu les boutons de l'équipage.

Sa mère, l'ayant vu tout triste, s'informa de sa peine :

— Qu'est-ce que tu as, mon pauvret?

— Maman, on m'a retiré mes boutons. M. Hourvari ne veut plus de moi!

La bonne femme ne dit rien, acheta des boutons en métal blanc et s'empressa de les coudre à la veste de son fils.

Pour comble de bonheur, à la Saint-Hubert, on lui a donné un morceau du cerf qu'on venait de prendre.

<center> *</center>*

En somme, pas si fou que ça, l'Idiot, puisqu'il recherche la société des bêtes !

Au petit jour, comme je le disais tout à l'heure, chacun des hommes doit se trouver à l'abri de sa quête. Hourvari mène Jugurtha, son fameux limier. Jugurtha dit l'*Infaillible*, qui ne s'est trompé qu'une fois en huit ans. La Feuille mène Séduisant, Lambert mène Volontaire, Gervais, le valet de limier, mène Rustaud.

Arrivé à la quête, voici ce qui se passe : le valet de limier *met la botte* à son chien. La botte est une sorte de collier retenu par une lanière en cuir de $4^m,20$ centimètres environ. Au bout de cette lanière, il y a *un trait*, sorte de corde en crin de 4 mètres. Le cuir est doux au cou du chien, et le crin facile à la main de l'homme. Les limiers sont des animaux fort intelligents ; c'est en quelque sorte les agents de la sûreté de l'équipage. Ils se chargent d'aller découvrir le cerf dans son repaire, et quand, par une indication muette, ils ont dit : « Il est entré là ! » on peut se fier à eux.

Après avoir mis la *botte*, chaque valet de limier prend ce qu'il appelle les devants de sa quête, c'est-à-dire qu'il commence par faire les enceintes bordées de plaine et *recoupe*, c'est-à-dire rentre dans l'intérieur de sa quête, toujours en suivant les allées et selon les voies qu'il a rencontrées. Lorsqu'il a fait toute sa quête, il s'attache de préférence au plus vieux cerf qu'il a reconnu par le pied. Il *raccourcit* le plus possible, autrement dit il se rapproche autant qu'il peut de l'animal, sans le déranger, car s'il le mettait en éveil et lui donnait ce qu'on appelle *vent du trait*, tout serait à recommencer.

Le valet de limier casse des branches sur toutes les voies qu'il rencontre ; cela s'appelle des *brisées* : c'est ce qui lui servira plus tard à retrouver la rentrée de son animal au moment de l'attaque.

Les quatre valets de limier se trouvent au rendez-vous fixé, où ils déjeunent et revêtent la livrée bleue d'Orléans pour monter à cheval.

Voilà la chasse préparée.

* *

Pendant ce temps, les chasseurs ont fait également leurs préparatifs, ils ont endossé l'uniforme — les princes seulement — se sont lestés d'un bon déjeuner, et les voici qui arrivent à cheval. On reconnaît le duc d'Aumale et son commandant des chasses, M. Quiclet; le prince de Joinville, intrépide entre tous; le comte de Paris, le duc de Chartres, la comtesse de Paris, la duchesse de Chartres, la princesse Amélie, la fille aînée de la comtesse de Paris, et les princesses Marie et Marguerite, filles de la duchesse de Chartres. Cinq amazones non moins gracieuses que vaillantes.

Les valets de limier font leur rapport au commandant d'équipage ou le plus souvent au duc d'Aumale, qui aime assez qu'on le tienne au courant et qui décide à quelle brisée on ira frapper.

C'est à ce moment que nous voyons entrer en scène les chiens d'attaque, six gaillards fort intelligents, dont il n'est pas aisé de mettre l'expérience en défaut, et qui ne s'égareront jamais sur une biche, un chevreuil ou tout autre animal que l'animal de chasse. Au bout de quelques minutes, lorsque les six gaillards en question ont levé le cerf et l'ont fait sortir de l'enceinte, les trente chiens de meute sont découplés à leur suite.

En route! On marche bon train à Chantilly. Le jour de la Saint-Hubert, on allait vite comme dans une course de 4,000 mètres.

La partie ainsi commencée, que reste-t-il à éviter? Le change, le fameux change; la sécurité des cerfs, mais la désolation des veneurs. Ici plus souvent que partout ailleurs on est menacé, car le nombre de cerfs nécessaire pour occuper l'équipage pendant toute une saison est forcément considérable.

C'est à éviter le change que se manifeste plus particulièrement l'habileté du piqueur. Il le reconnaît à la vue du pied de son animal, mais surtout au travail de ses bons chiens, dont il sait les aptitudes spéciales.

Le cerf, né malin, a plusieurs façons de donner le change : *en s'accompagnant, en doublant* ses voies, ou en se rasant sur le ventre comme un simple lièvre au gîte lorsqu'il veut se séparer des animaux *avec lesquels il vient de s'accompagner*.

Que les veneurs me pardonnent si je manque, dans le cours de ce chapitre, à quelques règles de leur langue spéciale, mais il faut que je sois explicite pour le plus grand nombre de mes lecteurs.

Ainsi, on ne me pardonnera peut-être pas de raconter cette façon de donner le change. Le cerf chassé rencontre un ou plusieurs de ses camarades : que fait-il? Il les pousse devant en les lardant, au besoin, de ses cornes, pour les faire avancer. Quand il les a fait marcher ainsi une demi-heure et qu'il juge que leur fumet peut être pris pour le sien, il profite du moment où il est dans une coulée droite, rebrousse chemin, *laissant la voie droite de son camarade*. Autrement dit : « Mets-toi là, je m'en ôte. »

Les vieux chiens ne coupent pas là-dedans.

***

On connaît la suite d'une chasse à courre. La plupart du temps le cerf se fait prendre à l'eau. Une fois l'animal porté bas ou servi à la carabine, les valets de chiens à cheval *lèvent la nappe*, c'est-à-dire la peau du cerf. La curée chaude a lieu — la curée chaude, c'est-à-dire la curée immédiate — et les honneurs du pied sont faits à une des personnes marquantes de l'assistance que le prince désigne.

Le tout au son des fanfares.

N'est-ce pas que c'est joli, la chasse à courre? N'est-ce pas que le cerf est un noble animal? Eh bien, que direz-vous de ceci? En vertu d'un arrêté qui dénote chez celui qui l'a pris une singulière préoccupation de flatter le peuple, plus de vingt cerfs ont été tués clandestinement par des paysans sans aveu.

Le jour de la Saint-Hubert, Hourvari cherchait un magnifique dix-cors qu'il avait rembûché la veille aux environs de la *Table*. Il avait fait une double enquête pour le retrouver, pour avoir un animal digne de la chasse de ce jour-là. Mais c'est en vain qu'il l'avait cherché d'enceinte en enceinte. Il eût pu le chercher longtemps, car il avait été *assassiné* la nuit dans la plaine de Montgresin.

Qu'on ne vienne pas dire que c'est pour faire respecter la petite propriété que certains fonctionnaires encouragent ainsi le braconnage; le petit propriétaire aime à dormir dans son bon lit, et à toucher une large indemnité pour les dégâts causés chez lui par un cerf.

Les mauvais sujets de village, ceux dont on a la naïveté d'attendre une popularité malsaine, trouvent plus d'agrément à violer les lois en passant les nuits à l'affût où, sous prétexte d'attendre un cerf, ils canardent impunément tout le gibier qui leur passe à portée.

Je rirai de bon cœur le jour où les tueurs de cerfs, pour témoigner leur reconnaissance aux fonctionnaires qui les aiment tant, leur feront danser le pas joyeux de la dynamite.

LE CHENIL

Les chevaux de l'équipage étaient à cette époque cantonnés dans les bâtiments autrefois occupés par l'hôtel du *Grand-Cerf*. Il y avait là trente-huit chevaux appartenant au duc d'Aumale et vingt appartenant au prince de Joinville. Les deux équipages étaient sous la direction des frères Couts. Philippe Couts surveillait l'équipage de cerf avec Hourvari comme premier piqueur; Georges Couts menait le vautrait avec Volcelet. Les deux Couts allaient chaque année en Angleterre en remonte de chiens et de chevaux. Les chevaux, qui étaient très beaux à la vénerie, ne duraient pas longtemps quand ils avaient fait deux ans; les jambes étaient singulièrement abîmées. Il y avait là cependant quelques sujets remarquables, notamment des chevaux que le duc d'Aumale montait à la chasse et comme chevaux d'armes. La sellerie, masquée par un grand rideau, contenait tous les harnais de gala brodés d'or qui complétaient l'attelage à huit chevaux du carrosse. Le carrosse, qui avait servi au sacre de Charles X, était une merveille avec ses peintures en vernis martin, ses broderies et son couronnement de bronze doré. Depuis 1848, il avait été emporté en Angleterre, d'où on l'avait fait revenir récemment avec la merveilleuse schabraque du prince de Condé, en velours rouge, chargée de broderies d'or. Le carrosse était parfaitement conservé à l'intérieur.

On n'avait, d'ailleurs, rien négligé en fait d'aromates pour le préserver des injures du temps. Quand on l'ouvrait, c'était un vrai bouquet de Ganal, un parfum d'embaumement qui montait au nez. On comprend l'effroi des mites! Après les chevaux et la sellerie, la visite obligatoire était pour les chenils. Dans la partie des écuries qui touchait à la pelouse, du côté de l'hôtel des Bains, cent quatre-vingts chiens respiraient et aboyaient, aboyaient surtout! la moitié pour le compte du duc d'Aumale, l'autre moitié pour le compte du prince de Joinville. Cerf d'un côté, sanglier de l'autre. Le chenil était donc divisé en deux compartiments, et les piqueurs veillaient avec un soin tout particulier à ce que jamais les deux équipages ne se rencontrent. Les chiens du duc d'Aumale n'avaient rien de commun avec les chiens du prince de Joinville. On se promenait vers six heures du matin, à un quart d'heure d'intervalle, mais on s'arrangeait pour ne pas se trouver en chemin. Si les deux meutes arrivaient nez à nez, c'était toute une affaire de les rediviser. Les chiens du duc d'Aumale étaient marqués d'un O en tonsure. Nous avons dit que le réveil du chenil avait lieu vers six heures moins le quart; les chiens avaient chacun sa place à coucher et étaient assez serrés les uns contre les autres. On les éveillait et on les faisait passer au bain, bain froid en été, bain chaud en hiver. Puis on partait pour la promenade.

Il fallait voir alors ces quatre-vingt-cinq queues en trompette qui s'en allaient la pointe au vent comme les fusils d'un régiment en marche. La symétrie était admirable; de temps en temps un traînard s'écartait des rangs, mais les coups de fouet pleuvaient sur son dos, accompagnés d'un formidable et significatif : « Rentrez à la meute ! »

Ce qui paraissait très bizarre, c'était la facilité avec laquelle le piqueur se démêlait dans sa troupe. Entre tous ces chiens de même taille, de même robe, si pareillement tachetés, il semblait qu'on ne dût pas plus s'y reconnaître qu'un berger parmi ses moutons.

Eh bien, le piqueur appelait par son nom celui qu'il voulait avoir et celui-ci sortait des rangs et venait présenter son museau au bout du fouet.

Quand un *nouveau* arrivait à la meute, il n'était pas en repos avant que toute la compagnie ne fût venue le flairer à l'endroit prescrit dans le code du cérémonial des chiens. C'était le scrutin dans le cercle, où tous les membres votent et apportent la boule dans l'urne; ici, la boule, c'est le nez; cherchez l'urne? La formalité remplie, le chien était reçu membre du cercle et en tirait toutes les vanités qu'il lui plaisait,

Il y avait deux promenades par jour. Les piqueurs et valets de chien tenaient la main, ou pour mieux dire la mèche à ce que pas un des chiens ne s'écarte de la meute. Un chien qui prenait une piste de chevreuil, de lièvre ou autre entraînait tous les camarades, et la promenade dépassait l'heure réglementaire. C'est à cinq heures qu'on rentrait de la seconde promenade; cinq heures! L'heure de la soupe.

Dans le réfectoire de ces messieurs, voisin de la cuisine, il y avait quatre grandes mangeoires en bois; dans chaque mangeoire, on déposait quatre pains d'environ quatre livres, seize pains en tout, que les valets cassaient par morceaux de la grosseur du poing.

Pendant cette opération, les chiens, retour de la promenade, étaient rentrés au dortoir et attendaient le moment du repas dans des attitudes différentes.

Il y avait parmi eux toutes les physionomies du dîneur. Depuis le consommateur indifférent qui dit : « Je casserais bien une croûte, » jusqu'au grincheux qui s'écrie : « Quelle maison ! on n'est jamais servi à l'heure ! »

Enfin, le moment est venu, le piqueur vient annoncer que c'est prêt, et amène les convives jusqu'à la table; mais là il y a une formalité avant de donner de la dent; le piqueur, le fouet en l'air, tient tout le monde en respect; un aboiement général se produit, alors le piqueur abaisse son fouet et la curée commence. C'est en effet une vraie curée que ce repas, car il ne s'agit pas de flâner, c'est à qui jouera le plus activement de la mâchoire. On ne saurait même dire que la plus grande réserve soit de rigueur dans ces agapes, où les convives n'hésitent pas à se grimper sur le dos et à s'entamer la peau pour chiper un morceau de choix.

A peu près aux deux tiers du repas, il y a un appel, et sur cet appel, on voit des chiens quitter la table de très mauvaise grâce pour aller stationner dans la cour. Ce sont les goulus qu'on invite à se retirer, les affamés qui n'en laisseraient pas aux autres; rien n'est comique comme leur air piteux en s'éloignant du réfectoire.

Dans les dernières deux minutes, il y a rappel général; tout le monde rentre; c'est le dernier coup de fourchette. En quelques secondes, il y a pillage complet des auges; un petit pierrot qui passerait par là ne trouverait pas sa subsistance. Tout est enlevé, jusqu'à la dernière miette !

Après dîner, promenade dans la cour. Quelques petits balais, la tête en l'air, semés par places sur le gazon, sont un lieu de rendez-vous dont je n'expliquerai pas le but; il y a nombreuse société également à la fontaine, et puis un coup de fouet indique le couvre-feu. Tout le monde se retire aux mots :

« Rentrez à la paille. »

Ce qui distinguait la meute du cerf de la meute du sanglier, c'était le nombre de blessés qu'on rencontrai dans cette dernière. Le vautrait ne comptait pas moins de quarante braves.

Le prince de Joinville aimait à passer en revue ces vieux soldats et à leur distribuer de sa main quelques marques honorifiques représentées par des croûtes de pain blanc.

Les chiens célèbres de la meute étaient Paladin et Monthabor, deux animaux d'attaque fort estimés; Lumino, un poseur pour le torse, *c'est toujours lui qui est demandé chez les sculpteurs!* Rigolo, le plus vieux limier; Gouverneur, limier en activité; Étendard, un vieux, si vieux qu'il devait être réformé. *On le mène en voiture à l'attaque!* Bacchanal, le doyen de l'équipage du cerf, et Rabagas qui, depuis trois ans, est appelé à l'honneur de porter la cocarde et de représenter ses confrères dans l'église, à la messe de Saint-Hubert.

Vers le mois d'octobre, tous ces chiens-là rentraient en activité : on chassait à blanc pour les remettre en haleine. Quel tapage! quelle musique en forêt!

LES GRANDES ÉCURIES DE CHANTILLY.

Les écuries de Chantilly méritent leur place dans ces souvenirs rétrospectifs. Elles sont en effet si monumentales que le commun des mortels les prend à chaque instant pour le château. Le manège occupe toute l'aile gauche; au milieu, l'entrée d'honneur avec ses grands cerfs en imitation de bronze vert, dégageant leur silhouette élancée. En face du visiteur apparaît la grande fontaine au-dessus de laquelle on lit cette inscription :

LOUIS-HENRI
DE BOURBON
7ᵉ PRINCE DE CONDÉ
A FAIT CONSTRUIRE CETTE ÉCURIE
ET LES BATIMENTS QUI EN DÉPENDENT
COMMENCÉS EN 1719 ET FINIS EN 1735.

Dans la partie droite de l'écurie le sol est dallé pour recevoir dix-huit stalles et dix-huit boxes de modèle moderne. Ces trente-six places, installées comme dans les constructions de nos jours, font peut-être singulière figure sous ces voûtes hautes comme des nefs d'église et dont le style parle d'un autre âge.

La cour du milieu, où l'on a donné tant de fêtes, sans parler du fameux souper qui passa pour une mystification royale, est couronnée d'un balcon situé à une hauteur presque vertigineuse.

Avant les dernières restaurations il pleuvait par la toiture dans ce bâtiment, hanté par des hirondelles et des chauves-souris. Mais on mit des ardoises neuves partout, et les hirondelles, qui étaient restées fidèles au logis, voltigèrent à l'abri tout en haut le long de la rampe dorée du balcon.

A propos de ce balcon, si élevé qu'on a mal aux yeux en le regardant d'en bas, il y a une anecdote dont on ferait au besoin une légende. Un des gardes de la forêt avait une fille adorablement belle, dont était fort épris un des jeunes piqueurs de Son Altesse, et les deux jeunes gens, s'étant avoué qu'ils s'aimaient, venaient fréquemment se le dire à la clarté des étoiles.

Une belle nuit, que les étoiles eussent mieux fait de s'éteindre comme une simple chandelle, le père, finissant sa ronde, découvrit les amoureux tendrement assis sur un banc de pierre le long des écuries.

Il entra en fureur et... chez lui, y poussa la pauvrette qu'il tança d'importance, déclarant qu'il lui interdisait à tout jamais de revoir le piqueur du prince, fût-il animé des plus honnêtes intentions.

— Sais-tu par qui tu t'en laisses conter? dit-il en grognant, par un homme qui n'est pas un homme ; une des chasses passées, il a eu peur d'un sanglier! Jamais une peau de lapin pareille ne deviendra mon gendre !

La petite pleura, mais pleura peu, car elle avait mieux à faire : rêver au moyen de désobéir à papa.

Le lendemain au lever du jour, il y avait événement dans la cour des grandes écuries : un pendu se balançait à la rampe du balcon, et ce pendu n'était autre que le jeune piqueur, revêtu de ses beaux habits de chasse, botté et éperonné ; il était en l'air, dans l'antichambre de l'éternité, comme doit être tout soupirant qui ne digère pas les peines d'amour.

— Nom d'un boutoir! s'écria le vieux garde en essuyant une larme, moi qui l'avais cru capon ; l'imbécile, s'il ne s'était pas tué, je lui aurais donné ma fille !

Et il s'en alla, songeant aux ménagements qu'il allait prendre pour annoncer la nouvelle au logis sans amener trop grande secousse.

— Bast! se dit-il, allons-y tout de suite, autant lui faire avaler la pilule avant le soir.

Il rentra inopinément, à une heure où on ne l'attendait pas.

Mais à peine sur le seuil, il bondit — il y avait de quoi bondir — les deux amoureux s'embrassaient dans la cuisine.

— C'est trop fort! s'écrie le vieux garde, tu n'es donc pas pendu?

Le suicidé expliqua qu'il aimait trop la vie pour attenter à ses jours et se couper toute communication avec ses espérances. Le pendu, c'était simplement une botte de foin que les autres valets de la vénerie, informés de sa mésaventure, avaient habillée et accrochée au balcon pour lui faire une farce et se moquer de lui.

Le moyen de ne pas se sentir touché en présence d'une situation si émouvante. Le vieux garde attendri se dit qu'un homme qui avait eu du foin dans ses habits pourrait bien en mettre un jour dans ses bottes, et il donna son consentement à un hymen qui fut célébré à son de trompe.

— Ça ne fait rien, beau-père, disait le marié le jour de sa noce, je vous ai tout de même gardé un petit bout de la corde !

LOCATION
DU DROIT DE CHASSE DANS LES FORÊTS DE L'ÉTAT.

Amodiataires des Départements.

Les équipages de chasse à courre sont — ou mieux étaient au dernier recensement, datant déjà de deux années — au nombre de 447. La plupart sont peu importants et ne se composent que de quelques chiens chassant plutôt à tir. On est en effet surpris, en parcourant à la direction des forêts la liste des amodiataires des forêts de l'État, de rencontrer à la suite de la plupart des lots cette mention : *Chasse à courre et à tir.* C'est surtout lorsque l'on s'éloigne des environs de Paris, composant la première inspection forestière, pour étudier la nature des amodiataires de la province, que l'on est surpris de rencontrer si rarement cette particularité : lot réservé à la seule chasse à courre.

Presque partout il a fallu réunir la chasse à tir à la chasse à courre.... faute d'adjudicataires, dit le procès-verbal des enchères.

Le public étranger à ces sortes d'adjudications se doute peu du nombre et de l'importance des baux souscrits au profit de l'État par les veneurs français. Quelques chiffres sont significatifs.

Les gros locataires, payant plus de dix mille francs par an, sont:

M. Servant, le veneur parisien très connu, locataire, dans l'Aisne, de la forêt de Retz, au prix de 54,700 fr.

M. le marquis de Chambray, adjudicataire du droit de chasse dans les forêts d'Écouves (Orne), de Senonches (Eure-et-Loir), de la Perche, la Trappe, moyennant le prix de 20,750 francs.

M. Collas, fermier de la forêt de Montluçon, payant pour les deux lots les plus importants 20,500 francs.

M. Malfilâtre (Léon) forêt de Brotonne et de La Trait (Seine-Inférieure), 12,750 francs.

Sir Richard Wallace, fermier, dans l'Orne, des forêts Les Audaines et La Ferté-Macé, 10,500 francs.

M. Cosson (Ernest), un lot, forêt de Montargis (Loiret), 11,000 francs.

M. le comte de Brigode, forêt de Laon, 27,150 fr.

Je trouve parmi les autres fermiers importants :

MM. le prince de Montholon et le comte de Béthune-Sully, forêt de Montargis; de Broglie (Raymond), forêt de Cérisez (Manche); marquis d'Aligre, forêt de Montécot (Eure-et-Loir); marquis de Mac-Mahon, forêts de Saint-Sernin, de Pierre-Lazière et de La Feuillée (Loiret); de Lévis-Mirepoix, forêt de Bellême (Orne); vicomte Aymard du Maisnil, forêt de Crécy (Somme); Chandon de Briailles, forêt d'Aumont (Aube); comte de Wallon et Savart (César), forêt de Vervins (Aisne); Benoit-Champy, forêts de Le Gault et de La Traconne (Marne); comte d'Andigné de Resteau, forêt de Bercé (Sarthe); Poriquet, forêt des Trois-Fontaines (Marne); de Térouenne, forêt de Lamotte-Beuvron (Loiret); marquis de Rancougne, forêt de Blois; marquis de Damas, forêt de Blinez; comte de Wallon, forêt de Vervins (Aisne); marquis de Courtivon, forêt de Labounière (Côte-d'Or); comte de Brissac, forêt de Montfort (Eure); Charpentier et Hennebert, forêt de Bon (Eure); Treuille (Raoul), forêt de Moulière (Vienne); Hennessy (Armand), forêt d'Aulnay (Charente-Inférieure); Chevallereau (Gustave), forêt de Chizé (Deux-Sèvres); de Béjary, forêt de Vouvant (Vendée); Baudry-d'Asson, forêt de Saint-Jean-de-Mont (Vendée); comte de Pully, forêt de Mareuil (Vienne); baron Roger (Eugène), forêt de Vierzon (Cher); de Clermont-Tonnerre, forêt de Saint-Palais (Cher); Simons, forêt de Châteauroux (Cher); vicomte d'Anchald, forêt de Bertrange (Nièvre); Deglatigny et Pratt (Léon), forêt de Roumare (Seine-Inférieure); Lemarchand, forêt de Rouvray; Thoronde, forêt Verte; Cerfon (Camille), forêt de La Londe; de Valanglart, forêt d'Eawy (Seine-Inférieure); Labitte (Paul), comte de Valon, vicomte d'Onsembray, Pouyer-Quertier, forêt de Lyons (Eure), etc.

AMODIATAIRES DES ENVIRONS DE PARIS

Forêt de Villefermoy. — Locataire de la chasse à courre et à tir : M. le vicomte Greffulhe. Prix d'adjudication, 31,500 francs.

Forêt de Carnelle et de *L'Isle-Adam*. — Comprend 2,445 hectares de chasse à courre, loués à M. Servant, au prix de 2,550 francs.

Forêt de Rambouillet. — Premier lot, de 8,074 hectares. Prix de location, 8,050 francs, duchesse d'Uzès.

Forêts de Rambouillet, d'Yveline, de Saint-Arnould et de Couïe. — Deuxième lot, prix de location, 5,050 fr., duchesse d'Uzès.

Forêt de Compiègne. — La chasse à courre a une étendue de 13,730 hectares, loués 15,100 francs à M. Jacques Olry.

Cette même forêt comprend 17 lots de chasse à tir, ayant pour principaux adjudicataires M. Jaluzot et M. Prat, ce dernier payant 11,000 francs les lots dénommés Saint-Sauveur et la Basse-Queue.

Forêt de l'Aigle et d'Ourscamp. — 5,423 hectares de chasse à courre. Prix, 5,050 francs. Locataire, M. le comte Robert de l'Aigle.

Forêt d'Halatte. — Chasse à courre, 4,241 hectares. Prix 6,050 francs. Adjudicataire, M. Joachim Lefèvre, qui a cédé son bail à M. Bertrand de Valon.

Forêt d'Ermenonville. — Chasse à courre, 2,967 hectares. Prix, 4,050 francs. Adjudicataire, M. Quiclet, capitaine des chasses de Son Altesse Royale le duc d'Aumale, ayant cédé son bail à M. le comte de Lubersac.

Forêt de Thelle. — Chasse à courre, 919 hectares. Prix, 850 francs. Locataire, M. Labitte (Jules).

Forêt du parc Saint-Quentin. — Chasse à courre, 730 hectares. Prix, 5,650 francs. Locataire, M. Dupont (Alph.).

Forêt de Hez-Froidmont. — Chasse à courre, 1,664 hectares. Prix, 1,850 francs. Locataire, M. Stern (Jacques).

Forêt de Fontainebleau. — Étendue de la chasse à courre, 17,000 hectares. Prix de location, 18,100 fr. Adjudicataire, M. Michel Ephrussi.

Il y a lieu d'observer que M. le vicomte H. Greffulhe est également locataire de la chasse à courre de la forêt de Fontainebleau. M. Ephrussi a tous les cerfs et M. le vicomte Greffulhe tous les sangliers, plus 15 cerfs à prendre par an. Les deux équipages de Rallye-Franchard et de Bois-Boudran chassent alternativement chacun trois fois en quinze jours. Le vicomte Greffulhe ne chassant jamais au début de la saison cynégétique, l'équipage de Rallye-Franchard seul découple deux fois la semaine, jusqu'à l'arrivée du vautrait de Bois-Boudran.

Un nouvel équipage est entré en campagne à Fontainebleau. C'est l'équipage de Rallye-Bersay, au duc de Gramont, ayant pour premier piqueur Hourvari, de l'équipage du duc d'Aumale.

La chasse à tir de la forêt de Fontainebleau, qui est

de 1,400 hectares, comprend Franchard et ses parties artistiques, et a pour principal locataire (18,500 francs) M. Robert.

Les amodiataires de la forêt de Fontainebleau ont à plusieurs reprises témoigné de leur mécontentement depuis que, sur un vœu du conseil général, le préfet prit, à la date du 16 mai 1884, un arrêté classant les cerfs et les biches parmi les animaux malfaisants et nuisibles, que le propriétaire ou fermier peut détruire en tout temps sur ses terres, au moyen d'armes à feu et de pièges, car voici ce qu'il advint :

Des populations entières de village, en bordures de la forêt, s'autorisèrent de ces arrêtés, sous prétexte de protéger et de garantir leurs récoltes et organisèrent de grandes battues, procédant avec beaucoup d'ingéniosité.

A deux heures du matin, lorsque tout sommeille — les gardes forestiers et Pandore plus que tout autre — une douzaine de rôdeurs du cru suivaient le treillage de la forêt avec des lanternes, ils comptaient par les brèches et les ouvertures combien il était sorti de gibier : cerfs, biches, faons et chevreuils, les reconnaissant par le pied. A chaque ouverture ou brèche, ils plantaient des banderoles blanches, papier ou chiffons, qui, agitées par le vent, effrayaient les animaux et les empêchaient de rentrer en forêt.

A six heures du matin les gens du village arrivaient au nombre de soixante, ils entouraient le bois et acculaient le gibier sur les parties où les tireurs étaient postés. Sur dix têtes d'animaux qui rentraient affolés, huit étaient massacrés. On emportait le gibier au village où l'on faisait ripaille, bénissant le conseil général, portant des santés au préfet, narguant les amodiataires, refaits par eux, simples rustres.

Les veneurs lésés protestent contre ces petites agapes villageoises dont ils font seuls les frais, et que l'État n'a pas encore songé à porter en déduction sur leur note.

* *

On ne se douterait guère aujourd'hui que c'est en France qu'a pris naissance l'art de la vénerie tant le noble *déduict* a perdu de son antique prestige. Chaque année note la dispersion d'un équipage en renom ; nous avons vu successivement passer au feu des enchères, les meutes célèbres de MM. le comte Le Coulteux de Canteleu, Johnston, Benoît-Champy, etc.

Et en voici la cause principale :

De même que le conseil municipal de Paris s'ingénie à détruire les courses, comme si tout le luxe qui en résulte ne convenait pas à la prospérité de Paris, de même les conseillers municipaux de province ne négligent aucune occasion de nuire aux veneurs.

Cette ligue des édiles de Paris et des départements aboutira sans doute à la disparition, tout au moins au grand amoindrissement, de deux sports qui avaient une place bien importante dans nos habitudes de luxe.

Pour bien s'assurer la popularité dans leurs communes, les maires appuyés en cette triste besogne par des préfets, des conseillers généraux et d'arrondissement qui, dans un but électoral, ne négligent aucune occasion de mettre nos forêts au pillage, invitent les cultivateurs à détruire par tous les moyens, et même à l'affût, sans permis de chasse, les grands animaux considérés par eux comme nuisibles, qui s'aventurent sur leurs terres. Notez à quel point il est démocratique de permettre à un individu possédant un hectare de tuer un cerf de deux cents kilos !... En même temps que le cerf chouriné de nuit par un pur braconnier déguisé en cultivateur, les chevreuils, les lièvres et autres gibiers iront rouler dans le carnier de la contrebande.

Quant aux agents chargés de la répression du braconnage, leur surveillance n'aura plus l'ombre de raison, et ils seront bien naïfs d'attraper des rhumes de cerveau à la belle étoile pour constater un délit, qui ne sera plus un délit, par suite des exceptions combinées en faveur des délinquants.

C'est le braconnage, avec l'autorisation de M. le maire, auquel le braconnier bien élevé ne négligera pas d'envoyer, de temps à autre, le cuissot de la reconnaissance. Et, pour bien montrer le peu de cas qu'ils font du bon contribuable au profit de celui qui ne contribue qu'au dépeuplement de nos forêts, les préfets interdisent, sans autorisation spéciale, la destruction des animaux nuisibles.

Je ne sache pas cependant que le renard, la fouine, le putois, puissent être considérés comme électeurs ; mais ils sont au moins des destructeurs et braconniers, et ce seul fait de dépouiller les autres leur attire nécessairement la faveur des gens qui ont droit à l'écharpe tricolore ou aux palmes argentées. Il y a des maires qui poussent plus loin l'audace : quand ils ont quelques amis à déjeuner, ils prétextent la nécessité de protéger les récoltes des cultivateurs et vont en pleine forêt, dans les bois appartenant à l'État, se payer une aimable battue.

Quand le fusil ne va pas, il y a encore des inventions bien agréables, qui comptent parmi les moyens mis à la portée des électeurs influents. Ceux-ci creusent des fosses en plaine tout autour de la forêt — des fosses qui ont de deux mètres cinquante à trois mètres de profondeur — bien recouvertes de branches et de feuilles et servant non seulement à attraper le cerf, mais le voyageur attardé.

Il n'est pas rare de voir tomber des gens qui se cassent les reins dans ces fosses rendues invisibles ; il y en a qui, sans se blesser aussi grièvement, y ont passé la nuit entière.

L'administration intitule ces fosses : moyen ou procédé. Singulier moyen, singulier procédé qui consiste à traquenarder des cerfs, des sangliers ou des passants.

Prévoyante administration qui ne veut pas qu'à son insu l'on tende un petit piège à blaireau ou à belettes, et qui admet que l'on creuse des précipices sous les pieds des passants.

A l'aide de ces fosses, un seul cultivateur des environs d'une grande forêt a pris trente-deux grands animaux pour sa part.

Il est bon d'attirer sur de telles anomalies l'attention du chef de l'État qui paraît aimer la chasse et comprendre qu'il n'est pas indispensable qu'un pays renonce à ses vieilles traditions de luxe et de vaillance.

Car la chasse à courre n'est pas seulement un exercice de chic, elle est utile à la formation du cavalier qu'on retrouvera un jour sur le champ de bataille. La chasse à courre est éminemment française, et la République devrait tenir à honneur de prouver que tout ce qui est de race française peut trouver protection sous son régime.

Il serait donc absolument opportun d'inviter les préfets à modifier du tout au tout leurs façons de procéder et à ne plus ouvrir à deux battants les portes au braconnage.

Il sera facile d'indemniser largement les cultivateurs des dégâts que leur auront causés les grands animaux. L'entretien d'un équipage déjà très frappé d'impôts coûtera un peu plus cher; mais au moins on saura qu'en louant un droit de chasse à courre on n'achète pas uniquement la certitude d'être volé.

Il n'est que temps d'agir, car les veneurs commencent à en avoir assez. Les cerfs disparaissent de nos bois. On en sait le compte, qui diminue tous les jours. Les cerfs, au lieu d'être livrés à la curée des chiens, s'étalent sur les trottoirs devant les magasins de comestibles à côté des sangliers et des chevreuils. Cette seule exhibition peu ragoûtante démontre les résultats des arrêtés préfectoraux.

Pour bien prouver que nous n'inventons rien, nous citons le texte d'un arrêté du préfet de l'Oise :

« Art. 5. — Les propriétaires, possesseurs ou fermiers pourront, au fusil seulement et sans permis de chasse, détruire ou faire détruire, sur leurs terres, les animaux malfaisants ou nuisibles dont la nomenclature suit :

« Le cerf, la biche, le sanglier, le loup, le renard, le blaireau, la loutre, le loir, la fouine, le putois, le chat sauvage, la belette, l'hermine, la marte, les rats, l'aigle, l'autour, le faucon, l'épervier, le milan, la buse, la cresselle, l'émerillon, le balbuzard ou aiglon pêcheur, la pie, le corbeau, le pigeon ramier, l'écureuil.

« Les propriétaires, possesseurs ou fermiers, sont autorisés en outre à dénicher les oiseaux nuisibles et à empoisonner les loups et les renards avec la noix vomique ou les poisons en usage pour cette sorte de destruction.

« Le lapin pourra, dans les mêmes conditions, être détruit à l'aide du furet et des bourses.

« Il pourra être également fait usage, dans certains cas, de pièges en fer dits pièges français, pièges allemands, de trappes, d'assommoirs et de trébuchets ; mais ce mode de destruction ne sera autorisé qu'en vertu de permissions spéciales et motivées, délivrées par nous ; il en sera de même du panneautage pour la destruction du grand gibier et du lapin. »

Ainsi, pour tendre un piège, même allemand, il faut la bienveillance du préfet. Sans un avis favorable de ce fonctionnaire, le putois et le chat sauvage peuvent s'en donner à cœur joie, et dévaster la faisanderie. Pour pratiquer l'assommoir, il faut demander la permission. C'est l'arrêté qui est assommoir et n'a ni queue ni tête.

Eh bien! toutes ces tracasseries qui ont l'air d'être inventées à plaisir ont pour résultat de dégoûter les gens riches, et les gens riches n'ont qu'une façon d'éviter la guerre qu'on leur fait : c'est de se confondre dans la foule des gens qui n'ont pas le sou, de renoncer ainsi à toutes dépenses pour avoir la paix. Voilà comment il arrive que l'argent se cache au lieu de rouler. Voilà comment l'essor du commerce est arrêté partout. On n'aura plus de cerfs, mais ce seront les commerçants qui seront les daims.

Nous n'avons plus qu'une ressource, quand nos forêts seront dépeuplées, ce sera de revenir au laisser-courre pour rire dont la Marche fut le théâtre au temps pas très éloigné de Mgr le comte de Bari.

Ah! les chasses du comte de Bari, parlez-moi de ça! Voilà des chasses conformes au sentiment de l'humanité. Le comte de Bari, mais il eût mérité le prix Montyon et j'aurais voulu que la Société protectrice dont j'ai l'honneur de faire partie fût chargée de le lui offrir.

— Comment cela, monsieur ?

— Dame! en supprimant du plaisir de la chasse à courre tout ce qu'il y a de cruel — car elles sont faites pour donner la chair de poule, ces chasses ordinaires de vos véneries. Quarante chiens solides, bien nourris et bien entraînés, mis aux trousses d'une noble bête qui ne demande qu'à vivre en paix dans ses forêts! Et cette meute altérée de sang, poursuivant au son du cor le cerf qui se défend jusqu'à extinction de ses forces et ne s'arrête que pour mourir percé par un couteau de chasse!

— Je conviens que ce n'est pas gai pour le cerf!

— Ne plaisantez pas, monsieur, vous me feriez croire que vous n'avez jamais assisté à un hallali, que vous n'avez jamais vu l'animal de meute, haletant, épuisé, répandre de grosses larmes bien faites pour exciter la pitié... Mettez-vous à la place du cerf!

— Vous êtes bon, vous!...

— Laissez-moi vous dire au contraire comment se passaient les choses dans les laisser-courre du comte de Bari. Là, point de poursuite folle, point d'hallali, point de mort.

L'équipage possédait un cerf et une biche, qui faisaient un excellent ménage — vous voyez déjà le côté moral, — dans un des boxes du château de la Marche. Ce cerf et cette biche étaient bien logés, bien nourris, bien entretenus. Personne ne les dérangeait en dehors des jours de chasse.

— Mais il me semble qu'ils n'avaient point là une existence très gaie. Croyez-vous qu'ils n'eussent pas préféré la liberté des bois avec ses dangers?

— Pourquoi donc cela? Permettez que je finisse. La veille des chasses, on enfermait le cerf ou la biche dans une boîte...

— Sapristi! mais ils devaient étouffer.

— Pas le moins du monde. Cette boîte n'était point privée d'air. On y perçait des trous. On se servait de la paille prise dans l'écurie où le couple avait couché, et, avec un léger mélange d'anis, on la parsemait partout où l'équipage devait passer. Les chiens donnaient là-dessus et faisaient une musique superbe. Les cavaliers galopaient après les chiens ; les piqueurs sonnaient des fanfares...

— C'était un drag, alors...

— Oui, mais vous allez voir. Quand la chasse avait marché ainsi pendant deux bonnes heures...

— Le cerf était toujours dans sa boîte ?

— Jusqu'à ce moment ; mais, au bout des deux heures, on le lâchait et les chiens le poursuivaient.

— Pendant combien de temps ?

— Pendant dix bonnes minutes.

— En effet, ce n'était pas très fatigant.

— Alors, monsieur, les chiens le prenaient...

— Si vite que cela !

— Oh ! il ne cherchait pas à les mettre hors d'haleine. Ces chiens, ce cerf et cette biche vivaient en très bonne intelligence...

— Jamais un coup de dent ?

— Ce serait beaucoup dire. De temps en temps un chien mangeait la consigne et attaquait légèrement une des jambes de l'animal, mais si légèrement qu'avec un peu d'eau-de-vie camphrée la blessure était presque aussitôt guérie !

— Et les chasseurs étaient satisfaits ?

— Très satisfaits. Ils ne se doutaient pas de la petite supercherie. L'un d'eux disait à l'époque dans un salon : « Ce diable de cerf nous a fait courir tantôt plus de deux heures ! »

— Alors, c'est parfait. Je comprends que ces chasses pourraient redevenir très à la mode. Elles me rappellent celles que le prince Napoléon donnait autrefois à Meudon. On chassait le daim. Les animaux étaient pris la veille dans un petit parc du bois de Boulogne, autour du Lac; on les enfermait dans une boîte pour les courre le lendemain. Un jour, il y en eut un qui fut très malin pour un daim. On le lança, et au bout de peu de temps on perdit sa trace; toute la journée on fut à sa poursuite, mais sans jamais pouvoir le rencontrer. Ce ne fut qu'à la tombée de la nuit qu'on découvrit sa retraite. Son moyen avait été des plus simples : à peine sorti de sa boîte, il y était rentré! »

TYPES DE VENEURS

Les chasses des environs de Paris sont fréquentées par un grand nombre de jeunes élégants, habitués assidus de l'allée des Poteaux qui croient qu'il est bon de se montrer à la gare du Nord avec des éperons et en cape de velours. Ils se figurent aimer la chasse, parce qu'ils ont entendu le mardi gras les fanfares des sonneurs de trompe chez le marchand de vin du coin. Ce ne sont pas des veneurs, ce sont des galopeurs. Leur seul but est de courir pendant une heure ou deux derrière les chiens, debout sur leurs étriers et pendus après leurs bridons à martingale. La chasse pour eux est surtout un prétexte à exhiber au chemin de fer et au rendez-vous des bottes vernies au pinceau, un habit de chez Poole, une selle de chez Beck et un hunter de chez Bartlett.

A peine dans le wagon, ils s'informent déjà des heures des trains de retour; l'un dîne en ville; l'autre doit aller le soir à *Belle-Maman*. La conversation pendant le trajet roule sur le stick de celui-ci, sur les éperons en plaqué anglais de celui-là et sur mille autres détails de vénerie du même genre. Enfin, le dernier mot de ce faux chic est de revenir au club assez à temps pour y paraître le fouet à la main et se promener en habit rouge autour de la table de baccarat. Quand on leur demande si la chasse a bien marché et si l'on a pris, ils répondent :

— Je ne sais pas si l'on a pris la bête, mais ce que je sais, c'est que j'ai pris un bon canter.

Dans l'Ouest et le Poitou, les maîtres d'équipages ont conservé les traditions de la vénerie française. La chasse y est une carrière. Le veneur, qui le plus souvent fait le bois lui-même, porte généralement toute sa barbe, pour ne pas perdre à se raser un temps précieux. La botte forte, qui préserve des ronces et des ajoncs, remplace l'élégante botte anglaise; plus de légers pardessus, mais d'épaisses peaux de bique; plus de cigares ni de cigarettes russes, mais la vieille pipe gauloise en racine de bruyère. Au lieu de songer à prendre le train pour rentrer à Paris, le maître d'équipage, jaloux de la réputation de ses chiens, reste jusqu'à la nuit close pour remettre son chevreuil sur pied. Chacun met la main à la pâte, et le soir, à souper, après une longue retraite dans la boue et les fondrières, on se rappelle les incidents de la journée.

— *Mirliflor* a rudement travaillé aujourd'hui.

— Et *Volante?* L'as-tu vue relever le défaut aux quatre-chemins?

— Parbleu! elle est du sang du vieux *Lucifer*.

— Je réponds bien de faire plus avec huit de mes

chiens, que pas un de ces chasseurs de Paris avec leurs 60 ou 80 chiens anglais.

Et cela dure ainsi jusqu'à ce qu'on aille se coucher.

LA FAUCONNERIE

La fauconnerie, qui est l'art d'affaiter et de gouverner les oiseaux de chasse, se divisait autrefois en deux branches bien distinctes : la *fauconnerie* proprement dite, qui avait pour objectif l'éducation des faucons en général, et l'*autourserie*, qui se bornait au dressage exclusif de l'autour et de l'épervier.

En France, la fauconnerie est un sport au bois dormant, elle a des sommeils de cent ans après lesquels elle se réveille pour se rendormir ensuite. Et cependant quel passé fut plus glorieux que le sien ! Dans les temps les plus reculés de notre histoire, ne voit-on pas la chasse au vol considérée comme un des plus précieux privilèges de la noblesse, comme un de ses plus aristocratiques déduits ? Estimée à l'égal de la vénerie par les princes et les gentilshommes d'alors, elle fleurit chez nous jusqu'à la fin du siècle dernier, après avoir brillé d'un éclat incomparable. « Elle était tellement en honneur, dit Elzéar Blaze, qu'un gentilhomme et même une dame châtelaine ne paraissaient pas en public sans avoir le faucon sur le poing. Beaucoup d'évêques et d'abbés les imitaient ;

tous entraient dans les églises avec leurs oiseaux qu'ils déposaient sur les marches de l'autel. Dans les cérémonies publiques, les seigneurs portaient un faucon sur le poing droit comme ils portaient une épée sur la cuisse gauche. Les prélats eux-mêmes chassaient au faucon. Certaines redevances leur accordaient des oiseaux apprivoisés et entraînés. Ainsi la terre de Maintenon devait tous les ans à l'évêque de Chartres *un espervier armé et prenant proye.* »

Les premières tentatives de résurrection de la fauconnerie, en ces derniers temps, datent de 1840. A cette époque, le roi des Pays-Bas s'en éprit et lui accorda un puissant patronage. Pendant une douzaine d'années, une centaine de sporstmen se réunissaient tous les ans au château de Loo, en Hollande, et pendant deux mois on volait le héron, dans les immenses plaines qui entourent cette propriété royale.

L'équipage, sous la direction de deux fauconniers, Jean Bots et Adrien Mollen, était composé généralement de vingt à vingt-cinq faucons pèlerins qui prenaient environ deux cents hérons. A la fin de la chasse, les oiseaux étaient lâchés. On ne gardait, habituellement du moins, que les faucons extrêmement bons pour les muer et s'en resservir l'année suivante.

Plusieurs amateurs, que ce sport intéressait, prenaient alors quelques-uns de ces oiseaux pour les mettre au vol de la corneille et continuer ainsi la fauconnerie chez eux.

Le roi, qui avait donné son appui et son autorisation de voler dans les plaines de Loo, les refusa en

1853, et la fauconnerie fut complètement oubliée en Hollande.

Bots alla en France, mais n'y resta que quelques mois ; Mollen, plus heureux, se plaça en Autriche chez le prince Trautmensdorff et y resta plusieurs années, pendant lesquelles il fit refleurir comme à ses plus beaux jours, son sport favori.

Ce fut vers cette époque, en 1865 ou 1866, qu'il fut question d'organiser un Hawling-club, comme en Angleterre.

La même année, un veneur de la Sologne, M. Georges de Grandmaison, installait dans son château de Souches un équipage de dix pèlerins dirigé par John Barr, un des meilleurs fauconniers de l'Angleterre.

Peu à peu se fondait l'équipage de fauconnerie de Champagne, sous la présidence de M. Alfred Werlé. Il comptait, pour principaux sociétaires : MM. le vicomte de Champeaux-Verneuil, baron d'Aubilly, vicomte Adrien de Brimont, comte Le Coulteux de Canteleu, vicomte G. de Grandmaison, comte Fernand de Montebello, de Aldama, Pierre Pichot.

Le président obtenait de l'empereur l'autorisation d'installer ses oiseaux au camp de Châlons, et les vols de l'équipage furent assidûment suivis pendant quelques années, à l'époque des grandes manœuvres.

Des circonstances particulières amenèrent la dispersion de l'équipage en 1868.

Après la guerre, de nouveaux essais eurent lieu.

Je me souviens d'avoir vu en 1875 les faucons exercés au leurre sur la grande pelouse du Jardin d'acclimatation. L'équipage appartenait au capitaine Flandys Dugmore, un fanatique de ce sport. En 1867, il était déjà venu en France avec tous ses oiseaux, invité à faire un déplacement dans le Vexin, chez M. le comte Le Coulteux de Canteleu. Il y resta assez longtemps, puis alla passer l'hiver à Cannes où eurent lieu quelques beaux vols. Parmi ses faucons se trouvaient des autours de la forêt de Lyons qui, après avoir fait le voyage du Nouveau-Monde avec leur maître, alors officier aux Canadiens-rifles, se trouvaient ainsi revenir chasser dans leur pays natal. L'équipage se composait de neuf oiseaux.

Une autre fois le même équipage fut invité à voler les pigeons d'escape sur le champ de course de Longchamps. Ce vol, donné presque exclusivement en l'honneur du Jockey-Club, avait attiré pas mal d'amateurs.

A une heure précise Barr arriva sur le terrain, portant sur la cage quatre de ses meilleurs oiseaux. Plusieurs pigeons fournirent des vols ravissants, tournant autour du groupe des spectateurs, comme pour faire admirer de plus près l'habileté de leurs *esquivades* sous la descente rapide des faucons pèlerins, serrés de près par leur ennemi implacable. Il en est qui vinrent se réfugier jusque sous les chaises des dames qui leur sauvèrent la vie.

Il n'était pas facile pourtant de protéger les fugitifs; l'agilité des faucons, passant comme l'éclair au milieu des spectateurs, frôlant de leur aile les chapeaux ou les vêtements, était surprenante. Leur naturel farouche avait disparu, au point que ni les cris d'effroi et de surprise que poussaient les spectateurs ni les mouvements brusques que l'on faisait pour se garer ne pouvaient arrêter leur élan impétueux. La fin de cette intéressante réunion fut attristée. Déjà quelques spectateurs avaient quitté la pelouse et Barr s'occupait à rappeler au leurre un de ses oiseaux qui s'était écarté à la poursuite d'un pigeon sous le bouquet du bois, qui se trouve entre les tribunes et la Seine, lorsqu'un coup de feu retentit dans la direction que venait de prendre le faucon. C'était un malencontreux pêcheur qui avait tué à bout portant, planant au-dessus de sa barque, un des meilleurs oiseaux de l'équipage.

En 1879, un jeune sportsman, M. Paul Gervais, voyant que tous les efforts que l'on avait tentés jusqu'alors avaient été entravés par les exigences des fauconniers étrangers et par les difficultés que l'on avait à se les procurer, résolut de prendre un homme intelligent et de lui apprendre le métier. Faisant venir d'Irlande un fauconnier, il le garda assez de temps, pour mettre au courant son fauconnier français.

Pendant deux ans de suite, et afin de le perfectionner, il envoya en Hollande auprès du vieux Mollen prendre et affaiter (dresser) les nouveaux oiseaux de chasse. Cet homme comprit vite son nouvel emploi et, dès la première année, il eut quelques oiseaux assez bons.

Actuellement la grande fauconnerie semble retombée dans le marasme ; elle ne fait plus parler d'elle. En revanche, quelques amateurs, parmi lesquels M. Alfred Belvalette, qui a publié un intéressant traité sur la matière, sont entrés en campagne pour lui substituer l'autourserie qui, moins dispendieuse, moins compliquée, peut être entreprise partout sans difficulté. Les terrains propres à ce genre de vol abondent ; on peut s'y adonner en tous lieux, en plaine, au bois, dans un champ, dans un parc, sans crainte d'avoir à poursuivre son oiseau chez le voisin, comme sans danger de le perdre.

L'autour est assez connu en France. Il habite principalement les grandes forêts où il niche sur les arbres les plus élevés, chênes, hêtres ou sapins. Doué d'une ouïe très fine, il se laisse rarement surprendre et fuit, en rasant le sol, l'approche du chasseur qu'il entend de loin. On le trouve quelquefois aux abords des mares, où il se pose à son avantage sur quelque branche élevée pour saisir le gibier qui vient se désaltérer.

Les anciens fauconniers l'avaient même surnommé le « Cuisinier », parce que, de tous les oiseaux de chasse, il est celui qui approvisionne le plus abondamment le garde-manger. Il vole dans la perfection le lapin, le lièvre, la perdrix et le faisan.

On lui joint l'épervier, son diminutif, pour le vol de la caille et autres volatiles de mince envergure.

On cite une femelle d'autour qui prenait des lièvres de 7 à 8 livres. Elle roulait quelquefois avec sa prise, mais ne la lâchait jamais.

On m'a montré aussi des oiseaux de haut vol, représentés par quatre faucons-pèlerins, venus du Hawking-Club de Lyndhurst, près de Southampton.

Malgré les tentatives qu'on fait pour la ressusciter, jamais, j'en ai bien peur, la fauconnerie ne redeviendra ce qu'elle était au temps où les faucons avaient des historiens pour conter leurs exploits.

En parlant de deux oiseaux que Du Guesclin avait donnés au roi Charles V, Gasse de La Vigne dit avec emphase qu'ils abattirent une grue qui, en arrivant à terre, soutint un vigoureux combat contre deux lévriers !

Je connais des petits théâtres qui pourraient fournir en ce genre nombreux gibier de fauconnerie.

LA PÊCHE A LA LIGNE

Ne dites pas de mal des pêcheurs à la ligne ; je suis prêt à les défendre envers et contre tous. Les défendre !.. En ont-ils besoin ?.. Les moqueries ne les atteindront pas, car ce sont, je me plais à le proclamer, des êtres supérieurs que leur goût pour leur art met en communication avec les pensées les plus intimes et les plus charmantes de la nature.

La pêche est à la portée de tous les mondes et de toutes les bourses; elle est plaisir de noble et plaisir de bourgeois. Mais pour tous, elle est plaisir plus accessible que la chasse.

A tout âge on pêche. Voyez le gamin qui manque l'école, pour enfourcher le mur d'un moulin et lancer une ficelle dans l'eau qui roule écumante sous la vieille roue noire. Parfois, un poisson trop gourmand se laisse prendre à ce naïf engin et l'enfant ne connaît pas sa chance.

Puis, apercevez ce vieux bonhomme qui se traîne à peine ; il a encore la force de venir s'asseoir sur la rive à l'ombre d'un grand saule et d'y passer de bonnes heures du jour. Quand toutes les autres joies de la vie lui sont fermées, la pêche lui reste.

La pêche ! Qui donc a dit que c'était la distraction des sots et des bourgeois ? D'abord, les bourgeois ne sont point sots, et de plus il n'y a pas que les bourgeois qui agacent les goujons.

Voulez-vous des noms ? Émile Augier, le prince de Joinville, Ambroise Thomas, Jules Sandeau, Auguste Maquet, Meissonier et feu Rossini. Voilà, ce me semble, d'illustres confrères !

Un dimanche de mai, il y a quelques années, j'étais allé à Dangu, la splendide propriété du comte Lagrange. On part à six heures du matin pour Gisors. A cette heure matinale il y avait dans notre train une véritable armée de pêcheurs à la ligne. Ils étaient descendus à Conflans. Sans exagérer, il y en avait bien une trentaine. Les uns la ligne nue, les autres la ligne enfermée dans un étui, portant tous en sautoir la fameuse épuisette ; ce filet qui sert à enlever de l'eau les gros poissons. Les chapeaux les plus invraisemblables coiffaient ces *ligneurs* à outrance. Il y en avait qui étaient bottés jusqu'à la ceinture, d'autres chaussés de chaussons de lisière. Une ardeur égale les allumait.

Quand le train se remit en marche et que je découvris les eaux panachées de la Seine et de l'Oise, une vraie flotte de bateaux était déjà en place ; à l'arrière et à l'avant de chaque bateau deux pêcheurs fonctionnaient gravement.

MM. les Parisiens n'avaient pas pêché les premiers !

Le soir, au retour, je retrouvai les mêmes pêcheurs rentrant en ville tout chargés de butin; le soleil avait basané leurs visages insuffisamment protégés par des chapeaux démesurément larges ; mais ils portaient avec orgueil dans leurs filets la valeur de dix matelotes. Ces poissons ballottaient au milieu des robes des dames, qu'ils remplissaient d'inquiétude et de taches; mais la foule se sentait recueillie et s'arrêtait en proie à cette impression naturelle qu'elle ressent pour tous ceux qui ont triomphé.

Il paraît qu'il fait bon à Conflans, car la pêche avait été miraculeuse, et les filets craquaient sous le poids des brêmes, des barbillons et des chevaines.

A Dangu, d'où je venais, on pêche aussi, mais on cultive la pêche élégante, la pêche anglaise à la mouche artificielle.

C'est surtout en juin que ça donne; le matin et le soir, la truite saute au milieu du courant qui dessine des lignes argentées sur l'émail bleu foncé du flot. En sautant, la truite laisse un cercle sur l'eau, et l'adresse du pêcheur consiste à lancer aussitôt sa mouche et à la faire tomber juste au centre du rond que le poisson vient de former. Un Anglais arrive à cela en faisant passer sa ligne au-dessus d'un grand buisson sans jamais l'accrocher.

Ainsi la pêche devient presque du tir au pistolet. Car il s'agit de faire mouche avec une mouche. Au pêcheur adroit répond le succès ; avant même que l'insecte ait ridé la rivière, la truite l'a happé. Et il ne reste plus qu'à la retirer de son élément. M. le comte de Brigode et les Hennessy sont des artistes en ce genre.

En Angleterre, il y a des concours de pêche pour lesquels on se passionne. Le rédacteur du *Sportsman anglais* me disait dernièrement que, parmi ses lecteurs, il ne compte pas moins de deux mille pêcheurs à la ligne.

Je crois qu'en France nous ne sommes pas encore aussi avancés, et que le spéculateur qui fonderait une feuille spéciale sous ce titre :

LE VER DE VASE

aurait de la peine à justifier d'un tirage important.

Croyez-vous maintenant que, si la pêche à la ligne n'était pas un plaisir intelligent, spirituel, les peintres lui auraient accordé la place qu'ils lui ont donnée dans leurs plus riantes compositions? Ne la retrouvez-vous pas dans Boucher et son élève Leprince? Firmin Girard fait pêcher à la ligne les gracieuses figures de femmes qu'il promène dans ses Watteaux modernes, et le petit pêcheur à la ligne, coiffé de rouge, n'est-il pas la note éveillée de ces jolis sommeils de nature que composait Corot?

On a prétendu que la femme n'aimait pas la pêche à la ligne. Elle l'adore! Quand on me dira que la femme, l'être le plus curieux de la création, dédaigne le passe-temps qui peut fournir le meilleur aliment à sa curiosité, je protesterai.

Mais la pêche, c'est un jeu aussi émotionnant que la roulette. Je le prouve.

Voici un coin silencieux de la prairie qu'abritent d'immenses peupliers un peu agités par le vent, et, au pied de ce grand éventail qui lance des bouffées de fraîcheur, coule une rivière aux tons verdâtres et aux eaux profondes ; quelques nénufars étalent leurs feuilles vertes sur les encadrements ombrés de l'eau, et au milieu un léger courant marque des plis d'une nuance plus tendre. Je lance ma ligne qu'emporte doucement le bouchon ou la plume. Puis ce bouchon ou cette plume s'enfonce à peine. Je tire en donnant un petit coup sec. C'est comme si à ce moment le croupier s'écriait :

— Rien ne va plus !

Je tire ! Rien ! Fausse joie !... Un poisson qui n'avait pas faim et qui a chipoté sur l'amorce, ou simplement une herbe !... Ou bien une petite résistance et un petit poisson enlevé avec des bondissements d'écuyère qui fait la voltige. Ou bien un frémissement au fond entraînant le fil qui voyage. C'est un gros !... Avez-vous ressenti l'émotion de tenir un gros poisson, sans savoir quel est ce gros poisson ?

Les praticiens vous diront que dans l'eau le poids se triple. Alors quoi, vous ne savez plus ce que c'est. Le trente-six en plein, peut-être ! Vous amenez le monstre entre deux eaux ; là, autre mirage, le phénomène du microscope joue son rôle, le poisson est immense. Il replonge, se débat, revient, replonge ! L'aurai-je ?... ou m'échappera-t-il par quelque enchevêtrement malheureux avec une feuille de la rive ?

Quant on le tient et qu'on le contemple se débattant dans l'herbe avec ses reflets d'or, on peut se dire : « Il est bien à moi, c'est ma conquête ! »

Alors, nierez-vous l'émotion ?

Autre pêche ! — plus silencieuse encore — à la mouche. Caché, derrière un gros arbre, dans une eau dont la transparence n'a d'égale que les manœuvres diplomatiques de notre époque, je vois ce qui se passe au fond. Et, à l'aide d'une mouche adroitement dandinée à la surface, j'essaye d'exciter la convoitise des poissons qui boulevardent à l'heure du dîner. Cette pêche commence vers six heures. La science du pêcheur consiste à imprimer à l'insecte le mouvement d'une mouche naturelle qui effleurerait l'eau, ce qui s'obtient à l'aide de légères contractions du poignet.

C'est à cette heure que commence un concert mélangé de mille bruits variés et étonnants. Au même moment, deux tourterelles qui s'adorent se le disent en roucoulant ; un bruit d'ailes du martin-pêcheur qui regagne son logis ; un merle qui chante pour vexer un rossignol ; un rat d'eau qui clapote le long de la berge pour retrouver son trou ; des vaches qui mugissent, l'angelus qui sonne et le chemin de fer qui tictaque. Quel orchestre !

On a dit que le vrai pêcheur à la ligne était celui qui prenait du poisson là où il n'y en avait pas.

C'est un peu l'histoire du petit canal de Pont-Arcy, où toute une colonie de bourgeois ont loué la pêche. Les deux rives de ce canal sont admirablement ombragées et tapissées de gazons exquis, on peut s'y asseoir à l'aise. Chaque locataire y a sa place habituelle. Une ou deux dames sont admises.

Écoutez les conversations qui s'échangent :

— Madame Bonnard, vous me permettrez de vous envoyer le premier brochet que je prendrai.

— Vous êtes trop galant, Monsieur Coquerel.

— Si, madame, j'y tiens.

Il y a dix ans que M. Coquerel essaye en vain d'attraper un brochet.

— Mademoiselle Ernestine, puis-je vous offrir un ver de vase?

— Volontiers, monsieur des Arceaux, mais vous accepterez un chat de bois en échange.

Au bout du canal, il y a un petit pont.

C'est la place réservée de M. Leclerc. Personne ne s'y mettrait, pas plus que sur sa chaise à l'église.

Tout le monde connaît M. Leclerc, tous ceux qui passent sur la route lui disent le bonjour.

— Bonjour, monsieur Leclerc. Eh bien! ça mord-il?

— Hélas, non!

— Mais pourquoi ne changez-vous pas de place?

— Celle-ci a été bonne.

— Quand cela?

— Il y a cinq ans!

Il y a cinq ans que M. Leclerc fait acte de persévérance en souvenir du passé.

J'ajouterai, pour compléter le tableau, que le canal de Pont-Arcy, où une quinzaine d'amateurs pêchent religieusement de l'aube du jour à la tombée du soir, a été mis à sec cette année, et qu'il serait plus facile d'y trouver un nouveau ministère qu'un goujon.

Pour terminer, dernière histoire de Pont-Arcy.

Un des habitués du canal dont je viens de parler n'est pas seulement un fanatique de la ligne, c'est aussi un disciple de saint Hubert. Tous les ans, à l'ouverture de la chasse, il déjeune avec des amis en pique-nique, et régulièrement, comme pour fêter ses deux goûts à la fois, il contribue pour une matelote par lui capturée.

L'année dernière, ça n'avait pas mordu.

Le canal ne rendait déjà plus. Il fit le voyage de Paris, se rendit aux Halles et acheta cinq anguilles vivantes, pour fournir son plat du lendemain. Des anguilles superbes !

Il les emballa dans un panier, courut à la gare du Nord et monta dans un compartiment de première où se trouvaient déjà une grosse dame et ses trois filles se rendant à Amiens.

Au bout de cinq minutes de route, une des jeunes filles pousse un cri :

— Maman, un serpent !

— Où ça, ma fille ?

— Sous mes jupons !

La mère se précipite sur la sonnette d'alarme, cette fameuse sonnette qui exige qu'en l'agitant on allonge le bras dans le sens du train par la portière de droite.

L'homme de Pont-Arcy voit le geste et comprend tout.

— Madame, n'appelez pas, ce sont mes anguilles !

Les trois jeunes filles redoublent de cris, montent sur les banquettes ; le monsieur, à quatre pattes, s'épuise à rattraper les fugitives, et parvient, à l'aide de son mouchoir, à en réintégrer deux dans le panier.

— C'est une horreur, crient la dame et les trois filles. On ne voyage pas avec des reptiles!

Quand le bourgeois de Pont-Arcy rentra chez lui, il était pâle et défait, et sa femme lui demanda :

— Qu'est-ce que tu as donc, mon pauvre chéri, tu as la figure toute luisante?

Il s'était épongé avec le mouchoir à rattraper les anguilles!

L'ESCRIME.

On prétend que nous sommes envahis par la maladie du panache. C'est le règne de l'hypnotisme par le galon et le cheval noir. La manie de la sélection se reconnaît d'ailleurs dans maintes manifestations sociales.

Il n'est pas besoin d'être grand clerc pour expliquer pourquoi lorsqu'une classe d'hommes montre les mêmes goûts, les mêmes tendances, il surgit toujours sur le chemin une élite qui aspire à prendre la direction du mouvement.

A Paris, en France même, l'escrime a formé pendant assez longtemps une armée qui vivait sans grands états-majors. Aujourd'hui, elle en a trois : la Société de Secours Mutuels, la Société d'Encouragement et l'Académie d'Armes.

Le but et les rouages de la Société de Secours Mutuels sont suffisamment expliqués par son titre.

La Société d'Encouragement est venue ensuite avec de très bonnes idées. Elle voulait développer le goût de l'escrime, mais pour cela il lui fallait le concours des professeurs et elle leur ouvrit ses bras. Il faut convenir que ceux-ci ne répondirent à son invite qu'avec un empressement relatif.

Peu de temps après, en effet, les plus célèbres d'entre eux faisaient trois appels du pied et immédiatement on voyait une fière déesse sortir du sol tout armée, la tête couverte d'un casque d'or : l'Académie d'Armes.

La limitation assez étroite du nombre de ses membres l'oblige à une grande circonspection dans le choix qu'elle en fait ; car elle s'est donné comme objectif de développer l'émulation, ce grand ressort du monde escrimeur. Elle a aussi un but philanthropique: elle veut assurer la retraite des vieux professeurs.

Les deux sociétés s'étaient également bien recrutées, je dois le dire, à part quelques Mécènes qu'on y avait admis dans l'espoir d'en tirer l'argent nécessaire à l'organisation des fêtes. Mais l'argent ne venait guère ; les Mécènes n'en donnaient pas, ou en donnaient juste assez pour se faire nommer présidents d'assauts et les présidaient Dieu sait comme !

Je me souviens qu'il y a deux ou trois ans, une séance organisée dans une ville d'eaux était présidée par un amateur. On tirait sur un théâtre et deux gauchers étaient en présence. Au milieu de l'assaut le président leur dit :

— Veuillez avoir l'obligeance de changer de côté, messieurs.

Les deux tireurs hésitèrent un instant, puis revenant de leur stupeur, se contentèrent de saluer et restèrent en place, ne pouvant se décider à tourner le dos aux spectateurs.

A la Société d'Encouragement dont je fais partie, le très sympathique Président, Hébrard de Villeneuve, trouve de temps en temps l'occasion, dans une de ces lettres rédigées avec l'esprit qu'il sait y mettre, d'affirmer les principes de la Société. Mais nous n'y gagnons, c'est déjà beaucoup, qu'une intéressante correspondance qui enrichira nos archives.

Plusieurs maîtres de l'Académie d'Armes ont aussi la plume très déliée. Vigeant a donné le signal par des ouvrages qui révèlent la patience et le savoir d'un bénédictin de l'escrime.

Personne ne se réjouit plus que moi de voir nos meilleurs maîtres se poser en écrivains spéciaux; mais je me souviens qu'il y a une trentaine d'années, lorsque je m'initiais au bel art de l'escrime, je me trouvais en présence de maîtres comme Cordelois, Grisier, Bonnet, qui avaient plus que la cinquantaine et qui étaient encore admirables de correction devant le public.

Plus tard, Robert aîné, Pons, Mimiague, Gâtechair, tiraient dans tous les assauts; on les trouvait toujours prêts.

Cette question fut agitée, il y a peu de temps, chez Vigeant, à un dîner où il avait réuni de brillants escrimeurs. Pour prendre le café, nous étions passés dans sa bibliothèque toute garnie de livres rares sur l'épée.

Je m'arrêtai alors devant l'aquarelle de Frédéric Régamey représentant le fameux assaut entre Lafaugère et le comte de Bondy, lorsque le président Ducreux, un amateur bien connu qui frise la soixantaine, engagea subitement la conversation en interpellant

Vigeant qui, en ce moment, causait avec Carolus Duran.

— Devinez-vous, mon cher maître, quelle association d'idées m'inspire ce tableau?

Vous savez que je suis un vieux tireur. Eh bien! ma journée serait manquée si je ne faisais des armes au moins un quart d'heure chaque matin.

— Oh! répondit Carolus Duran, on sait que, chez vous, ce sont les armes qui l'emportent sur la toge.

— Je voulais dire à Vigeant, continua le président Ducreux en souriant, que j'aperçois là, dans ce cadre, plusieurs maîtres fameux qui, dans leur carrière, ont tiré dans les assauts publics, presque jusqu'à l'âge le plus mûr, tandis que, près d'eux, je reconnais quelques-uns de nos contemporains jeunes encore, et qui ne se montrent plus.

Vigeant saisit au vol l'occasion de prononcer un plaidoyer *pro domo suâ*, comme on dit au Palais.

— Il y a, en effet, près de cinq ans que je n'ai paru en public. Cette quasi-retraite a coïncidé avec une maladie que j'ai faite à cette époque et qui m'obligea à quitter Paris pendant plusieurs mois. Lorsque je revins, les charges de mes occupations quotidiennes augmentèrent, ce qui me fit croire que, si mes forces avaient diminué, ma réputation s'était conservée. Mon service de surveillance, de direction dans les salles de Paris, collèges et autres établissements, mes leçons particulières, tout cela me prend mon temps de telle sorte qu'il m'est pour ainsi dire impossible de suivre l'entraînement soutenu qu'exige la fréquentation des assauts publics.

L'œil, la tête et la main y sont toujours, vous pensez bien, et c'est là ce que l'on attend de moi, mais la musculature d'un tireur d'assaut a besoin d'un travail régulier. Certes, l'intelligence du fer, comme disait Grisier, ne perd jamais ses droits; mais la parfaite élasticité et l'harmonie que peut seule maintenir un travail quotidien est l'un des principaux moyens du tireur.

— Au moins, répliquai-je, si les maîtres se retirent des assauts, il nous restera les amateurs!

Et je me mis à récapituler les noms de ceux dont je voulais former un groupe. Je citai les d'Ezpeleta, les Féry d'Esclands, les Lindeman, les Alfonso, les Carolus Duran, les Villeneuve, les Guignard, les Vavasseur et alors je me grattai l'oreille. Décidément, ce ne sont pas les états-majors qui font les soldats.

J'ai été privé, à mon grand regret, d'assister ces temps-ci aux séances de la *Société d'encouragement*, mais j'avais une idée à proposer. Pourquoi n'organiserait-on pas pendant l'été des concours en plein air? On irait en excursion sur un *Touriste* quelconque et l'on s'arrêterait dans un endroit propice pour tirer l'épée. Il y aurait là un concours intéressant qui se composerait de répétitions de duels où bien des gens apprendraient à se tenir sur le terrain. Il y aurait aussi des répétitions de témoins et ce ne serait pas la moins utile de ces séances. Il n'y a peut-être pas de mission plus délicate ni plus difficile que celle de témoin dans un duel; il n'y en a pas qui nécessite plus de tact et plus d'intelligence. Une école de témoins serait des plus nécessaires. Dans la plupart des duels, ce sont les témoins qui ne savent pas ce qu'ils ont à faire.

Les combattants s'en tirent à peu près. Deux hommes qu'on met en présence, une épée ou un pistolet à la main, sont guidés par l'instinct de la défense et de leur conservation. Mais il peut leur arriver de perdre la tête, c'est à leurs témoins de la leur rendre.

Que voulez-vous que fassent des témoins qui n'ont jamais assisté à un duel, sinon des maladresses? On m'a conté que l'année dernière, dans une rencontre au pistolet, pas un des témoins ne savait charger les armes. Il n'y a peut-être pas à Paris plus d'une vingtaine de bons témoins qu'on recherche mais qu'on ne peut pas toujours avoir quand on n'est pas en relations avec eux.

Je suis sûr que ceux-là ne demanderaient pas mieux que d'en former d'autres, quand ce ne serait que pour diminuer l'importance de leur clientèle.

La *Société d'encouragement* avait ouvert un concours sur le jeu de terrain. Émile André en fut le lauréat.

Il n'a pas tout dit : Jeu de terrain, qu'est-ce que c'est que ça?

L'homme à qui en trois leçons on apprend à rompre de la Madeleine à la Bastille, en tendant prudemment la perche, peut-il se déclarer en possession du jeu de terrain?

Il n'y a pas à proprement parler de jeu de terrain. On est fort en escrime ou on ne l'est pas. Si on est fort, on fait de l'escrime sur le terrain. Si on ne sait rien, on fait ce qu'on peut. Est-ce là le jeu de terrain?

L'homme fort en armes doit-il faire sur le terrain ce qu'il fait à la salle? Tout est là.

Je réponds non, mille fois non. A la salle, on compte les coups de bouton; sur le terrain, on compte les blessures. Or, l'important pour l'homme fort qui ne veut pas que sa réputation laisse des plumes dans une rencontre, n'est-il pas avant tout de n'être point touché?

On me dira : « Il a été touché, mais il était le plus fort. » C'est possible, mais je resterai incrédule.

On me dira : « Il s'agissait de venger une grave offense; il fallait y aller carrément. »

Je répondrai : « Quand on a une grave offense à venger, c'est bien le moins que, par-dessus le marché, on n'étrenne pas sur le terrain. »

Donc, le tireur qui sait les armes doit user avant tout de prudence, se dire qu'au bout du fer de son adversaire, il n'y a pas de bouton protecteur qui amène les coups qu'on ne compte pas; il y a la pointe qui fait jaillir le sang.

Qu'en tirant avec sang-froid, on cherche vivement le corps quand l'occasion se présente, si l'on veut un dénouement sérieux, voilà du bien joué. Mais qu'on se lance comme un conscrit dans des luttes intrépides, dont l'issue est impossible à prévoir, c'est pure folie. Je ne suis pas un partisan absolu du tir aux extrémités, mais pourquoi condamner absolument, et à priori, le fameux « coup à la main »? Ne dédaignons pas trop ce coup qui souvent met un adversaire hors de combat, beaucoup mieux qu'une blessure à l'épaule ou même à la poitrine, et qui parfois l'estropie pour la vie.

Il y a des gens qui traitent fort dédaigneusement le coup à la main, au moment d'une rencontre.

« Un coup à la main ! » s'écriait avec indignation un monsieur qui, n'ayant jamais tenu un fleuret, était venu demander à Jacob une leçon de terrain. « Vous voulez m'enseigner un coup à la main ! Mais c'est dans le ventre que je veux toucher mon adversaire ! »

Le lendemain, le monsieur indigné rompait tellement sur le terrain, que les témoins lassés de le suivre au diable finirent par jeter une barrière de paletots pour arrêter sa fuite.

Il peut arriver d'ailleurs qu'en tirant à la main, on atteigne le corps par un coup sérieux, de même qu'il peut arriver qu'en se tirant au corps avec acharnement, le combat se termine par une blessure à la main, comme dans le fameux duel Casella-Basilone.

Le coup à la main, la « leçon d'épée », le « jeu de terrain », le duel de la semaine, ou du jour, et récemment surtout l'interminable affaire Chapuis-Dekeirel, qui s'est terminée d'une façon si tragique, autant de questions qui suffiraient à défrayer la conversation dans nos salles d'armes, pardon ! dans nos « cercles d'escrime ». Car aujourd'hui, pour être dans le « mouvement », chaque maître d'armes doit transformer sa salle en cercle, avec président, vice-président, comité, les membres se renouvelant par élection.

Vieux jeu, les salles d'armes ! Et, bien entendu, il

faut que l'installation matérielle soit à la hauteur du titre de « Cercle d'Escrime ! » Quelle révolution depuis quelques années ! Jusque-là, sauf deux ou trois grandes salles déjà transformées en cercle, chaque professeur maintenait péniblement sa clientèle dans de petites salles étroites, obscures, incommodes. Seuls, d'ailleurs, les fanatiques du fleuret, ceux qui ont le « don », le feu sacré, pouvaient avoir le courage de fréquenter les petites salles d'alors, étroites, obscures et incommodes où enseignaient même les premiers maîtres.

Comme certains garnis de dernier ordre ont tous le portrait de Poniatowski, les salles d'armes avaient toutes l'éternel dessin qui représente la chevalière d'Éon, et c'était leur unique ornement.

Si seulement elles n'avaient péché que par excès de simplicité ! Mais quel manque absolu de confort !... Rien d'aussi incommode surtout que les vestiaires d'autrefois, où l'on s'habillait et se déshabillait les uns sur les autres, dans l'obscurité, incommodés par la fumée d'un poêle mal installé !

Ah ! bien, maintenant, qui donc supporterait pareille abomination dans nos cercles d'escrime ? Nos maîtres d'armes, devenus très « pschutt », seraient les premiers à pousser les hauts cris.

Ils se sont même piqués d'amour-propre, et les voilà presque tous en train de s'entourer d'un luxe oriental.

Aujourd'hui, tout cercle d'escrime qui se respecte possède un salon avec bibliothèque, journaux, plusieurs vestiaires, ornés de tapis et divans moelleux, l'hydrothérapie, l'éclairage électrique et une buvette des mieux garnies.

C'est égal, dans nos vieilles salles d'autrefois, on faisait des tireurs !

LE TIR AUX PIGEONS

Quelques âmes sensibles — j'en fais partie — déclarent que c'est un sport cruel. La princesse de Galles, animée d'un sentiment que j'appécie, mit un jour le Parlement dans son jeu pour faire remplacer les oiseaux par des boules de verre. Malheureusement, cette concession fut de courte durée. Les Anglais, dont la galanterie est contestable, n'hésitèrent pas à méconnaître les lois de leur gracieuse princesse, et les pigeons n'en furent que mieux martyrisés de l'autre côté de la Manche.

Je ne sais pas si je suis seul de mon avis, mais il me semble assez cruel d'emprisonner dans une boîte un oiseau bien vivant pour le faire assassiner ensuite sous prétexte de lui rendre la liberté.

Pauvres pigeons, comme on récompense mal leur fidélité, leur amour du logis et les services qu'ils nous ont rendus pendant la guerre!

Il est vrai que les oies ont sauvé le Capitole, et que ça n'empêche pas de les manger aux marrons. Bref, malgré nos plaintes et nos protestations, on n'en continue pas moins à fusiller des blue rooks chez la perfide Albion avec le même acharnement qu'à Monte-Carlo, à Dieppe, à Deauville, à Boulogne-sur-Mer, ou à Paris, sur la pelouse de Madrid. Le tir aux pigeons est avant tout une occasion de jouer, de jouer cher. Il n'est pas rare d'entendre un lord anglais parier mille louis qu'il tuera son oiseau.

Ce qui rend le tir difficile, c'est que l'oiseau frappé mortellement doit tomber dans une certaine limite sous peine d'être considéré comme mauvais.

Le pigeon tombé, c'est un homme ou un chien qui le rapporte. Si, au moment d'être saisi, il trouve encore la force de s'échapper, il est déclaré mauvais. Le pigeon blessé rentre au colombier et passe à l'infirmerie où il est soigné et parfois rétabli au point de redevenir victime.

Comme à tous les jeux du monde, on triche au shooting. Il y a des fusils, plus habiles que délicats, qui savent manquer un oiseau à propos pour faire gagner à un compère un gros pari qu'ils partagent.

En Angleterre, certains tireurs de profession, ruinent ainsi des jeunes gens de famille. On a exécuté des grecs convaincus de biseautage au pigeon. Et il n'est cependant pas facile de les prendre la main dans le sac. Un jockey arrête un cheval aux courses en se pendant sur la bride, on peut encore s'en apercevoir ; mais un amateur qui tire un pigeon et le rate, comment arriver à prouver qu'il l'a fait exprès ?

Les tireurs très forts, ceux qui tuent facilement une trentaine d'oiseaux de suite sans en manquer, ont un truc particulier pour lancer le coup de fusil ;

ils tirent généralement leur premier coup dès l'ouverture de la boîte qu'ils criblent de plombs sans chercher à voir l'oiseau. Ils pressent la détente en même temps que le couvercle se soulève et le pigeon est frappé au moment même où il prenait son vol.

Il y a un tel mécanisme dans ce mouvement que les forts tireurs refusent, selon leur droit, le pigeon qui ne s'enlève pas. Il y aurait cependant pour eux, en apparence, un avantage à l'accepter, puisqu'ils n'ont pas de doute sur le point qu'il quittera et qu'ils n'ont pas à chercher d'une boîte à une autre de quel côté ils auront à tirer. Le vol de l'oiseau ne présentant plus la régularité mécanique à laquelle ils sont habitués, ils aiment mieux lui laisser la vie sauve et passer à un autre.

Donc, si les pigeons savaient et s'ils étaient malins, ils adopteraient l'axiome : *qui va piano va sano*.

Les Anglais passent pour les plus forts dans le sport du pigeon. On a cependant remarqué de grands progrès chez leurs adversaires depuis deux ou trois ans, notamment chez les Belges et les Italiens. Nous avons aussi quelques Français assez habiles : MM. le vicomte de Quelen, le comte de Chateaubriand, le comte de Lambertye.

De toutes les installations de tir connues, c'est assurément celle de Monte-Carlo qui est la plus étonnante. Chaque hiver, elle attire les premiers fusils du monde entier, qui viennent disputer les nombreux prix et les objets d'art offerts par l'administration des bains de Monaco. Le stand construit en 1872 domine la mer sur laquelle il s'étend en

LE TIR AUX PIGEONS.

terrasse offrant le plus ravissant coup d'œil qui se puisse imaginer.

Quand le vent souffle un peu fort ou que le soleil brille de tout son éclat, comme cela arrive souvent sous le beau ciel des rives de la Méditerranée, le tir n'est pas commode. On est pour ainsi dire perdu dans le bleu : ciel bleu, mer bleue, pigeons bleus, on ne sait à quel bleu se vouer, et les plus adroits se trouvent ainsi déroutés. Mais le bleu n'est-il pas égal pour tous !

Une journée de tir aux pigeons donne une animation toute spéciale à Monte-Carlo. D'abord, dès le matin, toutes les tables des grands hôtels, hôtel de Paris, Monte-Carlo Hôtel et autres, sont gardées pour les shooters qui doivent arriver de Nice, de Cannes, de Menton et de toutes les autres plages voisines. Le tireur arrive généralement affamé; il est vrai que, le matin, il mange peu. Il y en a même qui ne mangent pas du tout, pour ne pas être gênés par la digestion et tirer avec tous leurs moyens. Presque tous les sports, du reste, exigent avant tout la plus grande sobriété.

Très curieuse, l'invasion des tireurs vers midi; ils ont des tenues spéciales, des jaquettes taillées dans ces tissus d'Écosse qui sont faits de crins et de plumes d'animaux sauvages. Les couleurs sont encore plus bizarres que les étoffes et les coupes encore plus étranges que les couleurs, et avec cela des chapeaux cabossés, déformés, disloqués, usés. Il paraît que cela aide. C'est surtout chic. Il y a des tireurs qui se signalent par des tics extraordinaires.

J'en ai connu un qui se posait sur les jarrets et s'y balançait pendant deux secondes, après quoi il passait les mains sur les deux jambes de son pantalon pour les bien sécher, armait et épaulait, jouant de son fusil comme d'une clarinette. Tout cela avant de donner le signal en criant « Pull! »

Le grand prix de Monte-Carlo date de 1872. Voici les noms des tireurs qui l'ont gagné : 1872, M. G.-L. Lorillard, Américain; 1873, M. J. Jéc, Anglais; 1874, sir William Coll, *id.*; 1875-1876, capitaine Aubrey L. Patton, *id.*; 1877, W. Arundel Yeo, *id.*; 1878, H. Cholmondeley-Pennell, *id.*; 1879, E.-R.-G. Hopwood, *id.*; 1880, comte Michel Esterhazy, Hongrois; 1881, Godefroy Camauer, Belge; 1882, comte de Saint-Quentin, Français; 1883, J. Roberts, Anglais; 1884, comte de Caserta, Italien; 1885, L. de Dorlodot, Belge; 1886, Guidicini, Italien; 1887, comte de Salina, *id.*; 1888, Beaton, Anglais.

Les Anglais comptent neuf victoires, sur dix-sept prix disputés.

Le comité de patronage du tir aux pigeons de Monte-Carlo est composé de MM. J.-G. Bennett, G. Besana, G. Brinquant, le baron Bower Saint-Clair, sir William Call, G. Camauer, le comte de Châteaubriand, le prince A. de Chimay, lord de Clifford, le marquis Ph. de Croix, A. du Bos, le prince Esterhazy, le comte Michel Esterhazy, le prince Charles Egon Furstenberg, le chevalier Fizoly, le comte Hallez-Claparède, le duc de Hamilton, Réginald Herbert, Robert Hennessy, sir Frédéric Johnstone, C. Livingstone, C.-L. Lorillard, le baron de Mecklembourg, le comte de Montecupo, le comte de Newa, le baron Podesta, Ophoven, le vicomte de Quelen, le duc de Rivoli, le comte de Saint-Quentin, le baron de Saint-Trivier, le capitaine Shelley, le comte de Trauttmansdorff, le colonel M. C. Treherne, le duc de Vallombrosa, le colonel Vermon, lord Westbury.

Font partie du comité de tir : MM. le comte de Chateaubriand, lord de Clifford, de Clerq, le chevalier Figoli, sir Frédéric Johnstone, le comte de Montecupo, Ophoven, le baron de Saint-Trivier, le baron de Saint-Clair, le capitaine Shelley, lord Westbury. Secrétaire des tirs : M. A. Blondin.

On m'a souvent demandé ce que l'on faisait des pigeons tués.

On les vend au marché, pas cher, et ils finissent aux petits pois ou à la crapaudine dans les restaurants à bon marché.

Un hiver, à Monte-Carlo, un nommé Faulté, maître-queux de premier ordre, avait inventé le bouillon de pigeon, qui faisait fureur sur les menus du soir. Seulement, le malin cuisinier m'avoua un jour que jamais il n'entrait un seul pigeon dans ledit bouillon.

— Pensez donc, me disait-il, des oiseaux criblés de plomb, tous mes clients auraient des coliques!

Parlons maintenant de notre tir aux pigeons du bois de Boulogne.

Comme on sait, il forme une annexe du Cercle des Patineurs, fondé en 1865 sur la pelouse de Madrid. Le président du cercle fut d'abord le marquis de Mornay; puis il eut pour successeur le prince Joachim Murat, qui aujourd'hui encore est président.

Le cercle comprend des « membres fondateurs » et des « membres souscripteurs ». Dans la première Société, constituée en 1865, les membres fondateurs étaient le marquis de Mornay et le prince Joachim Murat, le prince d'Hénin, marquis de Castelbajac, comte de Saint-Priest, vicomte O. Aguado, H.-A. Blount, H. Cartier, Heeren.

Une nouvelle société fut constituée le 1ᵉʳ août 1871, et depuis elle a été modifiée et prorogée par un autre acte, en date du 30 mai 1885.

Dans cette nouvelle société, sont membres fondateurs : MM. le prince Joachim Murat, prince d'Hénin, prince de Croy, duc de la Force, marquis du Lau d'Allemans, marquis de Castelbajac, comte de Chateaubriand, comte de Saint-Priest, comte de Poix, vicomte O. Aguado, baron de Soubeyran, A. Doublat, H. Blount, F. Hottinguer et H. Hennessy.

Le sous-comité d'administration se compose de : MM. le prince d'Hénin, duc de La Force, marquis du Lau d'Allemans, comte de Chateaubriand, vicomte O. Aguado, A. Doublat, F. Hottinguer.

Ajoutons qu'il y a un sous-comité de patinage et un autre pour le tir aux pigeons. Celui-ci se compose de : MM. le prince de Croy, duc de La Force, marquis du Lau d'Allemans, marquis de Castelbajac, comte de Chateaubriand, comte de Poix, A. Doublat, F. Hottinguer, R. Hennessy.

Quant au nombre des membres souscripteurs, il était seulement d'une centaine au début, tandis qu'il est maintenant de près de quatre cents.

Très prospère et comptant un grand nombre de

fins tireurs, le Tir aux Pigeons du Bois est au premier rang parmi les « gun-clubs » en renom.

Voici d'ailleurs des chiffres très probants : du 1er décembre 1885 au 1er décembre 1886, 30,000 pigeons y ont été tirés. La moyenne des pigeons abattus a été de 65 1/2 pour 100.

Or, il faut remarquer que les pigeons employés au Gun-Club du Bois sont de l'espèce dite des « bisets » qui ont le vol assez rapide dès le départ, dès qu'ils sortent de leur boîte, tandis que, dans d'autres tirs, on emploie des pigeons plus lents au départ, tels sont surtout les pigeons belges.

Cette différence entre la « race » des oiseaux employés dans tels ou tels tirs amène d'ailleurs d'assez curieuses déconvenues pour certains tireurs, exercés à tirer des oiseaux à vol assez lent. Récemment un amateur très renommé et passant pour un fusil hors ligne dans un tir où l'on emploie des pigeons belges, n'a pu retrouver son succès habituel au Gun-Club du Bois, malgré son habileté, et, dans les handicaps, il a dû même être avantagé.

Pour augmenter l'intérêt du tir, on a créé, en dehors des poules, un certain nombre de concours et de prix, tels que : le prix de Madrid, le Grand Prix de Paris, le Grand Handicap, le prix d'Automne, le Grand Prix de Paris, le principal a été fondé en 1872. Il se dispute dans la grande semaine qui a pour couronnement le Grand Prix de Paris.

Voici quels ont été les gagnants depuis la fondation du prix :

En 1872, le comte de Montesquiou; en 1873, le

comte de Lau d'Allemans; en 1874, le vicomte de Martel de Janville; en 1875, le capitaine Lane; en 1876, le comte de Lau d'Allemans; en 1877, M. Arundell Yeo; en 1878, le vicomte de Quelen; en 1879, le duc de Riansares; en 1880, M. Vansittart; en 1881, M. G. Lafond; en 1882, le vicomte de Quelen; en 1883, M. de Saint-Clair; en 1884, M. G. Lafond; en 1885, M. Drevon; en 1886, M. P. Gervais.

Les concours et prix commencent en avril.

En attendant, voici quel est le tableau de service du Tir aux Pigeons :

Les mardis, jeudis et samedis, de 10 heures à midi, et de 1 heure à 2 heures, le tir est libre, chacun tire à son numéro d'inscription; de 2 heures à 6 heures, le tir est réservé aux poules.

Le mardi, à 3 heures, poule à 50 francs, handicap, sept pigeons; puis, alternativement, une poule à distance fixe, une poule handicap.

Le jeudi, à 3 heures, poule à 50 francs, 28 mètres, sept pigeons, puis, alternativement, une poule handicap, une poule à distance fixe.

Le samedi, à 3 heures, poule à 50 francs, handicap, sept pigeons, puis, alternativement, une poule à distance fixe, une poule handicap.

Quant à l'installation matérielle du Tir aux Pigeons, très pratique et très confortable, elle est bien connue.

Presque à l'entrée de l'enceinte réservée au Cercle, s'élève une construction dans le genre des rendez-vous de chasse.

Là se trouve d'abord le secrétariat du Cercle, qui

occupe plusieurs employés. Car c'est toute une comptabilité qu'il faut tenir, surtout pour les poules handicaps et pour les concours.

A côté du secrétariat est installée une grande salle de buffet.

Devant, et tout le long des bâtiments, se trouve une vaste et élégante marquise sous laquelle s'asseyent les tireurs en attendant leur tour.

A gauche et à droite des bâtiments, et un peu en avant, s'étendent les deux pièces d'eau aménagées pour le patinage.

Au delà, en face, on voit la belle pelouse réservée au lawn-tennis, un peu délaissé depuis qu'il s'est fondé une Société de sport dans l'île de Puteaux (île Rothschild).

Cette pelouse s'étend, comme on sait, jusqu'à l'allée des Acacias.

Les jours où le tir est animé, le coup d'œil est très intéressant au milieu du joli décor que forme, en toutes saisons, ce coin du Bois.

Tandis que chacun des concurrents va tirer à son tour, les autres, assis sous la marquise, jugent les coups, calculent les chances, parient et parfois fort cher, ou se racontent les potins du jour.

Étant là chez eux, et comme à la campagne, ils choisissent une petite tenue de rechange, et beaucoup se coiffent de larges chapeaux mous à bords rabattus.

Cette petite tenue de campagne, comme la tenue spéciale en flanelle blanche qu'adoptaient les joueurs de lawn-tennis de la pelouse, est d'ailleurs d'un effet assez piquant, à quelques pas de l'allée des Acacias, où défilent voitures et équipages en grand tralala et parfois avec une certaine solennité.

L'arme usitée de préférence au Gun-Club du Bois est, avons-nous dit, le shoke-bored. Ajoutons que le calibre 10 est le plus gros calibre autorisé : 7 grammes 20 de poudre et 36 grammes de plomb la plus forte charge, le plomb n° 5, le plus gros plomb permis.

La limite du tir, c'est-à-dire l'enceinte dans laquelle les pigeons doivent tomber pour être jugés *bons*, est un arc de cercle d'un rayon de 55 mètres, dont le centre est à la plate-forme du chalet ; la distance de la boîte centrale à la circonférence est de 25 mètres. Dans un coin de l'enceinte est installé le vaste et élégant pigeonnier du Cercle, où ont été parfois en réserve jusqu'à 15,000 pigeons. Actuellement, il y en a 1,200.

Les boîtes où l'on met les pigeons avant le tir sont au nombre de cinq, espacées de 5 mètres.

J'ai déjà désigné les gagnants du Grand Prix de Paris du Gun-Club, presque tous membres du Cercle. Combien d'autres fusils habiles il y aurait à citer : MM. de La Salle, baron de Saint-Trivier, Pedro Luro, A. de Tavernost, de Dorlodot, vicomte Obert, Drugman, Archdeacon, comte de Jumilhac, de La Porte, Aperstequia, Van Hoobrooke, comte du Taillis, comtes H. et G. de La Rochefoucauld, de Tavernost, Scribot, Thome, prince Poniatowski, Lawson, comte de Chateaubriand, de Lumden, comte Louis de Saint-Quentin, Abaurre, P. Gervais, Luzzani, Ophoven, A. de Pret, comte de Morny, Pinson, vicomte de

Chazelle, marquis de Goulaine, Paul Gravet, Drake del Castillo, comte de Paul Dolfus, Decauville, etc.

En tête de l'annuaire du Cercle figurent le roi de Portugal, le roi de Serbie, le comte de Paris, le duc de Chartres, le prince de Galles, le grand-duc Wladimir, le duc de Coïmbre, le comte de Caserte, le comte de Bardi, le duc de Leuchtenberg, les princes Louis et Achille Murat. Le prince Joachim Murat est, comme on sait, le président du Cercle.

Les tireurs princiers que je viens de citer sont tous grands amateurs de tir, et plusieurs ont fait leurs preuves, le fusil en main.

En somme, on voit que le Gun-Club Cercle des Patineurs du bois de Boulogne est un des plus brillamment composés.

Les poules réunissent toujours un certain nombre d'amateurs, les mardis, jeudis et samedis.

Parfois, l'après-midi, on y rencontre d'habiles sportswomen comme la marquise de Belbeuf, qui, le shoke-bored en main, rivalise avec les tireurs renommés.

LE PIGEON VOYAGEUR

Le pigeon voyageur est une variété du biset fixée par la sélection et aussi remarquable par son attachement à son colombier que par ses facultés d'orientation et par la puissance de son vol. Il est de grosseur ordinaire, tenant le milieu entre la tourterelle et le ramier ; ses formes sont arrondies et élégantes, la poitrine bien ouverte, fréquemment ornée de plumes disposées en jabot. La couleur du plumage est variable, mais les nuances dominantes sont : le bleu uni, le bleu maillé, le rouge maillé, le gris ou menier.

La caractéristique de ces messagers ailés est l'amour qu'ils ont pour ce qu'il faut bien appeler leur « foyer domestique ». C'est ce sentiment qui a servi de base à l'industrie du transport des dépêches, et aux applications de poste aérienne.

Quelques physiologistes ont paru disposés à admettre chez les pigeons voyageurs, aussi bien que chez les migrateurs dont les immenses traversées nous étonnent, un sixième sens, grâce auquel ils retrouveraient leur route à travers l'espace ; il faut plutôt croire que la vue si perçante du pigeon joue un rôle important dans la rectitude avec laquelle il choisit son chemin.

Puis, le pigeon voyageur est doué d'une mémoire très développée ; c'est pourquoi, avant de lui imposer des distances considérables à franchir, il est indispensable de les lui faire préalablement parcourir par fractions, de façon à lui fournir de véritables points de repère, sur lesquels il s'orientera successivement.

Ces exercices préparatoires constituent l'*entraînement*.

Car, tout comme le cheval de course, le pigeon voyageur est soumis aux lois de l'entraînement.

Il débute à deux mois. Un beau matin, on vient le prendre pour le transporter à une distance de un à deux kilomètres de son pigeonnier, d'où on le met en liberté. Le surlendemain, on répète le procédé en le transportant au même endroit.

Dès lors, le pigeonneau comprend ce qu'on exige de lui ; il sait qu'il y a une certaine distance qui le sépare de son colombier et qu'il doit la franchir pour rentrer au gîte. Aussi, dès qu'on lui donne la volée, s'élève-t-il d'un bond à une grande altitude, pour tracer quelques courtes spirales dans les airs et filer résolument dans la direction de son logis.

On le transporte après deux fois de suite, à deux jours d'intervalle, à une distance de 3 kilomètres, dans une direction différente, et finalement à 12 kilomètres.

Tel est l'entraînement préparatoire.

S'agit-il d'un pigeon de course ? Le dressage sérieux commence et embrasse une période de trois années, pendant lesquelles on lui fait parcourir des distances graduellement plus grandes jusqu'à la limite maximum de 1,000 kilomètres, en le laissant reposer trois jours après chaque course et huit jours après chaque concours.

Tout comme pour monter une écurie de course, créer un colombier n'est pas une simple affaire d'argent, comme on serait tenté de le croire.

Bien des gens estiment qu'il suffit de s'adresser à un marchand, et d'acheter au hasard des pigeons de généalogie et de performances inconnues. C'est une grande erreur. Il faut s'adresser à un colombophile, dont les pigeons ont l'habitude de se distinguer dans les luttes aériennes, et lui demander en cheptel, depuis le 15 février jusqu'au 1er juillet, cinq à six paires de pigeons reproducteurs âgés de trois à cinq ans, qui ont déjà donné une bonne lignée, et les laisser reproduire.

Lorsqu'on ne connaît pas de colombophile, on a la ressource des ventes publiques qui se tiennent tous les ans en hiver, notamment à Bruxelles, et qui sont annoncées par les organes spéciaux. Mais, dans ce cas, il faut toujours essayer le pigeon avant de l'acheter. Un bon sujet vaut jusqu'à 150 et 200 francs.

Les pigeons messagers furent introduits à l'origine en Belgique, en Angleterre et dans quelques villes du nord de la France, pour porter les ordres de Bourse des banquiers et les dépêches de la presse et des particuliers. C'est un pigeon voyageur qui apporta aux Rothschild de Londres et de Paris la nouvelle de la défaite de Napoléon à Waterloo trois jours avant qu'elle fût officiellement connue. Cette nouvelle, transmise par le sémaphore anglais, avait été interrompue par le brouillard après les mots : *Wellington defeated...*, ce qui fit croire à la défaite du général anglais, tandis que la dépêche complète disait : *Wellington defeated the French at Waterloo*, ce qui permit aux célèbres banquiers d'acheter sur le marché de Londres de nombreuses valeurs à des prix avilis.

Aujourd'hui l'utilisation des pigeons voyageurs est plus diverse, et a pris une grande importance.

Les Sociétés colombophiles n'avaient autrefois qu'un but récréatif ; mais, depuis le siège de Paris, tous les gouvernements de l'Europe, l'Allemagne en particulier, se sont préoccupés d'encourager la création de Sociétés pigeonnières dans toutes villes importantes au point de vue stratégique, dans le but d'augmenter le nombre des messagers ailés utilisables en temps de guerre.

Qui ne se souvient des pigeons du siège ?

Que de joies, que d'espérances, lorsque l'on voyait, suspendu au ballon qui s'échappait dans l'air libre, le petit panier d'osier renfermant les fidèles messagers! Ceux-là, au moins, avaient chance de revenir, et Paris saurait par eux à combien de pulsations battait encore en province le pouls de la patrie !... Pendant que le gouvernement siégeait à Tours, le lancer pour Paris se faisait d'habitude à Blois ou dans les environs. Quand le gouvernement se fut replié sur Bordeaux, les départs se firent moins facilement. Le colombier central fut installé à Poitiers, où un employé des télégraphes apportait de Bordeaux, par rapides, les tubes à attacher à la queue des messagers, et les agents partaient à leur tour avec leurs pigeons, qui, presque au dernier moment, furent lancés de Tours ou des environs. Le dernier lancer, qui était le quarante-septième, eut lieu au village des Ormes; d'où l'on mit en route douze pigeons pour Paris. Les pigeons étaient recueillis à leur arrivée dans leurs colombiers respectifs par un facteur des postes qui les apportait à l'administration centrale, rue Jean-Jacques, où les tubes étaient ouverts en présence du directeur général.

L'établissement des colombiers militaires en France, est dû à l'intelligente initiative de M. La Perre de Roo, un riche éleveur belge, presque naturalisé Français, qui a fini par faire adopter son système de poste aérienne, après de longues luttes et des efforts persévérants, tout en offrant au gouvernement, à titre gratuit, 480 pigeons voyageurs de la meilleure race belge.

Ce point acquis, ce fut le Jardin d'acclimatation qui fut chargé d'établir un grand dépôt central, un siège d'entraînement où les corps d'armée auraient à se pourvoir.

Aussi, vers la fin de 1871, vit-on s'élever dans le coquet domaine de M. Geoffroy-Saint-Hilaire un vaste colombier pouvant contenir deux cents paires de pigeons.

Aujourd'hui, comme les vieilles tourelles de nos grandes exploitations de la Beauce et de la Brie, le colombier de l'Acclimatation est morne, désert, veuf de ses habitants... Le génie militaire est passé par là ; il a revendiqué ses droits et a installé dans les forts, sous sa seule surveillance, les pigeons voyageurs.

Maintenant, quelques remarques au sujet de ces facteurs ailés.

Il résulte, des observations faites par les aéronautes, que le pigeon voyageur s'élève rarement dans les airs à plus de 150 mètres de hauteur quand il voyage. Pour ce qui est de la rapidité de son vol, la statistique des concours donne une moyenne de 1 kilom. 80 et une vitesse extrême de 1 kilom. 350 par minute.

Pour mettre les dépêches à l'abri de l'humidité et pour éviter que le messager ne les perde en voyage, on les roule en forme de cigarette et on les glisse dans un tube de plume d'oie, qu'on coud par les deux extrémités à une plume caudale du pigeon à l'aide d'un fil de soie ciré.

Le pigeon voyage le jour, parfois la nuit. La neige et les grands froids lui sont contraires; il préfère un temps clair et le vent arrière.

La Belgique est la terre classique du sport colombophile. On y compte près de douze cents sociétés pigeonnières.

En France, il y en a un bien moins grand nombre. Les plus importantes et les plus anciennes sont : à Paris, la *Société colombophile*, l'*Espérance*, le *Messager du Siège*; à Lille, le *Sport colombophile lillois*; à Tourcoing, la *Société centrale*, la *Colombe*, le *Faucon*, la *Fédération*, l'*Union et Progrès*; à Roubaix, la *Fédération roubaisienne*, l'*Aigle*, le *Cercle Union*, *Pigeon noir*; à

Châtellerault, l'*Espérance;* à Marseille, la *Colombe;* à Melun, la *Société colombophile,* etc.

Les prix distribués aux concours varient de 100 à 1,000 francs.

Si vous n'avez jamais assisté, un jour de concours, au *lancer* des pigeons, je vous conseille de vous récréer de ce joli spectacle.

Vous arrivez à l'endroit désigné ; vous y trouvez les délégués des Sociétés concurrentes, qui accompagnent les paniers, scellés du cachet spécial, renfermant les pigeons. Ils ont l'air grave et recueilli, et c'est avec une certaine solennité qu'ils procèdent à la mise en liberté des oiseaux. Le silence profond gardé par les spectateurs, l'horizon large et étendu qui se déroule devant vous, le bruissement de ces milliers d'ailes, ce tumulte soudain, tout cela forme un ensemble émouvant.

Mais ce qu'il y a de plus curieux encore, c'est le spectacle d'une commune qui a concouru.

Depuis le moment où la dépêche télégraphique a donné l'avis de lancer, tous les habitants, toutes les familles élisent domicile dans la rue.

Les événements les plus graves se produiraient, que personne ne consentirait à abandonner son poste d'observation. Femmes, enfants, vieillards, pères, mères, tous sont là, immobiles, inspectant l'atmosphère et discutant les chances des concurrents les plus estimés.

Tout à coup, un point noir est signalé à l'horizon. C'est un pigeon !... Plus de doute !... Mais sur quel pigeonnier s'abattra-t-il ? Là est la question ! Le voilà qui tombe comme une bombe, sans force, haletant, épuisé, sur un toit voisin. Et la foule se précipite, car il n'y a pas un moment à perdre.

Le premier prix, en effet, n'est pas accordé au pigeon qui est revenu le plus rapidement, mais au pigeon dont la présence a été constatée le plus tôt au siège de la Société. Des coureurs, se relayant de poste en poste, transportent alors à toute vitesse le pigeon au comité de la Société, qui dresse procès-verbal de l'arrivée.

Et bientôt le nom de l'heureux vainqueur est fêté, acclamé, comme au pesage un jour de course le nom du favori triomphant.

LE JEU DE PAUME.

COURTE PAUME.

Quels sont ces gentilshommes qui rôdent mystérieusement aux abords des Tuileries? Ils glissent plutôt qu'ils ne marchent vers la porte qui fait face à la rue Rouget-de-l'Isle, pénètrent dans le jardin où ne veille plus la garde qui ne défend pas les rois, gravissent l'escalier qui mène à la terrasse des Feuillants, longent les grands murs tout nus d'un immense bâtiment, gagnent une petite porte et disparaissent...

Les gentilshommes en question, qu'au premier abord on prendrait pour d'affreux nihilistes en train de piocher la nitro-glycérine, représentent tout simplement l'élite de nos clubmen.

Mais que vont-ils faire dans ce lieu hanté par les bonnes d'enfants?...

On a dit qu'il n'y avait que les Parisiens pour ignorer Paris. Rien de curieux comme les renseignements que donne le badaud à l'étranger désireux de s'instruire; j'ai rêvé plus d'une fois à cette prodigieuse scène de la *Vie Parisienne* où Gardefeu fait visiter la Ménagère au baron de Gondremarck, qui brûlait de connaître le Musée d'artillerie.

Je passais par là ces temps derniers avec un noble provincial. Comme nous venions de l'autre côté de l'eau et que nous traversions l'ex-jardin impérial, il me demanda où était l'orangerie; je la lui indiquai.

— Et ce bâtiment parallèle sur la terrasse des Feuillants, qu'est-ce qu'on fait là-dedans? me dit-il.

— Ce qu'on fait là-dedans? mais c'est le jeu de paume.

— Le jeu de paume!... Il en existe donc encore des jeux de paume?

Il avait l'air de tomber des nues.

— Pourquoi voulez-vous qu'on ne joue plus à la paume? lui répondis-je. La paume n'est plus assurément ce qu'elle était au temps heureux où les rois en faisaient leur esbattement favori; mais la paume n'est pas morte. Après avoir été un peu délaissée, elle a été remise sur pied sous l'Empire et n'a jamais cessé d'être le jeu préféré de la fashion paumière.

On va au jeu de paume, comme on va à la salle d'armes, avec cette différence, qu'à la paume, on se fait inscrire la veille ou l'avant-veille pour jouer avec tel ou tel adversaire, tandis qu'à la salle d'armes on arrive à n'importe quelle heure, toujours à peu près sûr de trouver un amateur pour tirer ou un prévôt pour plastronner.

Le bâtiment du jeu de paume actuel est copié comme taille sur celui du passage Sandrié qui fut supprimé en 1861 pour faire place au nouvel Opéra. Le pignon de la place de la Concorde rappelle, par sa décoration, la façade de l'Orangerie; il est composé d'un portique d'ordonnance ionique avec piédestaux et couronné d'un fronton dont le tympan, porte les armes de Napoléon III.

La salle de jeu est éclairée, sur chacune des façades latérales, par sept grandes baies à plein cintre; ces façades sont construites en pierre de taille jusqu'à la naissance des archivoltes des baies; le chéneau couronnant l'édifice, est décoré de gueules de lion.

La salle du jeu est dallée en pierre; la partie supérieure des murs et celle des piles isolées sont peintes en vert d'eau pâle, pour ne pas fatiguer la vue des joueurs; les piles isolées ou les cintres des baies à l'extérieur sont rehaussés de filets verts formant enroulements. Sous les batteries du jeu, une galerie est réservée au public.

Pour répondre aux besoins des joueurs, une salle de jeu a été récemment construite sur le modèle de la première. Entre les deux salles sont les chambres d'amateurs, le salon de réunion des membres du cercle, l'atelier pour la fabrication des balles et des raquettes et une pièce servant de séchoir.

Le salon de réception est des plus simplement meublés. A part quelques gravures représentant des paumiers célèbres, il n'y a rien à regarder.

Je n'entreprendrai pas de vous expliquer en détail en quoi consiste le jeu de paume. Les termes dont on fait usage sont d'une telle technicité qu'un vocabulaire est nécessaire au débutant pour s'y reconnaître. Qu'il me suffise de vous dire que la paume, c'est le billard en l'air; à l'aide de la raquette, on obtient les mêmes effets que l'on tire de la bille, suivant l'endroit où on la frappe.

C'est un jeu qui exige beaucoup d'adresse et de pratique. Il faut le commencer jeune.

Les rois l'ont pratiqué jusqu'à Louis XIV qui, ayant ce seul point de commun avec l'ex-président Grévy, qu'il excellait au billard, aimait peu la paume parce qu'il y jouait mal.

Charles V adorait la paume ; seulement il avait le mauvais goût de la défendre aux bourgeois. Il méritait bien ainsi qu'on lui supprimât son surnom de Sage, ce roi ignorant qu'un peuple détaché du sport est un peuple sans nerfs.

Avez-vous remarqué comme la race s'appauvrit depuis quelques années en France ? Cette dégénérescence est due particulièrement à la tendance des bourgeois qui développent leurs théories politiques de préférence à leurs muscles.

Heureux l'homme qui manie la raquette ou le fleuret. Même s'il mène joyeuse vie, il répare à la salle les fatigues de la veille. Bien bon le temps où la paume était si fort à la mode que les dames de la cour disposaient leurs cheveux comme les croisillons des raquettes !

Henri II fut le roi des paumiers, et c'est lui que Rabelais veut peindre quand il vante l'adresse de Pantagruel. Il jouait d'habitude au Louvre en présence de la reine et des dames de la cour.

A cette époque, on donnait une balle d'argent — l'esteuf d'argent, comme on disait — au plus habile des tripots : c'était le ruban bleu de la paume.

Louis XI, Charles VIII, Louis XII, François Ier furent des paumiers modèles. Et Henri IV donc! Il faisait les affaires de l'État la raquette à la main, et l'État ne s'en portait pas plus mal.

Jean-Jacques Rousseau occupa longtemps un petit logement sous les toits du jeu de paume de la rue Verdelet. Il ne jouait pas, mais il avait de l'estime pour le jeu, comme on peut le voir par ce passage de l'*Émile* :

« On ne se met point en garde contre un volant qui tombe, il ne fait de mal à personne, mais rien ne dégourdit le bras comme d'avoir à couvrir la tête; rien ne rend le coup d'œil si juste, que d'avoir à garantir ses yeux; s'élancer du bout d'un jeu de paume à l'autre; juger le bond d'une balle encore en l'air; la renvoyer d'une main forte et sûre : de tels jeux conviennent à l'homme; ils servent à le former. »

Mais il est deux heures; pénétrons, si vous le voulez, dans la salle des Feuillants. La tribune, qu'un filet garantit des projectiles, est déjà à moitié pleine; les raquettes célèbres des dernières années viennent là contempler leurs successeurs : MM. Onésime Aguado, Duparc, Capproisier et tous les hôtes assidus. On y parle du passé, des joueurs disparus, de Barre, le grand maître mort il y a une dizaine d'années; de Mosneron, le plus célèbre des amateurs, à la fois chef de bureau aux finances, paumier merveilleux, violoniste remarquable; de Lefèvre, qui recevait tous les services à la descente du toit et gagnait une chasse 4 avec la plus grande facilité.

Un joueur paraît, il porte la tenue réglementaire :

souliers de buffle aux semelles de caoutchouc, pantalon flottant en flanelle blanche, chemise et toquet de même couleur. D'autres donnent libre cours à la fantaisie: la chemise rayée, le fichu attaché au cou ou à la ceinture. Le duc de Morny se fait remarquer par la variété de ses costumes ; seul il porte la culotte de flanelle blanche, le bas de soie de couleur assortie au fichu-cravate, le tricot de soie.

La partie commence sous l'œil vigilant de Biboche, fils d'Henri Delahaye qui tint les jeux de paume à Amiens, à Compiègne et à Genève, et fut attaché au jeu de Blanchet, rue Mazarine, pendant plusieurs années.

Biboche, disent les *Notices sur les paumiers célèbres*, est né en 1825 à Amiens, où son père tenait le jeu de paume. Il est donc un véritable enfant de la balle. En 1840, il fut attaché au cercle du passage Sandrié. Sa petite taille et son air enjoué lui valurent le surnom de Biboche. Il a tenu tête aux plus fines raquettes: Barre, son professeur, et Tomkins, le crak d'Angleterre, qu'il a battu à égalité, deux fois à Paris et deux fois à Londres.

Biboche est souffrant depuis quelques mois, et c'est Séraphin qui le supplée.

Séraphin reçoit bien son monde, il porte un costume de flanelle blanche, que revêtent tous les amateurs. Le matin, il donne leçon aux commençants et se tient dans la journée à la disposition des membres du cercle qui veulent jouer. Il est d'une force reconnue.

Voici les joueurs les plus en renom :

M. Georges Brinquant, le plus fort amateur, a quinze ans d'exercice ; très fort gaucher en escrime, sa force au fleuret n'est rien à côté de celle qu'on lui reconnaît à la paume. Il est d'une souplesse hors ligne, possède une très bonne attaque, a un jeu très serré et ne se laisse pas démonter facilement, quel que soit l'adversaire qui lui est opposé.

M. Michaël Herbert, premier attaché de l'ambassade d'Angleterre; beau joueur, très classique ; coup de raquette spécial.

M. Ed. Gillois ; peut tenir tête à M. Brinquant; jouait surtout à Fontainebleau alors que cette ville possédait un jeu de paume.

M. O'Connor ; manie la raquette avec un entrain communicatif.

M. de Villeplaine, qui, pour ne s'être décidé que sur le tard à aborder la paume, n'en a pas moins étonné ses rivaux par ses progrès rapides ; très rusé dans le jeu.

Puis ce sont : MM. Bazin, Mallet, d'Abbadie, colonel Villiers, de Bunsen, vicomte de Piolant, duc de Morny, comte Fife, Z. Hottinguer, Diaz, Aubertini, R. Hennessy, M. Raoul Duval, comte de Vassart, Ed. Fouret, Townley, vicomte de Charnacé, duc de Leuchtenberg, prince de Beauharnais, duc de Gramont, comte d'Imécourt, marquis Pasquier, comte J. de Gontaut, de Lafaulotte, H. de Pourtalès, P. de Pourtalès, comte Ch. de Breteuil, etc.

Dans le salon où se réunissent les joueurs, la conversation est animée. On se demande, dès que le printemps s'annonce, quels seront les paumiers qui débarqueront d'Angleterre ou d'Amérique ; car avril voit venir les plus célèbres raquettes du Royaume-Uni.

La nuit approche et la tribune se vide ; le bruit des douches arrive jusqu'à moi avec l'écho des dernières conversations et le paumier, se mêlant au commun des mortels, s'éloigne des Tuileries avant que les grilles se ferment.

Il y a encore en France des jeux de courte paume à Deauville, à Bordeaux et à Pau. Dans cette dernière ville, la paume occupe un très beau local dans le parc Beaumont et a beaucoup de vogue. L'amateur le plus remarqué est lord Wimborne, un des plus grands joueurs de tennis de toute l'Angleterre. Élevé à Trinity-College, il fut pour ainsi dire le champion pour le tennis de l'Université de Cambridge et sut faire souvent triompher les couleurs bleu pâle des *Cantabs;* il possède un jeu de paume sur ses terres, dans le comté de Dorch.

LA LONGUE PAUME.

Passant, vous qui passez au Luxembourg un mardi ou un vendredi, arrêtez-vous pour voir jouer à la longue paume. Vous y contemplerez les joueurs en complets de flanelle blanche, brandissant en plein air leurs longues raquettes, et s'avançant à deux pas de l'Orangerie, avec un entrain et une animation qui attirent autour de l'enceinte une triple rangée de flâneurs. Le spectacle d'ailleurs mérite qu'on s'arrête, surtout quand les joueurs sont en nombre, qu'il y a *partie* et non simple *pelotage*.

Les annonces du marqueur ne se comprennent pas tout de suite. Le marqueur parcourt le jeu, parle de « tiré et de rachat ». C'est du chinois. Mais, au bout de quelques minutes d'attention, la lumière se fait et le spectateur comprend qu'une balle qui rase le sol est souvent un coup de maître, tandis qu'une autre, projetée à la hauteur des arbres voisins, a été lancée par la raquette d'un conscrit.

La longue paume est bien moins compliquée que la courte. Ici, pas de toit, pas de murs, pas de grille.

Nous ne sommes pas aux Tuileries. A la longue paume les « chasses » se marquent où la boule a fini de rouler, pas où elle est tombée. De plus le marqueur change de place à chaque instant en formulant ses indications à haute voix, ce qui n'a pas lieu à la courte paume.

La longue paume compte deux sortes de parties les « parties enlevées » et les « parties terrées ».

Dans les premières, il faut toujours que les joueurs, en renvoyant la balle, lui fassent dépasser la corde qui sépare le jeu. Dans les parties terrées, cette formalité n'est exigée qu'au premier coup.

C'est surtout une société de Picards qui a organisé la longue paume du Luxembourg. Pour eux la paume est un jeu national, qui fait presque partie de l'éducation dans certains départements du Nord. Plusieurs collèges y ont leur jeu de longue paume. On organise dans certaines villes des concours subventionnés par les conseils municipaux.

Saint-Quentin compte les plus forts joueurs de longue paume. La société qui s'y est formée est présidée par le plus célèbre des paumiers, M. Tallon. Elle doit ses triomphes à l'étonnante discipline de sa partie, en même temps qu'au grand nombre de ses adhérents. Roye, Montdidier, Beauvais, Compiègne, Péronne, etc., ont aussi des sociétés importantes où se trouvent des « fonciers », c'est-à-dire des joueurs placés au fond du jeu, et des « cordiers », c'est-à-dire des joueurs placés près de la corde, tels que MM. Naucelle, Leturcq, Bourgeois, Desbordes, Salze, Richefeu, etc.

La Société est organisée en cercle. Son lieu de réunion est un petit chalet voisin du jeu. Tous les membres sont des zélés qui viennent des quatre points cardinaux de Paris pour se rencontrer au Luxembourg.

LA GYMNASTIQUE

Il y a deux gymnastiques : la gymnastique pour rire et la gymnastique sérieuse.

Tout le monde a fait de la gymnastique pour rire. On en fait dans sa jeunesse, au collège ou chez soi, et, quand on n'y a pas goûté de bonne heure, on y mord forcément sur le tard.

A l'âge où paraît le fâcheux embonpoint, tous les médecins nous conseillent la gymnastique. Dame ! à cinquante ans, se remettre sur un trapèze, c'est raide... même pour une belle-mère !

Mais il ne s'agit pas de trapèze, vous diront les disciples d'Amoros.

On vous parle de mouvements, de simples mouvements d'assouplissement. Il n'est jamais trop tard pour s'assouplir. Moi, je crois que si. J'ai toujours vu que les vieux chevaux supportaient mal l'entraînement.

Les exercices du corps peuvent se continuer jusqu'à l'âge mûr, mais à la condition de n'avoir été jamais interrompus.

Les médecins ont dit un jour à Gambetta :

« Vous ne prenez pas assez d'exercice. Vous avez tort. Faites de la gymnastique. »

Gambetta, à la suite de la consultation, court au gymnase Paz, prend séance tenante sa première leçon, attrape une demi-courbature, revient quatre ou cinq fois comme ça ; puis, ça l'ennuie, il ne revient plus.

Je crois que c'est Jean-Jacques Rousseau qui a dit : « Voulez-vous cultiver votre intelligence, cultivez les forces qu'elle doit gouverner. »

C'est mon avis, à la condition de ne pas les cultiver trop tard. On ne rend pas de sève aux plantes desséchées.

Il existe aujourd'hui dans les gymnases bien installés, tels que les établissements Heiser, Pascaud, Christmann, Soleirol, Lopez, Nicolas, un travail spécial approprié aux hommes d'âge mûr ; on l'appelle : exercice du plancher. Il compose une séance pendant laquelle les pratiquants, après s'être placés sur le parquet à une distance calculée les uns des autres, exécutent, sous le commandement d'un professeur, une série de mouvements de toutes les articulations. Ils se livrent ensuite, avec des haltères ou des barres à sphères, à des exercices progressifs jusqu'à ce qu'une transpiration salutaire ait été obtenue. Je connais des sexagénaires et même des septuagénaires qui suivent régulièrement ces cours depuis plusieurs années. Ils déclarent qu'une demi-heure d'exercice tous les deux jours, suivi d'une friction ou d'une douche froide, leur produit un excellent effet.

Depuis quelques années, la gymnastique est fort en honneur en France. Deux ministres de l'instruction publique ont surtout contribué à lui donner le développement qu'elle a pris : M. Duruy sous l'Empire et M. Jules Simon sous la présidence du maréchal de Mac-Mahon. D'ailleurs, à aucune autre époque, la nécessité des exercices corporels ne s'était davantage imposée.

Autrefois, la vie était bien différente. On avait le temps de marcher, de monter à cheval, de flâner; aujourd'hui, le travail intellectuel et des exigences de toutes sortes absorbent tous nos instants. On a beau se lever tôt et se coucher tard, on ne peut suffire à tout. Le cerveau est incessamment tendu, les nerfs sans cesse surexcités, le corps, par contre, presque toujours inactif. Impossible pour l'homme qui vit dans les grands centres de trouver le temps de faire les quelques heures de promenade, d'exercice au grand air, que la nature réclame de celui qui veut bien se porter. La gymnastique est un exercice condensé, qui permet de dépenser, en quelques instants, autant et plus profitablement qu'en quelques heures de promenade.

La gymnastique est multiple dans ses appropriations.

On distingue : la gymnastique athlétique et acrobatique, la gymnastique hygiénique et médicale, la gymnastique scolastique et enfantine; et nous pourrions ajouter la gymnastique municipale qui est celle des bataillons scolaires, particulièrement en honneur à l'Hôtel de Ville.

A Paris, l'établissement Pascaud, rue de Vaugirard, et celui de M. Paul Christmann, rue du Faubourg-Saint-Denis — d'où dépendent les piscines de natation de la rue Château-Landon et du boulevard de la Gare — conservent et maintiennent les traditions de la gymnastique athlétique, dénommée aussi gymnastique de voltige.

Le plus important gymnase médical est celui de la rue des Martyrs — jadis gymnase Paz — dirigé aujourd'hui par un hygiéniste distingué M. Heiser. Vient ensuite le gymnase Soleirol, rue de la Chaussée-d'Antin.

Les autres établissements, tels que ceux de MM. Lopez, Nicolas, Lefebvre, réunissent tous les genres.

Les deux hommes auxquels la gymnastique en France a le plus d'obligations sont Triat et Eugène Paz. Le colonel Amoros eut surtout pour objectif la gymnastique militaire.

C'était un bien curieux établissement que celui qu'avait fait construire Triat aux Champs-Élysées ; on ne voyait partout que cordes, appareils, engins de toutes sortes ; on eût dit un vaisseau avec ses mille cordages, son gréement compliqué et sa mâture de frégate, prête à prendre la mer. — Tout cela est nécessaire, disait Triat, pas un nœud, une boucle, un anneau, qui n'ait son application raisonnée. Et il vous le démontrait avec la science d'un physiologue et la logique d'un mathématicien. Que penserait-il aujourd'hui, s'il voyait le peu de cas que l'on fait désormais de tous ses chers appareils ! Pendant nombre d'années, le gymnaste Triat fut le seul qui eut de la vogue à Paris. La guerre, puis la Commune survinrent. Triat espéra-t-il rencontrer dans les fédérés les éléments propres à la régénération de l'espèce humaine?... Le fait est qu'il se trouva compromis dans le mouvement insurrectionnel. Sa riche clientèle l'abandonna. Son établissement périclita. Ce fut un homme à la mer...

Pendant ce temps, la réputation de Paz grandissait. Le gymnase de la rue des Martyrs prenait de l'extension. Situé au centre de la fraction la plus névrosée de Paris, il eut la clientèle des hommes de plume, d'art et d'affaires. Ami de Paul Féval, très répandu dans le monde des lettres, homme de lettres lui-même, Paz fonda des journaux, écrivit des livres, lança des brochures, provoqua des réunions, déploya en un mot une activité telle qu'il finit à intéresser à sa cause et à celle de la gymnastique en général des hommes politiques influents. Si Triat fut le messie de la gymnastique civile en France, Paz en fut l'apôtre dévoué. Le premier révéla le dogme, le second sema partout la bonne parole et fit de nombreux prosélytes. Quand, après la défaite, l'élan patriotique mit à l'ordre du jour la nécessité des exercices virils, la gymnastique n'eut qu'à suivre la voie qui lui avait été tracée par ces deux intelligents initiateurs.

On compte aujourd'hui en France deux cents cinquante sociétés de gymnastique. Elles relèvent presque toutes de l'*Union des Sociétés de gymnastique de France*, qui a pour président le comte A. Lemercier, et pour vice-président M. Sansbeuf. Le siège du Comité de permanence est le même que celui de l'*Association de la Seine*, 2, passage des Petits-Pères, à Paris.

L'Union a un organe officiel, le *Gymnaste*, qui succéda au *Moniteur de la Gymnastique* et se publie à Compiègne. Un autre journal, de fondation récente, la *Gymnastique*, paraît également à Compiègne.

Paris compte une trentaine de sociétés, qui forment l'*Union des Gymnastes de la Seine*, dont M. Sansbeuf est président. Parmi celles qui ont le plus de renom et qui se disputent d'ordinaire le premier prix dans les concours, nous citerons : la *Française*, l'*Alsacienne-Lorraine*, l'*Amorosienne*, et la *Vaillante* de Clichy.

Chaque société a des statuts particuliers, en dehors des statuts généraux qui régissent l'*Union des Sociétés de Gymnastique de France*.

Les statuts particuliers des sociétés offrent peu de différences. Je note simplement que, dans certaines sociétés, on n'admet que des Français, — dans d'autres on admet des étrangers sauf des Allemands. Parmi les premières, beaucoup font partie de la *Ligue des Patriotes*.

Les sociétés, qui sont obligées de louer à certaines heures un grand gymnase, comme le gymnase Heiser ou le gymnase Christmann, sont naturellement amenées à réduire un peu, à cause des frais, le nombre des séances, deux en moyenne par semaine.

D'autres sociétés, au contraire, celles surtout qui sont organisées dans les quartiers excentriques, ont souvent un vaste local peu dispendieux, leur appartenant, un grand hangar, par exemple. Elles peuvent alors se réunir plus souvent.

Le nombre des membres dans chaque société est très inégal ; il varie de vingt à cent cinquante. En province, il s'élève parfois jusqu'à deux et trois cents. Le mode d'organisation est le même pour toutes les sociétés. Il y en a cependant qui n'ont ni président, ni vice-président honoraire. Mais il y a toujours un président et un vice-président actifs, un trésorier, un comité, un chef de gymnastique et des moniteurs. Beaucoup de sociétés s'adjoignent des professeurs d'escrime, de canne et de boxe. Les sociétés ont des uniformes de couleurs différentes, se composant du pantalon en toile, de la chemise de flanelle, de la vareuse et des guêtres. On cherche à adopter un uniforme général sans autre distinction que des numéros, comme dans les régiments.

L'Union des sociétés de gymnastique de France donne chaque année une grande fête fédérale dans l'une des principales villes de France. Après Paris, cette fête a eu lieu successivement à Reims, Épinal, puis encore à Paris, à Lille, La Rochelle, le Havre, Angoulême, Amiens, Bordeaux, Nantes et Tours. Dans chacune de ces villes le Conseil municipal, accorde une subvention.

A Paris, les sociétés de gymnastique se recrutent parmi les employés, qui ont besoin d'exercice pour se remettre de leur travail de bureau. Il y a aussi des sociétés entièrement composées d'ouvriers dans les quartiers excentriques. Les sociétés les plus huppées sont : la *Gauloise*, l'*Amorosienne*, la *Française* et la *Parisienne*. Partout, même organisation des exercices qui se font avec beaucoup de méthode. Les séances sont menées militairement. Le chef de gymnase place ses hommes sur deux rangs, puis commande :

— A droite, alignement. Fixe !...

Puis, par le flanc droit ou gauche, sans doubler ou en doublant, et fait ainsi défiler sa troupe pendant quelques minutes. Les exercices d'assouplissement commencent, précédant les exercices d'appareils. L'escrime et les exercices militaires font partie du programme. Chaque société reçoit vingt fusils du ministre de la guerre.

Les professeurs sont fournis en grande partie par l'École militaire de Joinville, où la gymnastique atteint son plus haut degré de parfait enseignement.

L'enseignement de la gymnastique a varié depuis quelque temps. Ainsi que je le disais, il y a tendance à supprimer les appareils ou tout au moins à les réduire à leur plus simple expression. Le gymnase actuel ressemble à une vaste salle de conférence, où l'orateur aurait à exécuter un saut périlleux sur le tremplin placé au premier plan, avant de prendre la parole. Tout autour, vous apercevez à travers les portes entre-bâillées, se succédant comme des cellules, des appareils orthopédiques et médicaux, qui ont un air lugubre.

Cette transformation provient en grande partie des sociétés qui, n'ayant point de locaux, se réunissent en plein air où, à défaut de portiques, elles ne peuvent faire usage ni du trapèze ni des anneaux. Leurs exercices se résument à des mouvements d'ensemble, marches, sauts, etc. En Allemagne, d'ailleurs, la même tendance se manifeste. On ne trouve guère dans les gymnases que la barre fixe « Rech », la barre parallèle, le cheval avec ou sans arçon. Les Allemands ne se servent pas du tremplin élastique, mais du tremplin dur, d'où ils exécutent beaucoup de sauts à la perche.

Je regrette ces appareils démodés. Ils étaient l'attrait, l'ornement, la décoration du gymnase, et ils en cachaient la nudité froide. L'élève y trouvait plaisir et récréation, tandis qu'aujourd'hui il se croit à la caserne, exécutant par ordre des exercices militaires.

Il y a quelques années encore, la mode était à la gymnastique pour jeunes filles. Jusqu'en 1886, le brevet supérieur comportait même l'instruction gymnastique. On en est un peu revenu, et je trouve que l'on a eu raison. Autant j'aime la gymnastique pour les adultes et les hommes qui s'en sentent le courage, autant je redoute la violence des exercices virils et corporels pour les jeunes filles. D'abord elles sont disgracieuses au possible dans leur costume. Un costume de bain de mer, allongé, tombant sur le pied, ne dessine rien. Ce qu'on montre en public, on le cache à huis clos. L'image d'une jeune fille livrée à la gymnastique manque de poésie.

Que veut-on faire de cette frêle créature ? La développer. Mais je m'oppose à ce qu'on la développe ; je la rêve avec sa souplesse de lignes. Je me plais à me la représenter balancée sur une escarpolette, comme dans le tableau le *Printemps*. Mais, pour peu qu'on me la montre en blouse de laine bleue, avec un pantalon serré à la cheville, comme un petit vieux en robe de chambre, se dandinant gauchement sur deux barres parallèles ou sur le cheval de bois, je proteste. Quelle horreur !

Que la jeune fille qu'on veut développer légèrement, s'en tienne à la gymnastique de chambre, qu'elle ait des appareils élastiques lui permettant de faire prendre au corps toutes les attitudes, d'exercer successivement tous les groupes musculaires et de localiser l'exercice, qui lui aident à allonger les bras, à supprimer le dos rond, à merveille; mais qu'elle s'assouplisse sans se développer, tout est là.

A moins qu'elle n'ait les dispositions naturelles, l'entrain endiablé, et l'agilité féline de deux bien gentilles gymnastes de l'établissement Pascaud, rue de Vaugirard, à l'heure de la leçon. Émerveillé de les voir se jouer sur les barres, les anneaux, rebondissant ensuite sur le tremplin comme le volant frappé par la raquette, j'ai su que c'étaient les nièces d'Alphonse Daudet, qui, lui-même, prenait plaisir à les accompagner lorsqu'il habitait encore le quartier de l'Observatoire.

Mais ce sont là des météores passagers, de brillantes exceptions.

L'anecdote contée plus haut sur Gambetta m'a valu cette intéressante lettre de Paz :

« Mon cher confrère,

« Le fait que vous racontez mérite rectification.

« Voici exactement dans quelles circonstances et dans quelles proportions notre grand orateur a fait de la gymnastique sous ma direction.

« J'étais allé un jour le voir dans son hôtel de la rue de la Chaussée-d'Antin. Je le trouvai étendu sur un divan en proie à une crise d'emphysème qui l'anéantissait.

« — Mon cher maître, m'écriai-je, vous ne pouvez rester dans cet état, il faut vous soigner. Vous fumez trop, vous ne sortez qu'en voiture, vous ne faites aucun exercice.

« — Mais je n'ai pas le temps, me répondit Gambetta.

« — Vous n'avez pas le temps, mais vous avez bien le temps d'être malade. Donnez-moi seulement une demi-heure chaque matin chez vous, au saut du lit, et je me charge de vous faire dépenser physiquement, en ce court laps de temps, autant et plus rationnellement qu'en quelques heures de promenade. Et vous verrez bien vite combien le jeu de vos poumons s'en trouvera amélioré.

« Le docteur Siredey entrait en ce moment chez Gambetta.

« — Tiens, lui dit-il, en me montrant, voilà ton vrai médecin, voilà la vraie médication qu'il te faut; tu peux t'en rapporter à Paz.

« — Je commencerai demain, me dit Gambetta.

« Le lendemain, Gambetta était malade ; le surlendemain, trop occupé; le troisième jour, un autre empêchement survint; bref, la première leçon de gymnastique fut remise aux calendes grecques.

« Trois mois environ après ce... début, je déjeunais chez M. de Girardin avec Gambetta et M. Turgan. Au dessert, Girardin, enthousiaste des exercices du corps, prit Gambetta par la main et, le conduisant dans sa chambre à coucher :

« — Tenez, mon ami, voyez ce que je fais, moi qui ai soixante-treize ans, matin et soir, avant mon repas.

Et le vaillant polémiste esquissa, avec la grâce de son âge, une série de mouvements, sur une machine installée chez lui par mes soins.

« — Mon cher Girardin de Crotone, dit Gambetta, vous êtes beau comme un dieu païen ; je ne résiste plus. Paz, vous avez ma parole, sérieuse cette fois, je commence demain.

« Le lendemain, au petit jour, j'étais au Palais-Bourbon, où venait de s'installer Gambetta en sa qualité de président de la Chambre des députés. Et là, non pas pendant trois jours, mais pendant sept mois régulièrement, chaque matin, mon illustre disciple exécutait avec un entrain remarquable toute une série de mouvements d'assouplissement, complétés par des exercices de traction à l'armoire orthopédique.

« Quelles leçons charmantes, leçons d'ami, toutes gracieuses, je tiens à l'indiquer en passant. Quel entrain, quelle gaieté, quelle bonne humeur ! Quand le président de la Chambre arrivait dans la salle de torture, comme il l'appelait, ficelé dans son maillot rouge que faisaient craquer ses muscles puissants, quand il me disait de sa voix tonitruante, avec ce bon accent méridional si cher à mon oreille bordelaise :

« — Eh bien ! mon brave Paz ! nous allons donc nous en payer encore une tranche, » je n'aurais pas échangé mon poste de professeur de gymnastique contre une chaire à la Sorbonne.

« A la fin de la séance, après la forte suée amenée

progressivement, au moment où lavé à grande eau, frictionné au gant de crin par son fidèle François, enveloppé ensuite dans un grand peignoir de laine, il s'étendait sur sa chaise longue pour prendre quelques minutes d'un repos bien mérité :

« — Quel bien-être, s'écriait-il ! quelle souplesse, quelle fluidité. Paz, mon ami, retenez-moi, je sens que je vais m'envoler.

« Ceux qui avaient quelque chose à lui demander et qui arrivaient dans ce moment-là, étaient certains d'être reçus d'une manière particulièrement aimable, et ils avaient de grandes chances de voir leur requête bien accueillie.

« Je crois, Dieu me pardonne ! que si j'avais été le moindrement intrigant, j'aurais, en cet instant physicopsychosologique, pu me faire nommer ministre... de la gymnastique.

« Arnault de l'Ariège, le sympathique secrétaire particulier de Gambetta, me disait : « Notre grand chef est
« transformé, ce changement est merveilleux, il fait
« chaque jour dix à douze kilomètres à pied, il va
« même sur ses jambes jusqu'à Ville-d'Avray. »

« Et, en effet, les indispositions du célèbre homme d'État, dont les journaux parlaient autrefois si fréquemment, avaient disparu. Gambetta se portait comme un charme, lorsqu'il partit un jour pour son grand voyage dans le Midi.

« En le voyant quitter Paris, je tremblais :

« Pourvu, me disais-je, qu'à son retour il soit disposé à reprendre ses exercices.

« Hélas ! pendant son voyage, il reprit ses habitudes

de paresse physique, ses courses en voiture et le cigare à outrance.

« Dès son arrivée, je me rendis au Palais-Bourbon.

« — Nous recommencerons nos exercices demain, me dit-il.

« J'allai chez lui pendant huit jours consécutifs ; on me faisait attendre sous mille prétextes jusqu'à l'heure du déjeuner auquel j'étais toujours très cordialement retenu, mais de gymnastique point ; et puis un jour, le maître me fit savoir qu'il était honteux de me déranger constamment pour rien, et qu'il me préviendrait dès que ses occupations lui permettraient de recommencer ses exercices.

« Je ne reçus aucun nouvel appel, et c'est moi qui finis par lui écrire une lettre furibonde, impertinente même, parce qu'en vérité j'étais désolé de voir ce grand citoyen, que j'aimais de tout mon cœur, renoncer à des pratiques que je jugeais lui être impérieusement commandées par l'état de sa santé.

« Ce qui n'empêcha pas que, le rencontrant deux ou trois mois plus tard à la Comédie-Française, il vint à moi, la main tendue, son bon sourire aux lèvres, en me disant :

« — Ah ! mon cher Paz, quelle jolie rosse que votre élève !

« Agréez, etc.

« Eugène Paz. »

LA NATATION.

Tout le monde devrait savoir nager. La natation est le seul art dans lequel l'homme paraît tout à fait inférieur. Un chien, un chat, un cheval, un lapin, une grenouille nagent naturellement. Il n'y a rien à leur apprendre. Pour les noyer, il faut les coudre dans un sac ou leur mettre une pierre au cou. Il n'y a que l'homme qui se débat, coule à fond et meurt bêtement.

Un été, à Trouville, un batelier conduisant le bac qui mène à Deauville tombe à l'eau en essayant de rattraper son chien qui nageait contre le courant. Voilà l'homme qui barbote, se débat, disparaît, reparaît et disparaît définitivement pour ne plus reparaître. Cinq cents personnes, parmi lesquelles deux cents marins au moins, assistaient à cette noyade; pas un n'avait songé à se jeter dans le bassin du port pour secourir le malheureux batelier! Pourquoi? — Il paraît d'abord que la majorité des marins ne sait pas nager. Plus on nage bien, plus on est exposé à la mort et aux tortures de l'agonie. Le nageur de réputation est obligé sans cesse à de nouveaux exploits : il faut qu'il aille loin et devienne petit comme un point sur un i aux yeux des spectateurs qui le contemplent de la berge. C'est là que la crampe le saisit et en fait un noyé. Voyez le capitaine Webb et sa mort dans les rapides du Niagara. Voilà ce que c'est que d'être trop bon nageur !

Je n'aime la natation comme les exercices acrobatiques qu'en supprimant le danger, d'autant que le mérite est le même. L'avenir de la natation est aux bains couverts, aux écoles de toute saison, comme celles de la rue Château-Landon ou de la rue Rochechouart, qu'on a créées pour l'agrément des bourgeois et qui aura sous peu des succursales dans tous les quartiers. On peut s'y baigner même en hiver, l'eau qui vient des condenseurs de la Villette est toujours à 25 degrés et il y a la même température dans l'établissement qui est couvert et très confortable. — On se baigne dans près de trois mètres d'eau.

— Le dimanche est réservé aux ouvriers, ça ne coûte que trois sous et deux sous pour messieurs les militaires. — Je vous demande si l'on refuse du monde ! Les plus forts nageurs s'y donnent rendez-vous. On y voit des tritons fameux comme Caillot et Paulus, dit l'homme phoque, et la famille Johnson dont les filles, séduisantes au possible dans leurs maillots rouges, forment dans l'eau sous l'éclairage électrique, les figures variées du kaléidoscope.

Mais ce sont les jours réservés que je recommande, le mardi, par exemple, réservé aux dames, avec concours de nageuses.

La femme nage plus vite que l'homme. Et puis, le costume lui va mieux ; quand elle est bien faite, c'est un Grévin. Les concours de nageuses sont très amusants. Il y a des courses folles avec starter, juge à l'arrivée et tout ce qui s'ensuit, jusqu'à la distribution du prix, — un vase de Sèvres. Chaque fois qu'il y a un concours rococo, on offre un vase de Sèvres, je crois que ce n'est que pour ça qu'on entretient la manufacture.

Il y a aussi le concours de plongeon. — On jette à l'eau un bébé en caoutchouc. — Les nageuses se précipitent, plongent et replongent. Qu'est-ce qui sauvera le bébé ? Une forte femme le rapporte — elle a gagné ! On m'a dit son nom, Mme Lemperour, et sa profession, maîtresse sage-femme. Elle tire un enfant même des eaux !

Enfin, il y a l'intermède. Quelques dames comme Mme Chevalier, femme du fameux sauveteur qui ne compte plus ses médailles, et Mme Anodois, premier prix de vitesse. Elles s'habillent en robes sans valeur par-dessus leur costume de baigneuses, bien entendu ; un compère, auquel on a distribué le rôle de rôdeur des berges, les pousse et les fait tomber à l'eau. Un cri s'échappe de toutes les poitrines : une femme à la mer.

Mais tout à coup la victime reparaît le sourire aux lèvres et se déshabille en nageant aux applaudissements de la galerie.

LE PATINAGE

Savez-vous rien de plus gracieux que les fantaisistes évolutions sur la glace fragile et glissante de quelque jolie femme soigneusement emmitouflée dans ses fourrures? C'est le charme des yeux, au Bois, quand l'hiver est propice. Une des spécialités des hivers parisiens est l'annonce d'une fête de patinage, et il suffit que cette annonce paraisse dans un journal pour qu'immédiatement il dégèle.

Le Club des Patineurs allume-t-il ses lanternes vénitiennes, presque aussitôt il faut qu'il les éteigne. J'en ai vu des fêtes ou, pour être plus vrai, une fête sur les lacs de Madrid. C'était féerique, j'en conviens. Une féerie éblouissante, où l'élégance tient les grands premiers rôles, jouée en plein air; à la clarté des étoiles, qui scintillent dans la voûte azurée, égayée par les éclats de rire joyeux se déroulant dans une action sans fin, où passent et repassent des groupes de patineurs et de patineuses, traçant d'un pied furtif d'innombrables arabesques sur lesquelles se projette la lumière rougeâtre et fantastique des braseros. Le Tout-Paris mondain et sportif n'aurait garde de manquer à l'un de ces rendez-vous si rares et si haut cotés dans la faveur publique.

CROQUIS D'UNE JOURNÉE DE GLACE
AU CERCLE DES PATINEURS

Huit heures du matin! Déjà les patineurs s'avancent timides... la glace aurait-elle faibli dans la nuit? Quelle joie d'apprendre du vieux père Cartouche, le gardien du cercle, que les bassins sont des miroirs!

Le bassin du matin est à gauche ; celui de l'après midi à droite. Vite, à gauche. On jette dans le vestiaire du cercle les manteaux de fourrures, on se laisse armer de patins et les glissades commencent.

Sur la pelouse toute fleurie de gelée blanche viennent les curieux.

Les patineurs *di primo cartello*, parmi les femmes, sont : la baronne de Gunzbourg, la marquise Hervey de Saint-Denis, la comtesse de Larochecantin, Mme Villien, sœur de lady Lytton, la baronne Roissard de Bellet, Mme Ternaux-Compans, Mme Martell, la comtesse de Salignac-Fénelon, la comtesse de Clermont-Tonnerre, lady Mabel, Mlles Poirson, David, Prodgers, Juliette de Rochschild, Nina Post et Brigdon.

Parmi les hommes : MM. Prost, le baron Roissard, le duc de La Force, se signalent par leur audace ; MM. Bunsen, le duc de Morny et N. Martell par leur maëstria ; et enfin le comte Aimery et le comte Alan de Montgomery, héritiers de la grâce, de l'élégance dont le défunt comte Odon de Montesquiou paraissait seul avoir le secret.

Les habitués du matin sont plus de trois cents. On ne quitte le cercle qu'à midi; mais ceux qui aiment passionnément le sport restent toute la journée.

On va déjeuner au restaurant du cercle. La cuisine est excellente, les vins exquis, le service parfait et l'addition d'une modération exceptionnelle. Patineurs et patineuses, dînant par petites tables, ont l'air d'écoliers en vacance.

Pendant ce temps, le duc de La Force fait en patinant le tour du lac pour s'assurer de la résistance de la glace. C'est avec une corde que l'on trace la limite du parcours. Cette précaution ne sert qu'à préserver les patineurs d'un bain de pied glacé, car il n'y a pas d'autre danger à conjurer, la profondeur de l'eau n'étant que de vingt centimètres.

A deux heures arrive le flot des patineurs. Les séances de l'après-midi sont à celles du matin ce que les représentations sont aux répétitions.

On y déploie toutes les ressources de l'art, et la mise même des sportsmen et des sportwomen est d'une correction absolue. On sent que les curieux sont là pour admirer. Que de toilettes élégantes, presque toutes en drap ou en velours garnies de fourrures! La toque est généralement adoptée. Esquissons-en quelques-unes :

Marquise d'Hervey de Saint-Denis, marquise sur la terre, reine sur la glace, dit-on d'elle : jupe en velours lilas, avec un magnifique boa de martre-zibeline; baronne de Gunzbourg, en velours vert garni de fourrures; comtesse Menabrea, bas de jupon en drap blanc, bordé de loutre, avec corsage, veste de loutre s'ouvrant sur gilet en drap blanc brodé d'or; baronne d'Heeckeren, jupon drap vert-bronze, tout brodé de perles mordorées, avec grande lévite du même drap brodée de perles et garnie de martre-zibeline; Mme Benardaky, en velours gris avec galons d'argent, le tout garni de renard argenté : une vraie merveille.

A la fin de la journée, on se réunit dans le salon du cercle, pour boire du vin chaud et du punch. Ce salon est orné des portraits des plus forts tireurs aux pigeons d'Europe et des portraits des gagnants depuis la fondation du tir aux pigeons, à Pau.

On y reste jusqu'à la nuit tombante, assis devant la cheminée flamboyante ou autour des grands braseros. Les causeries vont leur train, et l'on se quitte, en souhaitant que le vent du sud ne vienne pas contrarier les projets du lendemain.

On a dit que l'art du patinage nous venait du Nord. Il n'en est rien. Les peuples des contrées boréales patinent peu et mal. Les patinages, tel que l'exercent les laitiers frisons, les fermiers et les marchands des pays ensevelis sous des neiges éternelles, n'a aucune analogie avec le sport du patin tel qu'il est pratiqué en France, en Angleterre, en Espagne, en Autriche, en Hollande, aux États-Unis, en Belgique et dans toutes les contrées où le froid moins rude et moins persistant a permis de faire du patin un élément de plaisir.

Les Russes, Suédois, Norvégiens, ne patinent guère, pour leur agrément ; c'est pour eux un moyen de locomotion tout comme un autre. Ils se servent du *skye* ou patin à neige, sorte de planche de sapin mesurant deux mètres de longueur et pas plus large que le pied, mince et effilée et légèrement recourbée en l'air aux extrémités, se terminant en pointe. Au centre, où se place le pied, des courroies assujettissent l'appareil à la jambe. Les récits des voyageurs nous montrent les Lapons et les Groënlandais chaussés de ces longues planchettes, volant sur la surface de neige, grimpant aux flancs des montagnes, les descendant avec la rapidité de la flèche en se laissant glisser, franchissant les obstacles par des bonds prodigieux, accélérant encore la vitesse acquise au moyen d'un javelot à pointe de silex, qu'ils tiennent à la main.

Je me souviens avoir lu quelque part qu'il existait en Norvège un régiment de soldats patineurs manœuvrant avec un ensemble parfait.

En Hollande, le patin est déjà plus sportif, bien qu'il serve surtout de moyen de locomotion. Bien des personnes s'accordent à reconnaître chez le patineur hollandais une supériorité telle qu'il serait le premier exécutant du monde. Ceci n'est point tout à fait exact. Le patineur hollandais est celui qui a le plus de vitesse et de solidité sur la glace; mais il n'a pas la grâce et la fantaisie du patineur anglais, viennois ou espagnol, ni l'élégance et le charme du patineur français.

Après la Hollande, le Canada est le pays où le patin a le plus d'importance. Là, le sport anglais est venu se greffer sur ce que j'appellerai le patinage de nécessité. Les grands centres canadiens possèdent de nombreux cercles de patineurs, celui de Québec est particulièrement élégant et bien aménagé.

En Russie, le traîneau est seul en faveur ; le peuple ne connaît pas le patin. A Saint-Pétersbourg, les eaux sur lesquelles on se livre au patinage sont des étangs artificiels créés par des résidents français, anglais ou allemands, depuis trente ans au plus.

A Vienne, il y a des patineurs fort habiles. Leur lieu favori de réunion est le lac du Belvédère où se rencontrent les élégants et les élégantes qui pratiquent ce sport.

A Madrid, c'est le grand étang de Buen-Retiro qui est à la mode. Nombre d'Espagnols sont d'une habileté remarquable et d'une grâce parfaite.

Les Anglais ont acquis, par une pratique constante et méthodique, dans ce sport comme dans tout autre, un haut degré de perfection.

Le Français patine avec élégance, malgré le peu de temps qu'il consacre à cet art exigeant cependant une pratique assez longue ; il ne connaît guère de difficulté ; tout ce qui se fait à l'étranger, il l'exécute : seulement, il n'est à l'aise que sur de vastes glaces, où il développe son jeu un peu démonstratif.

Pendant nombre d'années, les étangs de la Glacière ont eu le privilège d'attirer les patineurs. Mais ces bassins aujourd'hui amoindris et incommodes sont délaissés. On n'y rencontre plus que des débutants et des glisseurs.

Les bassins de la Villette, de la Gare et le canal de l'Ourcq offrent un cours étendu et de belles glaces ; mais il y est arrivé tant de funestes accidents qu'on n'ose plus s'y hasarder.

Dans le bois de Vincennes, le lac des Minimes et le

lac de Saint-Mandé sont ouverts aux patineurs. Par contre, le lac Daumesnil, réservé à l'approvisionnement des glacières municipales, leur est fermé, ainsi que le lac de Gravelle, trop petit et surtout trop profond.

Je ne cite que pour mémoire les bassins du jardin du Luxembourg et du jardin des Tuileries : sortes de petites cuvettes qui ont cependant leurs habitués.

Les magnifiques étangs de Versailles, très fréquentés, sont propices aux élans à toute volée, aux gigantesques dehors ; l'espace est immense. Le Cercle des Patineurs de Versailles ne le cède en rien comme organisation à celui du Bois de Boulogne ; il a pour président M. Bart et pour vice-président le comte de Guiry ; ces messieurs ont fait installer dans l'enceinte réservée aux patineurs un vestiaire, un chauffoir, un buffet, un poste de secours, enfin, tout ce qui est requis pour la commodité et la sécurité des amateurs.

Le lac d'Enghien est bien toujours le lieu le plus admirablement disposé que puisse souhaiter le patineur ; mais la mode persiste à lui préférer le Bois de Boulogne.

La partie supérieure du grand lac est réservée au commun des patineurs. Quoique gratuit, cet endroit est pour le patinage beaucoup plus agréable que le lac artificiel de l'étang de Suresnes, dont dispose le Club, à cause de l'espace qui permet mieux aux habiles de déployer leurs talents. Quant aux conditions de sécurité et de bon ordre, elles sont parfaitement remplies par les gardes du Bois. L'espace est net, propre, toujours déblayé et balayé. Quand la glace ne présente pas assez de consistance, un surveillant écarte les imprudents; et les glisseurs ne sont pas moins impitoyablement proscrits.

Au tir aux pigeons, cercle fermé, inutile de dire qu'il faut être présenté par un membre, tout en payant une entrée de 10 francs ou de 20 francs, s'il s'agit d'une fête de nuit ou d'une fête de charité.

Les accidents sont devenus rares depuis que la foule se porte de préférence au Bois de Boulogne.

Cependant, comme il s'en produit encore, on me saura gré de quelques conseils pratiques.

Le patineur a bien des précautions à prendre contre chutes et plongeons.

Les chutes sont peu dangereuses pour le débutant; elles peuvent être graves pour l'amateur exercé, lancé à toute vitesse. D'ailleurs, même dans les « coups de patin » les plus faciles, les plus modérés, une fente où se prend la lame, une pierre, un gravier, un bout de cigare, un brin de paille, rencontrés à l'improviste, sont de gros écueils pour l'amateur le plus expérimenté.

Le plongeon est encor plus à redouter que la chute.

Quand le patineur a la tête et le corps submergés, quand il lui faut se débattre au milieu des glaçons, il est rare qu'il s'en tire.

Pour qu'une glace offre toute sécurité au patineur, elle doit avoir 0^m,05 au moins d'épaisseur. Quelque épaisse qu'elle soit, surtout dans les canaux, elle est dangereuse, à moins qu'elle n'ait été cassée sur les bords, ce qui la fait adhérer avec la surface de l'eau.

Autrement, si le niveau d'eau s'est abaissé, la glace reste suspendue et cède au moindre choc.

Si quelque imprudent voit la glace s'ouvrir sous ses pieds, dans un endroit profond, et que par instinct il ait, en enfonçant, étendu ses bras en croix, il n'aura qu'à se débattre dans le trou qu'il se sera fait lui-même. Il nagera des pieds, les mains appuyées sur la glace, aussi loin du bord que possible. Qu'il ne fasse pas d'efforts violents avec les mains pour se retirer, il ne réussirait qu'à rompre son appui et à disparaître. Si, cependant, ce péril se présentait, il devrait nager des pieds et des mains, s'accoudant de nouveau sur la glace, ne remuant que les pieds pour se soutenir et entretenir la circulation du sang, il attendrait qu'une corde lancée de la rive l'aide à opérer son sauvetage. Si ce moyen de salut lui manque, qu'il essaye de se sauver tout seul : appuyé des mains sur la glace, il tentera de petits élans répétés, et parviendra ainsi hors de l'eau. Il s'allongera sur la glace, et celle-ci, si légère et si faible qu'elle soit, aura assez de consistance pour le soutenir dans cette position.

Mais laissons là les dangers et ne pensons qu'au plaisir. En est-il un plus grand que de s'imaginer qu'on a des ailes et de n'être battu que par la pensée, selon la légende de Thialfe que le roi Géant mit au défi?

— Et toi, jeune homme, avait dit le roi, quel est ton talent?

— Mon art à moi, répondait Thialfe, est de devancer sur des patins les plus habiles coureurs.

A cette réponse, le roi, appelant un de ses courtisans dont le nom était Huge, autrement dit la Pensée, en fit le concurrent du jeune audacieux.

A peine les deux émules s'étaient-ils élancés dans une vaste plaine couverte d'une glace unie que Huge, laissait son concurrent bien loin derrière lui.

Moralité. Le plus habile patineur doit renoncer à l'espoir d'être plus rapide que la pensée !

LA LUTTE

« On annonçait les dernières représentations de Piétro avant son départ pour la Russie où il répondait à un plus brillant engagement que *ceusses* accordés à Judic ou à Van Zandt. » Je ne sais plus dans quelle feuille dévouée à la cause de la lutte romaine, je lus un jour cette nouvelle lamentable. Elle me donna l'envie de connaître Piétro et de m'initier à la lutte romaine sans me mêler à la haute gomme qui fréquente la foire de Neuilly.

Piétro, ce héros du caleçon, n'était pas un lutteur ordinaire. Il suffisait de prononcer son nom aux abords du Cirque d'Hiver ou des Folies-Bergère pour être immédiatement l'objet du respect de tous les marchands de contre-marques des environs. On pouvait renier Boulanger et se vanter de connaître Piétro ! Car Piétro savait tomber avec grâce, ce qui n'est pas le fait de tous les politiciens — et se relever sans que les épaules aient touché — ce qui n'est pas le cas de tous les présidents du Conseil.

Les lauriers d'Arpin auraient pu ceindre le front de Piétro. Piétro était l'émule de Marseille qui tomba tour à tour Barbasson le Nîmois, Stéphane, Jules le Marin, Dornier, le Blondin, Ginès, Charpentier, Pierre le Savoyard et Crest, le lutteur Mastodonte, surnommé le Taureau de la Provence à cause de l'énormité de sa masse.

La salle Montesquieu ne vit plus qu'à l'état de légende, elle est devenue un *bouillon Duval*. Mais, pour cela, la lutte n'est pas morte; elle a revécu dans Piétro!

Au physique, Piétro rappelait Cassagnac, même tournure, même carrure, même crânerie, même teint.

Né au pays du vermout, Piétro débuta à Paris comme palefrenier de la baronne Nathaniel de Rothschild. A ses moments perdus, il provoquait les lutteurs de profession et gagnait des caleçons d'honneur. Un jour, cependant, il fut tombé par je ne sais quel mangeur de garance. Piqué au jeu, il lâcha irrévocablement l'étrille pour se livrer tout entier à son art. Un mois après, son nom s'étalait pompeusement sur les affiches de la troupe de Marseille.

Piétro est, comme Coquelin, l'homme des tournées artistiques. Il a tombé son homme en Italie, en Allemagne, en Belgique et en Hollande, et compte d'étourdissants succès dans le Midi, le pays classique de la lutte.

Piétro peut enfin ajouter à ses triomphes la gloire d'avoir formé la troupe de lutteuses des Folies-Bergère. J'ai assisté un jour à l'une de ses répétitions.

Il me montra avec orgueil une dizaine de femmes qui n'étaient ni jolies ni laides, mais avec lesquelles il ne m'eût pas été agréable d'avoir maille à partir. Pour la répétition elles avaient à peu près le costume des danseuses. Mais sur les bras nus on ne comptait plus les bleus produits par la pression nerveuse des doigts dans l'effort de la lutte.

Quelques-unes des élèves de Piétro étaient mariées soit à des hercules, soit à des saltimbanques. Il y avait cependant, je crois, une ou deux veuves et une ou deux femmes libres. Plusieurs maris assistaient à la leçon. Après divers exercices préparatoires avec un nègre qui était là et avec lequel les lutteuses roulaient tour à tour sur le tapis rouge, Piétro s'avança et, deux par deux, fit lutter ses femmes.

Il fallait voir avec quelle ardeur elles se rencontraient ; c'était effrayant : la poitrine des plus acharnées devenait noire et Piétro me disait : Ce n'est rien, ça se fera. Quelques frictions d'alcool leur rendront la peau jaune. Il paraît que la peau jaune c'est bon signe. Mais la lutte devint tout à coup plus endiablée. Piétro indiquait les gestes comme un maître d'armes indique le jeu d'escrime. Puis il criait, se fâchait et allait même jusqu'à frapper d'une baguette ou du pied la partie postérieure la plus capitonnée de ses élèves. Au premier de ces gestes qui manquait absolument de galanterie, je regardai instinctivement le mari de celle qui recevait la... petite réprimande. Il souriait et battait des mains en criant :

— Bravo ! c'est bon ! ça lui apprendra !

Quant à la femme, elle n'avait même pas sourcillé !

Avant de me séparer de Piétro, auquel j'avais adressé mes plus sincères compliments, je le priai de faire approcher une de ses élèves dont les bras m'avaient semblé plus particulièrement bleus.

Ces bleus provenaient de tatouages; sur le bras droit, au-dessous d'un cœur enflammé, il y avait ces simples mots : *Mon amour est à Paul pour la vie!* tandis que sur le bras gauche, sous un même cœur enflammé, se lisait : *Je n'aime que Charles!*

Elle avait connu aussi les luttes du cœur !

LA BOXE ET LA CANNE

Avant la mode du revolver, la boxe et la canne étaient la sécurité du promeneur attardé dans Paris. Maintenant que la balle a remplacé le coup de poing, c'est fini, on n'apprend presque plus à en jouer.

Il fut un moment où quiconque connaissait le plus court chemin d'un poing à un autre se faisait respecter partout. A l'époque des frères Lecour, de Leboucher, de Loze, de Rambaud, dit la Résistance, de Ducros, de Vigneron, dit l'Homme-Canon, la boxe française était en plein dans nos mœurs. Elle venait d'ailleurs d'être inventée par Charles Lecour qui, selon Dumas père, avait eu l'idée de génie de combiner la savate et la boxe anglaise.

Tout le haut gratin de cette époque se mêla à la littérature célèbre dans la salle du passage des Panoramas. On y rencontrait Gautier, Karr, Dumas et Roqueplan, qui parlaient des horions échangés hors barrière entre lord Seymour, Labatut et quelques chevaliers du biceps.

Aujourd'hui, la boxe a perdu beaucoup de son importance. Elle n'est plus positivement l'objet d'un culte spécial. On la mêle à d'autres exercices.

Rien cependant ne justifie cette défaveur. Parmi les exercices, qui existent dans les conditions de passe-temps virils, le *boxing*, ou pugilat, est un des plus athlétiques et des plus utiles. Son enseignement est celui de la vigoureuse et indispensable gymnastique du *self defence*, comme on dit en Angleterre. Le poing est une arme naturelle qui ne vous quitte pas et n'a pas besoin d'un étui pour se cacher, comme le revolver — l'arme des heureux.

La canne est un compagnon de route et de promenade, que l'on porte avec soi naturellement, commodément, sans avoir l'air de partir en guerre muni d'un arsenal.

Et observez que l'on ne devient pas batailleur parce que l'on sait mieux qu'un autre se servir de ses poings et de sa canne. Loin de développer l'humeur agressive, l'art du pugilat retrempe le système nerveux et lui donne de la force calme, en lui ôtant de son irritabilité fébrile. Un homme qui a foi en lui est toujours moins prompt à l'attaque ; mais, si on lui cherche noise, il ne craint pas de répondre, sachant à l'avance la portée et la valeur des coups qu'il donnera. Là ou les muscles et la puissance du biceps lui feront défaut, il aura pour lui l'adresse, l'intelligence des moyens, qui triomphent le plus habituellement de la supériorité brutale et aveugle.

En Angleterre, l'enseignement du boxing fait partie de l'éducation des gentlemen. On sait qu'il est patronné par la haute aristocratie, au point d'avoir créé une sorte de préjugé national bien accentué, qui classe le boxeur anglais bien au-dessus de ses compétiteurs des autres nations tant en raison de sa vigueur que de son courage. Il existe même une légende fort accréditée de l'autre côté du détroit, qui raconte qu'à Waterloo les cavaliers jetaient leurs sabres pour assommer nos cuirassiers à coups de poing. Témoin le superbe garde du corps Shaw, boxeur émérite, qui s'illustra dans cette journée par des exploits contondants tellement merveilleux, qu'il ne put être arrêté que par la contondance d'un boulet de canon !...

La science du pugilat, introduite et acclimatée en France par Charles Lecour, diffère sensiblement du boxing anglais.

La boxe française a sur la boxe anglaise ce grand avantage qu'elle permet de feindre, d'attaquer, de parer aussi bien avec les pieds qu'avec les mains, de plus de tenir l'adversaire à distance. Elle égalise ainsi la chance entre un homme fort, mais un peu lourd, et un combattant moins robuste, mais plus souple et plus léger.

La boxe anglaise, très utile comme défense et très intéressante comme exercice, confine malheureusement à la férocité chez les Anglais. Dans les simples assauts, le sang coule parfois abondamment et, dans les combats entre boxeurs de profession, il n'est pas rare de voir les visages des champions réduits en bouillie, les nez cassés, les mâchoires défoncées. Ce ne sont plus des hommes qui combattent, ce sont des dogues qui se déchirent.

Chez nos voisins tout professeur de boxe cumule avec l'enseignement la tenue d'une taverne. Et je ne vous conseille pas, si, allant étudier sur place le boxing anglais, vous désirez en conserver une bonne opinion, de vous laisser entraîner dans certaines tavernes situées aux abords de la Tamise, en descendant London-Bridge, car là vous assisteriez à de véritables luttes sauvages, où les instincts sanguinaires se réveillent à huis clos, loin des yeux de la police, et éclatent avec une véritable furie. Vous en sortiriez écœuré...

En Angleterre, les rencontres entre champions sont précédées par un entraînement particulier, long et minutieux. C'est pourquoi un boxeur convenablement entraîné reçoit sans sourciller des chocs qui ébranleraient un bœuf et rend coup pour coup jusqu'à ce qu'il succombe ou qu'il soit assommé.

Ce jeu barbare, réprouvé par la morale et par tous les sentiments d'humanité, n'aura jamais droit de cité parmi nous.

Quelques grandes sociétés d'escrime, l'école de la rue Saint-Marc, la salle G. Robert et la salle Volney, se sont attaché des professeurs de boxe. Mais je ne connais guère de salles spéciales. Dans nombre de petites salles d'armes, comme dans presque tous les gymnases, la boxe fait partie de la leçon. Elle est comprise aussi, comme la canne, dans les programmes des sociétés de gymnastique.

La canne est plus négligée encore en France que la boxe. On l'a cependant perfectionnée. On a simplifié la « voltige » pour apprendre à bien développer chaque coup au lieu d'abuser comme autrefois des coups « tirés devant ».

Le professeur le plus en vogue, depuis la mort du célèbre Lecour, est son élève Leclerc, qui a fondé une salle de boxe et de canne rue de l'Arbre-Sec. C'est lui qui enseigne également à l'École d'escrime, où les principaux amateurs sont : MM. le marquis de Sassenay, comte de Lyonne, vicomte de Pully, docteur Menière, vicomte Blin de Bourdon, Corthey, etc.

Chauderlot a formé aussi quelques amateurs à la salle G. Robert, rue Pierre-Charron.

A la rue de Volney, c'est Charlemont père et fils qui donnent leçons. Charlemont père est l'auteur du traité de boxe, dont Ranc a écrit la préface.

Leboucher a laissé une excellente méthode de canne ; mais la plupart des professeurs négligent de l'appliquer. Ils en viennent au système des régiments, où l'on fait de la canne comme assouplissement, sans s'occuper d'en tirer parti comme arme offensive ou défensive.

Le jeu de la canne est agréable à voir par la prestesse et l'agilité de ses voltes. Son utilité n'est pas discutable ; on y puise non seulement de la vigueur, mais encore un développement mâle et actif des membres. Dans une foule de circonstances fâcheuses de la vie, le maniement de la canne peut servir de sauvegarde contre le nombre. C'est une défense portative, qui compense largement l'absence des forces athlétiques.

Les séances publiques de boxe et de canne sont devenues rares. Je ne vois guère à citer en ce genre que l'assaut annuel donné par Charlemont au Grand-Orient. On y vient beaucoup, et la galerie s'y passionne, curieuse de voir aux prises les représentants des deux écoles rivales : Charlemont et Lecour.

L'école de Lecour ne cherche pas les coups de développement et se contente des coups les plus simples, le coup de pied bas, le coup de pied direct et le coup de poing de figure. Pas plus. « Trois coups qui résument tout », disait Lecour. C'est pour la boxe ce qu'est la leçon d'épée pour l'escrime.

Charlemont déclare, lui, que c'est une méthode incomplète, bonne pour l'élève privé de moyens. Aux élèves bien doués il veut qu'on enseigne un jeu plus compliqué; il exige autant de variétés de coups de poing et de coups de pied qu'un Hollandais veut de variétés de tulipes; il va même jusqu'au coup de pied tournant, précieux à employer dans le combat. Les mots seuls de « coup de pied tournant » font bondir les partisans de Lecour; ils le combattent victorieusement, disent-ils, par un coup d'arrêt.

A quoi Charlemont répond qu'il ne tente le coup qu'à bon escient, comme riposte et par un mouvement circulaire serré, très restreint, qui n'a rien de commun avec les fantaisies du jeu marseillais.

Parmi les salles moins connues où l'on fait de la canne, la salle Sevost jouit d'une certaine réputation, surtout pour la canne.

A Marseille, la boxe et la canne sont en honneur, tout comme la lutte, et il s'y est créé une école appelée l'*École Marseillaise*, justement appréciée.

Charlemont donnait dernièrement un grand assaut

de boxe au Grand-Orient et son fils y luttait contre le professeur Leclerc. On voyait aussi paraître dans cette séance MM. Knab frères, Marius, Quillier, Noël, Moritz, Lefebvre, Richard et Déchaumel.

La boxe anglaise n'avait pas été représentée, mais on en avait recueilli un échantillon suffisant en assistant au grand Pritge Fight qui avait eu lieu quelques semaines auparavant entre l'Anglais Mitchell et l'Américain Sullivan. Quelle bonne blague que ces boxeurs anglo-américains! Quels naïfs, les gens qui les suivent et croient à leur prétendu antagonisme!

L'odyssée Sullivan-Mitchell en donne une nouvelle preuve.

John L. Sullivan, Américain, habitant Londres depuis quelques temps, était l'ennemi juré — en apparence au moins — d'un nommé Charles Mitchell. On répandait volontiers le bruit dans les clubs de boxe qu'un jour, dans un assaut à main gantée, Sullivan, en Amérique, avait failli pulvériser Mitchell.

Jugez donc de l'intérêt que présentait un défi porté par Mitchell à Sullivan! L'audace de Mitchell causa un étonnement général dans le monde du coup de poing.

Mitchell avait battu quelques-uns des meilleurs boxeurs d'Amérique avant sa rencontre avec Sullivan. Mais l'avantage pris par ce dernier l'avait mis sur les rangs pour le championnat.

Après la rencontre de Kilnaire et Smith à Bonnières-sur-Seine, on ne parlait plus que de Sullivan, qui avait consacré sa réputation par une série d'assauts très suivis et organisés à Londres avec l'assentiment du prince de Galles.

Sullivan avait sur Mitchell un très grand avantage de taille et de poids. Ceci donnait plus d'intérêt au défi porté par Mitchell. Le macht était de 25,000 francs. Il devait avoir lieu en France, et durerait jusqu'à ce qu'un des deux adversaires fût dans l'impossibilité de continuer le combat.

Trois semaines avant le jour du rendez-vous, Sullivan et ses amis étaient venus s'installer à Boulogne-sur-Mer. Mitchell n'avait pas quitté l'Angleterre et attendait la date fixée du 9 au 12 mars pour se rendre en France.

Le rendez-vous pris dans le plus grand mystère était à Amiens. On vit immédiatement arriver dans le berceau de Goblet une quarantaine d'Anglais, aux allures étranges, qui erraient par les rues et éveillaient l'attention des paisibles sergents de ville.

Les champions étaient chacun dans un hôtel et échangeaient des pourparlers par l'entremise de leurs témoins, pourparlers n'annonçant pas un très vif désir d'en venir aux mains.

C'était à qui soulèverait des objections sur le choix du terrain, la présence d'un trop grand nombre de curieux, de quelques représentants de la presse, etc.

Devant cette attitude non moins courtoise que prudente, les quarante assistants commencèrent à avoir des doutes sérieux sur l'animosité réelle des champions et s'écrièrent, comme les témoins de certain duel d'opérette :

— Si vous n'êtes pas sérieux, nous nous en allons !

Et ils s'en allaient en effet ; ils étaient déjà dans deux trains, l'un qui chauffait pour Londres et l'autre pour Paris, quand on les pria de descendre ; Mitchell et Sullivan leur faisaient savoir qu'ils ne soulèveraient plus aucune objection de détail et qu'ils étaient prêts à *se tomber* avec acharnement, pourvu qu'on leur trouvât un terrain.

Le rédacteur du *Sportsman* et un bookmaker, M. Gidéon, se mirent alors en quête d'un Pré aux Clercs. Les voilà partis pour Creil, où ils donnent rendez-vous, à huit heures et demie, aux deux combattants et à leurs quarante témoins. J'abrège. On s'est battu dans le parc d'Apremont, à midi, derrière les écuries du baron de Rothschild dans un champ de vingt-quatre pieds clos par des cordes.

Le combat dura trois heures onze minutes. Sullivan entra le premier en lice, où il fut suivi par Mitchell. Après le salut d'usage, échange de poignées de mains des plus cordiales, les témoins se retirèrent et laissèrent les adversaires aux prises. Mitchell, petit en comparaison de son rival, était un vrai modèle d'homme bien proportionné et bien musclé, tout à fait *entraîné*. Sullivan, en moins bonne condition, n'attirait l'attention que par sa taille, la longueur de ses bras et la puissance de ses épaules. Les combattants s'observèrent d'abord longtemps. C'est Sullivan qui porta le premier coup.

Pendant les trois premières reprises, l'avantage resta à Sullivan, et les amis de Mitchell se félicitaient de ne pas avoir accepté de doubler l'enjeu. A la quatrième reprise, Mitchell recevait un coup de main droite de Sullivan qui l'étendait par terre. Les amis de Sullivan offraient trois contre un contre Mitchell, qui souffrait visiblement du coup qu'il avait reçu. On s'attendait alors à voir Sullivan jouer son rôle du *champion knocker-out* (assommeur), mais il manqua plusieurs occasions d'affirmer sa victoire.

Mitchell se tenait toujours à distance et se contentait d'allonger des coups au visage et dans l'estomac de Sullivan.

Sullivan est appelé le *fistic marvel*, et il justifie ce surnom quand il fait assaut avec des gants. Sur le terrain, les coups qui l'atteignent et le blessent pour de bon le démoralisent. Il n'est plus le même.

Mitchell, loin d'être mis hors de combat, comme on pouvait s'y attendre après les premiers coups portés par Sullivan, montra beaucoup d'endurance et d'habileté.

Il évita plusieurs fois le coup de main droite de Sullivan, et, après une heure de combat, Mitchell était repris à égalité. Les rafales de vent et de pluie faisaient claquer les dents de Sullivan qui se fatiguait visiblement. Le combat se termina sans résultat, comme presque toujours : beaucoup de bruit pour rien. Les deux champions, arrêtés par la gendarmerie, allèrent gémir sur la paille humide des cachots de Senlis; mais le parquet les relâcha sans caution et ils ne furent condamnés ensuite qu'à quelques jours de prison par le tribunal. J'avais bien raison de dire : quelle bonne blague que ces pugilats !

LE TIR AU PISTOLET.

Vous avez vu comme moi le fameux Américain Ira Paine, qui donne la chair de poule aux spectateurs des Folies-Bergère?

Il est vraiment étonnant ce Guillaume Tell moderne, envoyant tous les soirs une balle dans une noix située en plein chignon d'une jolie femme. On tremblait. Le plus léger mouvement de l'index ferait voler en éclats la cervelle de la jolie femme, mais ce mouvement meurtrier, Ira Paine n'a même pas peur de l'avoir : et la femme, qui lui sert de cible, n'a pas même l'air de se douter qu'elle courra un danger. Elle y va gaiement, car tout péril est écarté par l'habileté du tireur qui dépasse ce qu'on peut imaginer.

Ira Paine casse une noix, mais un grain de mil aussi bien ferait son affaire : il est prodigieusement carré d'épaules; ce n'est pas un homme, c'est un roc : et de ce roc émerge un bras de bronze à l'extrémité duquel une main vigoureuse et souple s'entr'ouvre pour servir d'étau à la crosse d'un pistolet. Il est impossible que l'arme subisse la plus petite oscillation : l'œil n'a plus qu'à jouer son rôle pour arriver à la plus parfaite précision. J'avais vu Ira Paine aux Folies-Bergère; mais là, on le voyait mal, on n'était pas suffisamment frappé de son talent, car tout l'intérêt était sur la femme.

C'est au tir de Gastinne-Renette que j'ai pu l'apprécier: son adresse m'a émerveillé. Je compris qu'il fallait qu'il fût bien sûr de lui pour s'exposer chaque soir à loger une balle dans la tête de sa jeune femme: il était évident que, s'il y avait eu le moindre danger, il eût choisi sa belle-mère. Mais il n'y a pas l'ombre d'une inquiétude. Il n'y pense même pas. Et la preuve que sa force est bien réelle et bien reconnue par les grands tireurs de pistolet, c'est que j'ai vu des spectateurs enthousiastes ne pas hésiter à lui tenir l'as de cœur qu'il transperce à vingt mètres et se laisser tirer la fameuse noix sur la tête.

Paine est très entouré chez Gastinne et très apprécié; mais, parmi les habitués de l'endroit, M. Henri Cartier est son favori. Il tire sans cesse avec lui dans le compartiment du fond et ils se livrent ensemble quotidiennement à des matchs interminables.

Je suis très curieux de ma nature de journaliste : il y avait une chose que je voulais savoir : quel motif avait bien pu déterminer la jeune femme que visait Ira Paine à *l'honorer de sa confiance*, car on ferait beaucoup d'agences matrimoniales avant d'y trouver une demi-douzaine de jeunes filles consentant à se laisser tirer une noix sur la tête. La question était délicate à poser. Quel sentiment avait pu guider le sujet et le décider à livrer sa tête aux caprices d'une main masculine? Ainsi une jeune femme est entrée un jour sans rime ni raison dans la cage de bêtes féroces. Pourquoi?

— Cherchez le sentiment qui est le maître chez la femme, me répondit le tireur américain. C'est bien clair alors : la curiosité.

Et puis, après la curiosité, la soif d'émotions vives. Si on laissait un seul soir la femme-cible d'Ira Paine sans lui tirer des balles aux oreilles, elle serait malade. L'émotion lui ferait défaut : c'est comme si l'on privait de café les gens qui ont l'habitude d'en prendre.

Ira Paine m'a dit bien des fois qu'on ne tirait vraiment le pistolet qu'à Paris.

Le tir au pistolet compte au nombre des sports passionnants. Il n'en a cependant pas l'air. A première vue, on le croit monotone. Le tir aux pigeons, l'escrime se comprennent mieux : on en justifie l'attrait par le mouvement, la variété du jeu, les paris, l'animation de la lutte.

On est plus froid à l'idée d'un homme seul, armé d'un pistolet et s'évertuant à placer des balles dans un morceau de carton.

Cependant il y a des amateurs très intelligents qui passent des heures chez Gastinne-Renette. Ils sont comme en loge avec un armurier chargeur qui leur parle à peine, et ils redoutent le plus petit bruit qui les distrait à l'égal des pêcheurs à la ligne.

Je demandais à Ira Paine combien il fallait de temps pour former un tireur au pistolet :

— Autant que pour faire un pianiste, me répondit-il.

Le directeur du tir de l'avenue d'Antin donne une médaille d'or à celui de ses habitués, qui parvient à mettre douze balles dans le second cercle d'un carton, c'est à-dire dans un espace grand comme une carte de courses.

Il faut au moins un an aux plus habiles pour accomplir cet exploit. Que de cartons inutilement usés ! Il y a quelquefois six ou huit balles très bonnes : on est sur le point de réussir, et puis, va te promener, une balle s'écarte d'un millimètre : tout est à refaire.

Changez le carton et recommencez-en un autre.

C'est amusant à force d'être énervant. J'ai vu, chez Gastinne-Renette, des tireurs qui avaient à la fin de la journée, à côté d'eux, une pile de cartons ressemblant à une pile d'assiettes.

Pour faire un bon tireur au pistolet, il faut, comme pour tout autre sport, un homme jeune, bien fait et bien portant. Tout le monde peut arriver assez promptement à une force moyenne. Le coup d'œil juste est une qualité assez ordinaire.

Or, il s'agit de mettre en ligne la visière de l'arme, le guidon et l'objet visé. Avec de la fixité dans le bras, de la force sans raideur, on est prêt : il ne reste donc plus que la question de la détente qui doit être attaquée franchement et sans la plus petite secousse qui amènerait un écart énorme.

— Si vous voulez éviter l'écart, me disait M. Cartier, ne visez pas trop longtemps, vous auriez un trouble nerveux de la vision.

Gare aussi à l'agacement de la main au moment où

l'index est sur la détente. Telle est en deux mots, la théorie du tir au visé.

Le tir au commandement : « Êtes-vous prêt ? Une, deux, trois, » paraît plus facile aux commençants ; mais ils reviennent vite de leur erreur. Pour quelques balles réussies, il faut se garder de croire qu'on est fort. C'est la série qui prouve tout : c'est la moyenne qu'il faut atteindre, et cela demande des années. Un des côtés les plus intéressants de la question, est la pose du tireur. Ainsi on a remarqué qu'Ira Paine, qui tire les deux yeux ouverts, se présente de face.

On critique cette tenue avec quelque raison. Tout en étant considéré comme un sport, le pistolet a son côté pratique : n'oublions pas qu'on l'emploie sur le terrain. Aussi la position effacée est-elle considérée comme la meilleure : on doit avoir les pieds légèrement écartés pour être bien d'aplomb, et tenir la main gauche sur la hanche ou derrière le dos, pour maintenir l'équilibre du corps. Au pistolet de même qu'à l'épée, la main gauche joue efficacement un rôle de contrepoids.

Comme tout exercice, le tir au pistolet ne doit pas être poussé jusqu'à la fatigue. Il faut s'y entraîner progressivement, en comptant qu'un débutant peut tirer le tiers d'un tireur fait : soit trente-six balles pour le commençant et cent balles pour le tireur fait. Quand on est fatigué, on n'obtient plus rien de bon. Les veilles, les émotions de toutes sortes, et principalement celles du jeu, sont autant d'ennemies du tireur au visé. Une femme qui se douterait d'une affaire Chaumontel, un beau-père en train de choisir un gendre, auraient un moyen bien simple de s'assurer de la moralité du mari ou du prétendant : lui faire tirer douze balles le matin à jeun ; les écarts de la veille se reproduiraient infailliblement sur le carton.

Paris compte une moyenne excellente de tireurs français ou étrangers.

On va chez Gastinne-Renette, de deux à quatre heures, tirer des cartons, des poupées, des œufs, et si l'on peut, remporter des médailles. Le tir au pistolet varie plus qu'on ne le pense. On peut, par exemple, tirer en même temps sur deux cartons, l'un de la main droite, et l'autre de la main gauche. On peut encore se livrer à un petit jeu récréatif dont voici la recette :

Placer une bouteille sur un porte-cible : sur le goulot de la bouteille poser un bouchon, et sur le bouchon une balle. En tirant sur le bouchon, on le fait voler au diable et la balle tombe dans la bouteille.

Une des plaisanteries auxquelles sont exposés les prétentieux est bien amusante.

On parie à un monsieur qui se donne comme un tireur, qu'il ne logera pas trois balles de suite dans une bouteille. Trois balles ! Il se récrie et accepte le défi.

Dès la première balle, s'il frappe la bouteille en plein, il la fait voler en éclats et ne peut plus l'atteindre, puisqu'elle a disparu.

— Parbleu ! s'écrie le mystifié. Ce qu'on m'a proposé est impossible !

Son adversaire lui prouve le contraire : de la première balle il atteint le goulot de la bouteille, de la seconde le cou, et de la troisième le corps.

L'autre a encore le dessous.

Le tir au pistolet est un sport à la mode qui peut compter pour cent louis par an, dans le budget d'un sportsman.

En somme, c'est de l'argent bien placé dont l'emploi peut se traduire ainsi : cultiver la mouche en vue de ceux qui nous forceraient à la prendre.

Ne devient pas tireur au pistolet qui veut, à moins cependant de pratiquer ce sport avec goût et persévérance. Les aptitudes ouvrent le chemin; le travail, l'application font le reste.

L'éducation première a une **importance** capitale.

Vous êtes un aspirant, et vous ambitionnez de décrocher quelque jour une des grandes médailles d'honneur : alors, inspirez-vous de ces conseils :

Tout d'abord, ne vous servez, même au début, que d'armes justes et parfaitement réglées. Laissez reposer en paix dans la panoplie des souvenirs le pistolet d'arçon de grand-papa ou le revolver avec lequel l'oncle a fait les campagnes de Crimée et d'Italie, armes fort respectables, nous le reconnaissons, mais avec lesquelles on ne peut tirer qu'au « jugé ». N'admettez que des pistolets de tir guidonnés pour la distance à laquelle ils doivent être le plus ordinairement employés, de telle sorte qu'une balle bien dirigée ne puisse s'écarter du but.

Le luxe plus ou moins grand du pistolet importe

peu : mais, où il n'y a pas d'économie à faire, c'est sur la qualité, la précision du canon, et sur le soin du guidonnage. La platine et la monture peuvent venir en seconde ligne, sans être négligées toutefois. Le pistolet se tenant isolé au bout du bras et l'appui du doigt sur la détente entrant pour quelque chose dans son maintien, le mécanisme de percussion doit se régler de telle sorte qu'il ne vienne pas, par une trop grande violence ou par une trop fâcheuse lenteur d'action, altérer la bonne direction donnée au canon.

Il faut donc s'adresser, pour l'acquisition d'un pistolet de tir, à un armurier compétent, et qui puisse garantir son arme en même temps qu'en régler convenablement la marche.

Le meilleur calibre sera de 11 millimètres. Les armes se chargeant par la bouche, avec poudre et balle séparée, sont celles dont la précision est la plus certaine. Elles ont en outre l'avantage de faciliter l'emploi des munitions les moins dispendieuses. Quant au choix des détentes, il est facultatif : cependant, comme prudence et comme étude, il vaut mieux un départ un peu dur, c'est-à-dire, résistant à une pression lentement exercée.

Nous arrivons à la position du tireur au pistolet.

Le tireur, placé en face du but, prend le pistolet des mains du chargeur, le canon haut : il tourne l'arme vers le but, met le chien au deuxième cran et cherche à bien placer la crosse dans la main droite, mais sans la serrer avec trop de raideur. Suivant la conformation de la main, le tireur peut tenir la crosse avec le pouce et les deux derniers doigts seulement, le médius posant dans ce cas sur le crochet du pontet et avoir l'index sur la détente, ou bien serrer la crosse avec les trois doigts et le pouce, en ne se servant pas du crochet.

Cette tenue du pistolet est à mes yeux préférable comme isolant mieux l'index. Elle offre, en outre, l'avantage de ne pas rendre trop difficile la transition du pistolet de tir au pistolet de guerre ou revolver, qui n'ont pas de crochet au pontet de sous-garde.

L'index, engagé jusqu'au milieu de la deuxième phalange, doit se mettre en contact avec la détente, en évitant toute saccade, et la sentir plus ou moins, suivant son degré de sensibilité.

Une fois l'arme en main, se placer comme si on tenait une épée dans la première position du salut; avancer le pied droit d'une semelle, comme on dit à la salle d'armes, de manière que le corps soit parfaitement équilibré et que cet équilibre repose sur les deux jambes et non sur une seule; fixer le bras gauche sur la hanche, afin de donner un contrepoids au bras droit; conserver la tête droite, mais insensiblement tournée vers la gauche; allonger le bras qui tient le pistolet à la distance qui convient le mieux, c'est-à-dire sans le raidir en le tendant, sans le contracter en le pliant.

Ensuite, l'arme étant élevée à la hauteur de l'œil droit, fermer l'œil gauche en faisant passer le rayon visuel par le cran de la visière, le sommet du guidon et le but que l'on veut atteindre, de manière à mettre ces différents points en ligne droite; puis, se maintenant dans cette position, presser graduellement la détente, jusqu'à ce que le coup surprenne dans l'attention à viser.

Voici maintenant la progression à suivre dans ce sport :

Il est bon de commencer par tirer des poupées en plâtre se détachant sur un fond noir : c'est un massacre fort amusant.

Après les poupées, les œufs, on passe aux mouches de papier, qui peuvent se remplacer par des pains à cacheter collés sur la plaque, soit sur une ligne horizontale, soit verticale, en croix, en carré, etc.

L'exercice du tir aux mouches stimule beaucoup le débutant et prépare efficacement au tir au carton, qui est le plus ingrat, mais le seul véritable critérium du tireur. Là, encore, on peut varier les exercices et les difficultés, en se servant de différents modèles de cartons à grands ou à petits cercles, à grandes ou à petites mouches.

Il y a deux sortes de tirs : au visé et au commandement.

Les principes que je viens d'indiquer plus haut sont ceux du tir au visé. Quant au tir au commandement, j'ai peu à ajouter, le tir au commandement étant un tir au visé précipité; il y a pourtant lieu d'indiquer de quelle manière le pistolet doit être tenu en attendant le commandement.

Tenir le canon dirigé vers le sol, pour avoir à tirer de bas en haut, c'est-à-dire qu'il vaut mieux lever l'arme que l'abaisser.

En effet, l'avantage du tir de bas en haut est de

permettre au tireur de ne pas perdre le but un seul instant, et aussi de prévenir les accidents, si une balle vient à s'échapper. La position du corps et la tenue du pistolet doivent être étudiées d'une façon toute particulière pour le tir au commandement. Le tireur ayant pris la position, le chargeur donne l'avertissement : « Êtes-vous prêt? » Le tireur doit répondre : « Oui. » Alors le chargeur commande : « Feu! Un! deux! trois! »

Le commandement d'avertissement étant donné et accepté, le tireur ne doit bouger qu'au commandement « Feu! » Il élève alors vivement le pistolet, sans faire pour cela un trop brusque effort, et presse graduellement la détente, de façon que le coup parte dans le mouvement ascensionnel qui reste à faire pour arriver au point visé. Le tireur doit veiller scrupuleusement à ne pas bouger le bras avant le commandement « Feu », à tirer dans les temps de commandement, jamais après.

Quand on se sera bien pénétré de ces principes, qui sont comme la grammaire de l'art du tir au pistolet, on devra s'exercer souvent, très souvent, pendant longtemps, avec suite et assiduité, corrigeant la main et les nerfs. Si, plus ambitieux, on aspire à figurer sur le livre d'or des sommités du tir, on ira recevoir la consécration dernière au tir Gastinne-Renette : c'est là la première école normale supérieure de tir au pistolet qu'il y ait en Europe.

INSTALLATION D'UN TIR AU PISTOLET

A LA CAMPAGNE

Souvent, à la campagne, au milieu des longues journées de villégiature, le dilettante du pistolet regrette de n'avoir pas à sa disposition un tir particulier où il puisse s'entretenir la main. Mais il se trouve arrêté dans ses projets d'installation par les difficultés matérielles qui lui semblent insurmontables : il est simple de lui faciliter cette tâche, par quelques conseils pratiques.

Choisir autant que possible un terrain horizontal. Si l'on n'a pas cette facilité, il vaut mieux, au point de vue de la sécurité des voisins, tirer dans le sens de l'élévation du sol. Il importe de placer la plaque de préférence à l'exposition du midi ou du couchant. La cible sera faite d'une plaque en tôle de 10 millimètres au moins d'épaisseur, convenablement dressée et planée. Pour un seul tireur, une hauteur de 2 mètres et une largeur de 1^m,20 sont suffisantes.

Une plaque de tôle, des dimensions que j'indique, supporte au besoin le choc des balles d'un fusil ou d'une carabine de chasse, et les projectiles des armes de guerre même les plus puissants n'en altèrent que très légèrement la surface.

Une fois la plaque installée, il reste à faire le choix des armes et des articles de tir.

La première dépense, si l'on ne possède pas d'armes utilisables, sera plus ou moins grande, suivant le luxe des pistolets. Il n'y a pas d'économie à faire sur la qualité et la précision du canon et sur le soin du guidonnage. La platine et la monture peuvent venir en seconde ligne, sans pour cela être négligées.

Une fois familiarisé avec le tir de principe exécuté avec des armes fidèles, qui, par leurs effets, récompensent le tireur du soin qu'il aura mis à les diriger, il est bon de pratiquer de temps en temps l'exercice du revolver et de pistolets inconnus; on se renseignera ainsi sur les corrections à faire dans le cas où la nécessité obligerait à porter ces armes, en service militaire, par exemple. Un bon tireur saura mieux que tout autre utiliser une arme mal réglée, s'il a pu à l'avance se rendre compte, par quelques balles tirées attentivement, des écarts auxquels il doit s'attendre.

Mais, je le répète, il serait fort inutile de chercher à apprendre à tirer avec des instruments imparfaits ou mal construits.

En ce qui concerne le matériel et les articles du tir, il n'est pas toujours facile de se procurer à la campagne les figurines ou poupées en plâtre dont le massacre sert à commencer les jeunes gens. A défaut de poupées, on débutera par de vieilles assiettes, jusqu'à ce que le tireur sache suffisamment tenir son arme.

Je conseille de prendre comme modèles de cartons ceux qui sont divisés en cercles de mesures exactement décimales, c'est-à-dire avec une mouche de 3 centimètres de diamètre entourée de zones concentriques ayant chacune 1 centimètre de large.

La partie centrale de la mouche, qui mesure 1 centimètre, compte 7 points, le cercle immédiatement suivant, 6 points, et ainsi du reste, jusqu'à 0 : les coups qui frappent en dehors du dernier cercle tracé sont, dans les concours, considérés comme écarts.

Voilà comment l'amateur de pistolet peut s'entraîner à la campagne et devenir un *lapin* dans les concours.

En donnant les noms des derniers lauréats des concours de tir au pistolet, j'indiquerai suffisamment les amateurs les plus forts de Paris.

Lauréats des quatre derniers concours annuels.

ANNÉE 1884.

Tir au visé. — *Tir au commandement.*

	MM.	Points		MM.	Points
1ᵉʳ prix.	Paul Gervais.....	47	1ᵉʳ prix.	Henri Cartier.....	42
2ᵉ —	Cᵗᵉ du Taillis.....	45	2ᵉ —	O. Seligman	40
3ᵉ —	Vᵗᵉ de Charancey.	44	3ᵉ —	Vᵗᵉ de Charencey.	40
4ᵉ —	Leullier	44	4ᵉ —	H. Bouzon	39
5ᵉ —	de Gouvion-Sᵗ-Cyr.	42	5ᵉ —	Pᶜᵉ Kotchoubey...	39
6ᵉ —	Vᵗᵉ de Lestranges.	41	6ᵉ —	H. Cayron	38
7ᵉ —	duc de Morny....	40	7ᵉ —	Vᵗᵉ de Lestranges.	38

ANNÉE 1885.

	MM.	Points		MM.	Points
1ᵉʳ prix.	H. Bouzon.......	46	1ᵉʳ prix.	D. Seligman......	41
2ᵉ —	D. Seligman.....	44	2ᵉ —	Pᶜᵉ L. Kotschoubey.	40
3ᵉ —	Mⁱˢ de Falctans...	43	3ᵉ —	Cᵗᵉ Santandéro....	40
4ᵉ —	G. Naude........	43	4ᵉ —	Vᵗᵉ de Charencey.	39
5ᵉ —	Vᵗᵉ de Charencey.	41	5ᵉ —	J. Dufay.........	39
6ᵉ —	H. Cayron.......	41	6ᵉ —	H. Cayron.......	39
			7ᵉ —	J. Aghion........	39

LE TIR AU PISTOLET.

ANNÉE 1886.

Tir au visé.

MM.	Points
1er prix. D. Seligman	46
2e — H. Bouzon	45
3e — L.-D. de Lestranges	43
4e — J. Dufay	43
5e — Cte B. Tyszkiewicz	43
6e — H. Cayron	42
7e — Vte de Charencey	40

Tir au commandement.

MM.	Points
1er prix. J. Dufay	42
2e — Van Ysen	42
3e — Seligman	41
4e — Vte de Charencey	39
5e — H. Cayron	39
6e — Mérillon	39
7e — G. Legrand	37

ANNÉE 1887.

MM.	Points
1er prix. H. Bouzon	46
2e — D. Seligman	45
3e — Faure	44
4e — Parmentier	44
5e — J. Dufay	43
6e — Lecarot	43
7e — Mérillon	42

MM.	Points
1er prix. D. Seligman	44
2e — J. Dufay	43
3e — H. Cayron	40
4e — G. Apetzteguia	40
5e — Vte de Charencey	39
6e — G. Legrand	39
7e — Faure	36

Les plus beaux cartons exposés chez Gastinne sont :

Au visé.

Comte Ed. de Lambertye.	12 balles dans le 1er cercle.
M. H. Baroy	—

Au commandement.

M. Kirschten	12 balles dans un cercle de		$0^m,07$.
M. Seligman	24	— —	$0^m,09$.
—	50	— —	—

TIRS A L'ARC, A L'ARBALÈTE.

> Quel est donc ce chasseur ?
> Son aspect est étrange ;
> Sur son front quel mélange
> D'audace et de terreur !

Ainsi s'exprime le poète-musicien de l'*OEil crevé*, au moment où la jeune princesse est à cinq minutes de recevoir une flèche sous la paupière.

Des archers ! nous dira-t-on ; mais il ne s'en rencontre plus aujourd'hui qu'au musée ethnographique des Invalides ou sur la scène de l'Opéra-Comique et dans les coulisses des Folies-Dramatiques ; le tir à l'arc relève des sports préhistoriques. Eh bien, confessez votre ignorance ; il y a à Paris et en France près de 300 compagnies de chevaliers de l'arc, dont l'effectif moyen est de 20 chevaliers, ce qui représente un effectif total de 6,000 archers français. Vous étiez loin de vous en douter, n'est-ce pas ?...

Une des causes qui font que ce sport est peu connu chez nous, c'est qu'il est localisé dans les vieilles provinces de la Picardie, des Flandres, de l'Ile-de-France ; Fontainebleau est sa limite au sud. Il est resté en honneur là où au moyen âge étaient les meilleurs archers, ceux qui, à Saint-Médard les Soissons, étaient chargés de la garde des reliques de saint Sébastien.

Paris lui-même a ses chevaliers de l'arc. On y compte actuellement six compagnies : celles du Maine, de Vincennes, de Montmartre, de Reuilly, du Centre et d'Ulysse : ces deux dernières près du lac Saint-Fargeau. Nombre de personnages de marque ont tenu à honneur d'y figurer. M. Léon Say a fait partie de la compagnie de l'arc de Clignancourt ; la compagnie de la rue Saint-Maur, aujourd'hui disparue, eut pour empereur le docteur Denonvilliers, qui rédigea, en 1863, les statuts des chevaliers de l'arc; MM. Lefebvre-Pontalis, Orfila, Benardaki furent également des archers convaincus. A Paris, chaque compagnie a son jardin. On appelle ainsi le lieu de ses réunions. Le jardin se compose d'une allée centrale de 55 mètres de longueur, dite *Allée du Roi*, commençant et se terminant par une butte en paille de chaume, contre laquelle les archers dirigent leurs flèches ; ce qui leur permet, ayant planté le trait dans une des cibles, de l'arracher et de faire volte-face pour tirer sur la butte placée en sens inverse.

Deux allées latérales sont parallèles à l'allée centrale, et une salle de réunion est construite près de l'une des buttes. Très simple, cette salle de réunion. Les murs en sont généralement ornés d'une image patronale, le martyre de *saint Sébastien, percé de flèches*.

La Saint-Sébastien se célèbre à la fin de janvier. C'est une grande solennité, à laquelle je vous engage d'assister si vous en avez le loisir et la facilité.

Ce jour-là, comme pour le « tir à l'oiseau », qui décide la nomination du roi, les uniformes et les insignes sont arborés par tous les sociétaires. Officiers et chevaliers entrent au jardin, tambour en tête.

Dans les Flandres et en Picardie, le tir à l'arc comporte un plus grand nombre d'exercices, en tous points conformes à ceux en usage en Angleterre, où ce sport a une grande importance et a donné lieu à la création de nombreux clubs, parmi lesquels : le *Royal Toxophile Society* et le *Great Western-Leamington*.

C'est d'abord, le *tir au hasard*.

Les sociétaires, le carquois au dos, l'arc en main, se promènent dans les champs. La dame patronnesse, ou à son défaut un chevalier délégué, désigne alors au loin un objet quelconque, qui devient aussitôt le point de mire de tous les archers. Généralement ce sont des corbeaux qui servent de cible, et telle est l'habileté des Guillaume Tell flamands et picards, que, dans nombre de localités souvent visitées, les sinistres oiseaux ont presque disparu.

Le *tir à distance* est surtout un exercice de vigueur. C'est à qui lancera la flèche le plus loin. En Angleterre, les Turcs se sont acquis un grand renom dans ce genre de joutes. Leur ambassadeur, un jour, envoya une flèche, en présence des membres du National-Club, à près de 480 mètres.

Le *tir au disque* a lieu de la manière suivante : deux disques sont placés vis-à-vis l'un de l'autre à 60 ou 80 mètres de distance. Les archers se placent en rang et tirent au commandement ; puis ils se rendent à l'autre disque pour y ramasser leurs flèches tombées et recommencent de nouveau à tirer. La mouche du disque est dorée et compte 9 points; puis vient un anneau rouge qui compte 7 points, et un blanc, soit 5 points; les deux suivants, noir et blanc, comptent 3 points et 1 point.

Dans certaines compagnies, ce sont les dames patronnesses qui ont mission de faire observer les règlements, de juger les différends, de prélever les amendes auxquelles sont condamnés, de par les règlements, les chevaliers qui tirent le chapeau sur la tête, ceux qui oublient de saluer avant de viser le but, et encore ceux qui, trop altérés, cèdent à la tentation d'introduire un bock clandestin les jours où se tirent les prix.

Un mot maintenant de l'armement en usage.

Les arcs n'ont rien d'uniforme. Chaque chevalier peut se fabriquer le sien lui-même, à sa guise, ou l'acheter tout fait.

La corde, au contraire, présente une particularité de fabrication qui paraît remonter fort loin. Elle n'est pas formée de brins de filasse peignés, assemblés et cordés; elle ne se compose que des fibres d'un seul de ces grands pieds de chanvre, connu sous le nom de chanvre mâle; ces fibres, dont chacune embrasse sans solution de continuité toute la longueur de la corde, sont simplement un peu tordues et cirées; elles sont renforcées d'une spirale serrée de fil au point seulement où s'encoche la flèche. De telles cordes ne s'usent point.

La flèche n'a rien de bien remarquable; ce qu'on y recherche surtout, c'est une parfaite rectitude.

Comme exercice de sport, disons que le tir à l'arc donne du sang-froid, l'immobilité dans le tir et surtout oblige à viser ; on jette au hasard, souvent, un coup de fusil, mais jamais une flèche.

Aujourd'hui, la chevalerie de l'arc, au lieu de former comme autrefois des compagnies réunies entre elles, se compose de compagnies isolées pour la plupart, ayant pour leur administration intérieure des règlements spéciaux, mais suivant toutes pour le tir des règles uniformes.

Les compagnies se composent de chevaliers proprement dits, reçus suivant les rites, et d'aspirants ou amateurs. Elles ont à leur tête un capitaine, un lieutenant, un sous-lieutenant porte-drapeau et un greffier.

Chaque année, les compagnies « rendent » un prix général — suivant l'expression consacrée — auquel sont conviés tous les tireurs, soit du seul département, soit de toute la France. Ce prix général se subdivise en huit à douze prix de 40 à 100 francs. A Chantilly, le duc d'Aumale octroyait plusieurs prix importants aux archers de la ville. De même, la compagnie de Pont-Sainte-Maxence peut offrir 1,200 francs de prix aux chevaliers de l'Oise, grâce à de généreux donateurs, tels que MM. Joachim Lefèvre, vicomte de Trédern, Odiot, baron de Monteuil, etc. On estime à cent mille francs la valeur totale des prix distribués actuellement aux archers français. Bien des sports plus en vue n'ont point un pareil budget.

TIR A L'ARBALÈTE

C'est un arc perfectionné, au moyen duquel on lance des flèches avec plus de force et de justesse qu'avec l'arc ordinaire.

L'arbalète est formée d'une branche de métal dur et flexible, aux extrémités de laquelle est attachée une corde; cette branche de métal est fixée par son milieu sur une pièce en bois de deux ou trois pieds de long, appelée *arbrier*, ayant une rainure dans une partie de sa longueur pour servir de direction à la flèche; cet arbrier est terminé par une espèce de crosse que l'on appuie à l'épaule, en fixant l'œil dans la direction de la rainure; à l'endroit de la grande tension de l'arc, il y a un crochet pour retenir la corde que l'on peut ainsi tendre à deux mains avec force; la flèche est placée le long de l'arbrier, en s'appuyant sur la corde; lorsque l'on a ajusté, on détache la corde au moyen d'une détente, et la flèche part avec une grande rapidité.

Longtemps, en France, il y eut dans toutes les communes une milice bourgeoise constamment exercée au tir de l'arbalète et qui fournissait au recrutement un corps d'arbalétriers.

Les concours excitaient une vive émulation. Chaque compagnie avait un emblème, un surnom qu'elle cherchait à illustrer. Cambrai avait ses *friands*; la Ferté-sous-Jouarre, ses *poupées*; Étampes, ses *écre-*

visses ; Meulan, ses *hiboux* ; Paris, ses *badauds*, etc. Les uniformes de ces compagnies étaient aussi riches qu'élégants.

En tant qu'exercice de sport, l'arbalète ne compte pas en France autant d'adhérents que l'arc, bien qu'elle tienne une place d'honneur parmi les jeux forains.

Il n'existe guère de compagnies d'arbalétriers qu'à Château-Thierry, Cambrai, Nancy, Rouen, etc., etc.

A Rouen, la grande fête du « tir à l'oiseau » se célèbre dans les premiers jours du mois de mai, à l'occasion de la foire de Saint-Romain ; elle dure jusqu'à ce qu'il y ait un vainqueur.

Je ne sais si c'est à un chevalier de l'arc ou à un arbalétrier qu'est arrivée cette aventure ; peu importe, d'ailleurs, ils sont parents et ça ne sort pas de la famille.

On m'a conté qu'un très habile tireur eut un jour à essayer un arc de Peau-Rouge, qui se tire à la renverse, en s'aidant des pieds. Il fut effrayé de la portée de la flèche, qui atteignit une vache paissant paisiblement à trois cents mètres de distance. La flèche heureusement n'était point empoisonnée et se logea discrètement dans la partie la plus charnue de la bête, comme qui dirait la « culotte ». Le chevalier en fut quitte pour un écu.

Je ne sais si c'est de là que vient l'*Écu à la vache*.

LE COACHING

Quand, en 1886, parut à la librairie Pairault une petite brochure, tirée à un certain nombre d'exemplaires numérotés, due à la collaboration de deux amateurs distingués, M. D. Levêque et son beau-frère, M. le vicomte de Gironde, sous ce titre : *les Grandes Guides,* ce fut une révélation pour bien des gens. Il existait donc un sport des guides? Qui s'en serait douté?...

Ce n'est pas que l'art de conduire à quatre fût ignoré du public, et que le mail eût jusqu'alors passé inaperçu au milieu des élégances parisiennes. Depuis plusieurs années déjà, tous les ans, au Concours hippique, le défilé des mails constitue une journée à sensation. Il y a deux ans, on en comptait vingt-deux, tous ayant bon air et d'une tenue parfaite. Les chevaux étaient généralement bien mis. Il y avait sans doute ici et là quelques chevaux de volée, qui n'étaient pas suffisamment *sur traits;* mais cela résultait de l'espace restreint du manège.

Somme toute, la foule des spectateurs se rendait compte qu'elle avait devant les yeux non des novices, mais bien des maîtres expérimentés, rompus depuis longtemps aux difficultés du ménage à quatre. Il faut, en effet, beaucoup de sang-froid et de coup d'œil pour de semblables attelages. Soit en marche, soit en station, soit en retraite et surtout dans les tournants; il importe d'obtenir des mouvements d'ensemble et d'éviter le désordre qu'amène le ralentissement des chevaux de volée.

A cette époque, la Société *les Guides* comptait déjà à Paris une année d'existence légale, et le coaching avait pris rang parmi les sports acclimatés chez nous. La conduite des attelages à quatre, menés à l'anglaise à grandes guides, n'était donc plus une manifestation isolée.

Le mail ou mail-coach est d'origine britannique. Il date de 1784; cependant ce n'est qu'au commencement de ce siècle que le service des postes anglaises l'adopta d'une manière générale pour le service des voyageurs et des dépêches. Puis l'élégance toute spéciale des mails, leurs grandes qualités de confort les firent adopter promptement dans les maisons riches; ils furent appropriés aux distractions sportives de l'aristocratie et, à la suite d'améliorations successives, ils devinrent ce qu'ils sont aujourd'hui, des voitures d'un grand effet décoratif et d'une correction irréprochable.

Le cheval préféré pour ce genre d'attelage est l'animal de sang, du modèle de ceux que l'on voit sur les gravures anglaises, montés par des gentlemen chassant le renard, ayant la queue courte, coupée en éventail.

Le véritable prototype est la bête de pur sang ou tout au moins de trois quarts de sang, susceptible de prendre le galop à un moment donné. En Angleterre, on ne tient pas a ce que les chevaux soient de même robe ; peu importe même qu'ils ne soient pas tout à fait pareils.

Dès 1807, il existait en Angleterre une société dont les membres se réunissaient pour conduire ensemble leurs coachs privés. Aujourd'hui, ce sport est représenté à Londres par le *Four in Hand Driving-Club* et le *Coaching-Club*. Les défilés de ces deux clubs très prospères ont une grande vogue. Le rendez-vous a lieu dans Hyde-Park, à un endroit appelé le « Magazine » ; et de là en file indienne, président en tête, après s'être processionnellement montrés autour de la serpentine, les sociétaires se rendent sur la route, à quelque endroit désigné d'avance.

New-York a aussi un *Coaching-Club* fondé en 1875. A la première réunion, qui eut lieu en 1876, on comptait six coachs ; mais, deux ans plus tard, le club pouvait en montrer neuf construits en Angleterre et deux à Paris, sans parler de ceux de fabrication américaine.

A Paris, le *Riding and Coaching-Club*, fondé en 1882, après avoir donné de brillantes réunions sous les beaux arbres de Marly, dans le parc de La Marche et la forêt de Saint-Germain, a disparu emporté par ce vent d'inconstance qui rend la vie des sociétés sportives françaises trop souvent si éphémère !

C'est en mai 1886 que naquirent « les Guides ». Le comité est composé d'un président, M. le vicomte

Greffulhe, et de deux vice-présidents, MM. le général Friant et de La Haye-Jousselin. Les communications doivent être adressées à M. Berthaudin, 1, rue de Castiglione. Les membres des Guides assistent aux réunions avec l'uniforme qui leur est particulier : tenue bleue aux boutons de bois noir et chiffres avec blancs.

Le nombre des sociétaires est fixé, d'après les statuts, à trente-cinq ; il est actuellement réduit à trente-deux, par suite des démissions du duc et du comte de Morny et du marquis de Pomereu.

Tous les mails ne sont pas également exacts aux jours de sortie ; voici ceux que l'on y remarque le plus souvent : le mail caisse noire et train jaune du général Friant, toujours le premier aux rendez-vous ; le mail vert olive et train rouge de M. E. de La Haye-Jousselin ; le mail à caisse bleue et train jaune de M. J. d'Arlincourt ; le mail caisse bleue, train safran, à M. Durieu de Lacarelle ; le mail caisse vert olive, train rouge, un dextrochère, un lion et cette devise : *Audaces fortuna juvat, timidosque repellit*, à M. de Escandon, un fervent du coaching ; le mail caisse jaune, train bleu foncé, le siège de derrière sur des montants pleins en bois, à M. le vicomte de Gironde ; le mail caisse bleue, train rouge, sur les portières la fée Mélusine se peigne à l'ombre de sa fière devise : « C'est mon plaisir, » à M. le comte Ch. de La Rochefoucauld ; le mail caisse bleue, train bouton d'or, à M. R. de Maulde ; le mail caisse brune, train rouge, à M. Ridgway ; le mail caisse noire entourée de filets jaunes, train rouge, sur les portières un griffon et le nom du château de Chanceaux, à M. P. Schneider ; le mail caisse bleue, train rouge, à M. de Villeroy ; le mail caisse bleu foncé, train rouge, rechampi blanc, à M. le comte de Vignacourt ; le mail caisse marron, train rouge, sur les portières un lièvre, à M. Winthrop.

Quelques particularités sur certains sociétaires :

Le président, M. le vicomte Greffulhe, n'attelle jamais en grandes guides ; il se contente de posséder les plus belles postes qu'il y ait en France. Le comte Potocki ne sort que le matin, de grand matin, toujours avec des chevaux neufs, qu'il se plaît à dresser, attelant à cinq et même à six quelquefois ; aussi a-t-il besoin de grands espaces pour évoluer. MM. Michel Ephrussi, Bischoffsheim, le baron de Hirsch sont le plus souvent empêchés par les heures de Bourse de prendre part aux sorties.

Il existe à Paris, en dehors des membres des « Guides », un certain nombre de propriétaires de mails assidus des réunions de La Marche et du Concours hippique.

Quelques grands marchands de chevaux attellent souvent à quatre. Coward posséda longtemps le mail de Mme Mussard, qu'il vendit à un pair d'Angleterre ; il aime à tenir dans sa main gauche les quatres guides et dans la droite le fouet. Howlett, qui s'est acquis un juste renom dans le menage à quatre, a organisé un service public à l'intention des touristes anglais, allant de Paris à Versailles.

Il s'est inspiré en cela des précédents existant à Pau où MM. Morgan, Rigdway et Padelford ont établi

un coach public, auquel ils ont donné le nom de
« The Rocket » (la fusée), partant du cercle anglais
de Pau à dix heures du matin, les mardis, jeudis et
samedis, pour arriver à six heures du soir à l'hôtel
d'Angleterre, à Biarritz.

Un mail très élégamment attelé, les chevaux ayant
des flots de rubans aux têtières, a fait l'admiration
des curieux le jour de la mi-carême. Sur l'impériale
six pierrots et six pierrettes, tous en satin blanc, formaient un ensemble amusant. Les valets de pied à
l'intérieur étaient en noir, la figure blanchie : vrai
coaching de canaval.

LES BALLONS

Le sport du ballon a conquis sa véritable popularité en France en 1878.

C'était à l'ouverture de l'Exposition universelle. Paris se réveilla un beau matin et apprit que l'on disposait, sur la place du Carrousel, des appareils de toutes sortes pour le gonflement d'un ballon, plus colossal et plus surprenant encore que tous ses devanciers. Ce qui causa surtout la joie du Parisien et de ses nombreux hôtes d'alors, ce fut de savoir en même temps que le monstre aérien prendrait des passagers, tout comme un simple bateau-mouche.

La manœuvre du gonflement avait attiré grand nombre de curieux. Je me souviens encore de l'impression de surprise que causa cet immense gâteau soufflé, qui s'étalait sur la cour des Tuileries. Peu à peu, le gâteau devint un champignon géant, couvert d'une toile d'araignée gigantesque, sur lequel des hommes, paraissant gros comme des mouches, grimpaient de toutes parts. Le lendemain, il avait pris l'aspect du dôme massif d'une mosquée d'Orient ; enfin, il s'élança et devint la boule majestueuse qui domina les ruines des Tuileries. Cette métamorphose avait duré trois jours!

Les dernières impressions de la foule furent des plus vives. Tous contemplaient avec admiration l'étonnant colosse, écrasant par ses dimensions tout ce qui l'entourait; les façades du Louvre semblaient des joujoux d'enfant; l'arc de triomphe avait l'air d'un petit panier, et les ouvriers semblaient des fourmis disparaissant sous les mailles multiples qui les entouraient.

Les jours suivants, la vaste cour du Carrousel offrait un aspect de fête et d'animation véritablement extraordinaire. Les abords de la cour des Tuileries étaient littéralement encombrés par une foule joyeuse de visiter le nouveau véhicule aérien. Je reportai alors ma pensée vers les premiers essais tentés devant la population parisienne, depuis le jour où Mongolfier avait lancé dans les airs son premier navire aérien. Je me rappelai le ballon géant de Nadar, cause de tant d'émotions il y a vingt-cinq ans, et qui était considéré comme une merveille de l'art aérien, bien que ne cubant que 6,000 mètres. Celui que nous avions devant les yeux n'avait pas une contenance moindre de 25,000 mètres cubes.

Les appareils correspondants ne laissaient rien à désirer ; depuis le treuil à vapeur qui pesait 42,000 kilogrammes, jusqu'à la forme des 60,000 mailles du filet et du cordage mesurant 650 mètres, aucun détail n'avait été oublié. Pour la première fois peut-être depuis que l'on confiait des ballons aux caprices de l'air, il n'y avait pas un organe qui n'eût été combiné avec autant de soin que s'il se fût agi d'une chaudière ou d'une machine à vapeur.

Cet aérostat fut le plus grand clou de l'Exposition, et attira la foule avec un tout autre succès que le chêne géant p réhistorique — ou soi-disant tel — qui se morfond en ce moment mélancolique et solitaire sur les quais de la Seine! L'ingénieur Henri Giffard put être fier de son œuvre, d'autant que le sport du ballon captif devint très en vogue. La nacelle pouvait contenir cinquante personnes fort à l'aise; elle ne désemplissait pas. Une fois, Sarah Bernhardt et le peintre Clairin s'en assurèrent la location et firent une ascension qui fit certain bruit. On estima à deux mille personnes par jour les passagers du débarcadère de la place du Carrousel.

Ce qui parut surprenant, c'est qu'aucun amateur de plongeon dans le vide ne vint ternir la bonne réputation du ballon Giffard. Disons aussi que l'avisé constructeur avait garni la nacelle de toiles coquettement disposées, de telle sorte que la vue du vide était dérobée aux regards. Tout avait été prévu. On y trouvait des instruments pour exécuter des observations météorologiques. Les sondes de la nacelle renfermaient le lest et les agrès nécessaires à la manœuvre du voyage libre qu'eussent effectué, sans coup férir, les aéronautes Godard et d'Artois, aux bons soins desquels étaient confiés les voyageurs.

Jamais les ascensions ne furent autant en honneur à Paris. Avant cette époque, les ballons étaient le privilège de quelques chercheurs de nouveautés scientifiques tels que MM. Flammarion, Wilfrid de Fonvielle,

Tissandier, Nadar, etc., ou d'un petit clan d'aéronautes de profession, parmi lesquels les frères Jules et Eugène Godard, Duruof, Mangin, Jovis, d'Artois, Blanchard, Lhoste, etc.

Profitant de cet engouement, on imagina des joutes aériennes. Je me souviens d'un défi porté par Godard à deux aéronautes faisant une ascension le même jour et à la même heure que lui, l'un à Saint-Cloud, l'autre aux Tuileries, lui partant du Trocadéro. Très fortement distancé de prime abord, le ballon Godard parut atterrir non loin des fortifications comme s'il renonçait à la lutte; mais, à 80 mètres du sol, il rencontra le courant qu'il cherchait, ce qui lui permit de dépasser ses concurrents et de descendre à Montlhéry, à 5 kilomètres en avant du point d'atterrissement désigné.

Nous avons eu récemment des courses aériennes, et pour cela on n'a pas attendu les ballons dirigeables. Un instant, on a cru que cet intéressant problème avait sa solution, lors de la fameuse expérience des capitaines Krebs et Renard, directeurs de l'aérostation militaire de Meudon. Malheureusement l'aérostat ne parcourait que cinq mètres à la seconde, vitesse souvent inférieure à celle du vent, ce pourquoi il n'était dirigeable que pendant très peu de temps. Pour obtenir le résultat qu'on cherche, il faudrait arriver à une vitesse de sept à huit mètres par seconde. On pourrait alors marcher contre le vent vingt jours sur trente.

En attendant, les voyages aériens ne manquent jamais d'amateurs. Tous les dimanches, aux arènes de la rue Folie-Méricourt, Godard organise plusieurs ascensions qui attirent un monde fou.

A chaque ascension, l'aéronaute ou ses collaborateurs enlèvent, moyennant la modique somme de quelques louis, plusieurs électeurs influents de l'arrondissement, qu'ils déposent agréablement une heure après sur les bords fleuris de Bougival ou de Meudon. Quand les amateurs sont décidés à ne reculer devant aucune dépense, Godard les promène toute la nuit aux environs de la lune et leur offre, le matin, le spectacle grandiose d'un lever de soleil au milieu des nuages; il fournit au besoin le café au lait.

Il faut bien reconnaître qu'une ascension en ballon libre a un charme tout particulier.

Le moment du départ cause une impression solennelle, à la minute où l'on se voit emporté, car on ne sent aucune espèce de mouvement, et il semble que c'est la terre qui descend. L'aéronaute a fait embarquer ses passagers; il a vérifié l'équilibre parfait du ballon et ordonné à quatre aides de laisser glisser dans leurs mains, sans les lâcher, les cordes qui retiennent la nacelle; on se trouve ainsi, à quelques mètres au-dessus du niveau commun des hommes. Le ballon gonflé d'hydrogène s'impatiente et cherche à s'élever. Prenant alors un sac de lest, l'aéronaute ordonne de « lâcher tout! » verse quelques kilogrammes de sable et le ballon s'élève avec une majestueuse lenteur. Les passagers saluent de la main les amis et connaissances, et bientôt la ville, l'immense cité apparaît comme un point autour duquel se détachent des clochers, des flèches, des édifices, des boulevards, un fleuve qui serpente, et une voix bourdonnante monte dans l'atmosphère comme un brouhaha gigantesque.

L'aérostat s'élève, suivant une courbe oblique. On voit lentement se révéler, sous le regard ébloui, le plus magnifique des panoramas.

Si l'on désire voguer à une faible hauteur, comme 800, 1.000, 1.200 mètres, on laisse l'aérostat prendre une marche horizontale, dès qu'il arrive à la couche atmosphérique de densité égale à son volume.

Si l'on désire s'élever à de grandes hauteurs, on allège l'aérostat d'un lest successivement mesuré. On se rappelle la périlleuse ascension qui coûta la vie à MM. Sivel et Crocé-Spinelli, où seul M. Tissandier regagna la terre sain et sauf. Les imprudents voyageurs avaient voulu s'élever à une trop grande hauteur. Au-delà de 8.000 à 8.500 mètres, l'air n'est pas respirable, il y est trop rare pour que les poumons humains puissent y trouver leur ration d'oxygène. Souvent même, à 6.500 mètres, se produit une première syncope et un évanouissement semblable à un profond sommeil. C'est pourquoi, tenter de s'élever à de trop grandes hauteurs et lutter ainsi contre le vide croissant est un acte de bravoure inutile.

La descente est, en aérostation, l'opération la plus dangereuse, en raison des forts courants atmosphériques que l'on rencontre en approchant de la terre. Mais, par un temps calme, il n'y a rien à craindre, et monter en ballon, parcourir plusieurs lieues au milieu des airs, constituent une très agréable excursion que je recommande à ceux qui aiment l'imprévu.

Il y a, à Paris, plusieurs Sociétés aéronautiques. La

plus importante est l'*Académie d'expériences aéronautiques*, qui a pour président M. Wilfrid de Fonvielle et son siège rue Lepic, à Montmartre; vient ensuite la *Société des Aéronautes*, ayant pour président le docteur Hureau de Villeneuve. Ces deux Sociétés ont un *Bulletin* mensuel.

Le sport des ballons a provoqué une foule de tentatives audacieuses, parmi lesquelles il faut citer celles d'un jeune homme qui, il y a quelque temps, s'était persuadé qu'il rivaliserait avec les oiseaux les plus légers et qu'il allait devenir à son tour messager des zéphirs. Cet homme-oiseau s'était bâti des ailes en bois, recouvertes de tulle, qu'il s'adaptait aux bras. Le jour où, déguisé en chauve-souris, il se crut en état de dévorer l'espace, il s'entendit avec Godard, et, en présence d'une foule énorme, accourue pour assister à ce début, il se fit enlever jusqu'à trois mètres du sol. Alors il agita ses ailes, qui furent impuissantes à amortir une chute rapide. En moins de temps qu'il ne faut pour l'écrire, il était à plat ventre sur le sol, et sa chute avait été à peine amortie par son appareil, dont les ficelles avaient craqué dès le premier essor.

Il est heureux que l'homme-oiseau ait échoué dans sa tentative, car il est impossible de songer sans effroi au parti que n'eussent pas manqué de tirer de cette invention les gens qui, volant dans les poches, voleraient ensuite également dans les airs pour se soustraire aux investigations de la police...

LE JEU DE BILLARD

« Ce ne serait guère que vers l'époque de la seconde branche des Valois, dit M. Jules Rostaing dans la préface de l'*Académie des Jeux*, de M. Bonneveine, qu'il serait possible de faire remonter l'histoire un peu sérieuse du billard, qui, certainement, mérite bien d'avoir un jour son Philippe de Commines. »

C'était à faire tranquillement une partie de billard qu'était occupé Charles IX, le jour de la Saint-Barthélemy, lorsque, apprenant que les protestants passaient, pour se sauver, la Seine à la nage, il quitta bille et queue pour prendre balle et arquebuse et tirer de son balcon sur les malheureux fugitifs.

Le billard de ce souverain, qui mêlait ainsi l'agréable au féroce, était-il une de ces tables à douze pieds comme on en fabriquait autrefois, dans la naïve intention de leur donner plus de solidité? Cela n'est pas invraisemblable; nous ne pouvons en dire plus. L'arquebuse a été probablement conservée; on a eu tort de ne pas garder le billard : les deux choses se complétaient l'une par l'autre pour représenter le fils de Catherine.

Cent ans plus tard, le billard fait reparler de lui à la cour de France. Louis XIV prenait un embonpoint gênant; que voulez-vous, le soleil a bien des taches.

Le médecin du grand roi lui conseilla, comme exercice utile, le billard. Le remède était bon, mieux que cela, il était agréable : Louis XIV y prit goût. Mais ce jeu est non seulement une récréation, un exercice salutaire, il est aussi une science; il a ses disciples et ses maîtres : le royal joueur trouva un conseiller habile, complaisant, modeste, dans Michel de Chamillard. Ne pouvant récompenser le billard du double service qu'il venait de lui rendre, Louis XIV voulut du moins gratifier celui qui en connaissait si bien les secrets. Peut-être songea-t-on à créer, pour ce dernier, l'ordre du Billard. Mais c'était tout un règlement à inventer, à discuter, à sanctionner, pour les droits, privilèges, etc., dont jouirait le porteur du nouvel ordre, et, par conséquent, augmenter le code de l'étiquette, qui n'était pas un livre de poche à la cour de Versailles. Louis XIV trouva plus simple de faire Chamillard tour à tour conseiller au parlement de Paris, contrôleur général des finances, enfin ministre de la guerre. C'était, au moins, beaucoup plus court. Ajoutons que Chamillard resta partout à la hauteur de ces postes... comme joueur de billard, témoin cette épitaphe que lui a consacrée la muse du temps :

> Ci-gît le fameux Chamillard,
> De son roi le protonotaire,
> Qui fut un héros au billard.
> Un zéro dans le ministère.

Un peu plus tard, les billards publics furent autorisés par lettres patentes ; mais, jusqu'à la fin de la Révolution de 1789, ils demeurèrent très peu nombreux ; puis ils se multiplièrent avec une rapidité dont il est aisé de se rendre compte, sinon numériquement, au moins d'une manière générale.

Dans sa course à l'universalité, le billard a perdu ses blouses. Sa queue s'est perfectionnée, et surtout améliorée sous le rapport du procédé.

« Salut à l'inventeur du procédé Mingaud ! dit un de nos maîtres, M. Eugène Mangin ; sans ce bout de cuir qui se place à l'extrémité de la queue, impossible de faire ces rétrogrades, ces effets, ces massés, qui ont véritablement transformé le jeu de billard. Noël, Sauret, Paysan, furent sans doute les promoteurs du noble jeu ; mais c'est Mingaud qui, en trouvant le procédé, a fait du billard un art admirable, un jeu incomparable, en un mot, le roi des jeux.

« Autrefois, le coup d'œil et le coup de bras étaient... tout, quoique n'étant rien, relativement.

« Encore une fois, salut à Mingaud. C'est en voyant jouer Mingaud que Coriolis, professeur à l'École polytechnique, conçut le projet de soumettre au calcul tous les effets singuliers qu'on observe dans le mouvement des billes, et écrivit alors un livre très apprécié des mathématiciens et ayant pour titre : *Théorie mathématique des effets du jeu de billard* (1 vol. in-8°, 1835). »

Il est difficile de déterminer le poids, la longueur et le diamètre d'une queue de billard de précision ; c'est plutôt une affaire de goût et d'habitude, dit

M. Eugène Mangin. La preuve, la voici : Vigneaux joue avec des queues pesant 560 à 600 grammes, longues de $1^m,40$ à $1^m,42$ et d'un diamètre de $0^m,015$; Slosson se sert de queues presque aussi larges et aussi longues, mais plus légères ; Berger jouait avec une queue très courte; Garnier et Mangin jouent avec des queues de $1^m,39$, pesant 500 grammes environ, mais très fines du petit bout; Marcelin, lui, joue indifféremment avec n'importe quelle queue.

Passons aux billes : à Madrid, on se sert de billes énormes ; les trois billes pèsent de 8 à 900 grammes ; à Londres, les trois billes anglaises pèsent de 300 à 350 grammes seulement ; à New-York et à Paris, les billes employées par les professeurs varient de 530 à 580 grammes ; il faut qu'elles soient de 19 à 20 onces suivant la hauteur des bandes.

Disons encore que les billards anglais et espagnols, garnis de poches (blouses), ont de 3 à 4 mètres de longueur, les billards américains et français varient de $2^m,75$ à $3^m,05$. Quant aux billards appartenant à des particuliers, la longueur la plus usitée est de $2^m,70$ à $2^m,80$, et les meilleures tables sont en ardoises.

La partie de billard la plus usitée, la plus intéressante, la véritable partie est celle du carambolage.

La partie du carambolage se subdivise elle-même en partie ordinaire, en partie par une bande, en partie par deux bandes, en partie par trois bandes.

Pourquoi la série dite américaine a-t-elle été remplacée dans les tournois et dans les parties jouées à l'académie de Vigneaux par les parties à coins coupés dites parties au grand cadre tracé à 30 centimètres des bandes? Parce que, sur un tapis neuf et avec des billes neuves, dans une partie de 1000, l'un des deux adversaires peut ne pas jouer. Quand Slosson joua, en 1879, contre Schæffert, on pariait 3 contre 1 pour Slosson qui ne fit que 63 points en 1000. Les parieurs, déçus et furieux, décidèrent de ne plus mettre un dollar dans une partie semblable. Or, à New-York comme partout, si dans un tournoi quelconque on ne peut pas engager de paris, il n'y a plus ni excitation, ni intérêt, et la lutte est impossible.

Voici quelques mots de biographie sur les professeurs et les amateurs de billard, depuis 1830 jusqu'à nos jours. Je les emprunte à l'ouvrage de M. Eugène Mangin.

MANGIN (Eugène)

Eugène Mangin, professeur de billard, est né le 17 janvier 1836, près Bar-le-Duc, à Ligny, où ses parents tenaient un café. De 1859 à 1862, il fut attaché au casino de Vichy, pendant l'été, et au café des Écoles, en hiver. De 1862 à 1870, il donna des séances en France et en pays étranger, créant sa réputation, et jouant avec succès contre vingt professeurs.

En 1872, il s'établit rue Godot-de-Mauroy, et en 1876 il se transporta passage des Panoramas, où plusieurs fois par jour on put le voir exécuter ses étonnantes séries devant une galerie très nombreuse.

M. Mangin a été, pendant plus de 20 ans, non seulement un des meilleurs professeurs de France, mais peut-être notre plus fort champion.

VIGNEAUX (Maurice)

Dans le tournoi qui a eu lieu à New-York, en 1874, Vigneaux, après avoir battu tous ses concurrents, fut proclamé champion.

Depuis son retour en France, il a battu Piot à Frascati et au cercle Grammont Saint-Hubert; il a battu Jean Gibelin, et il a été vainqueur des deux tournois qui ont eu lieu en 1878, et auxquels ont pris part Daly, Piot et Garnier. Il a battu Slosson dans une splendide partie de 4000. Il ne faut pas oublier la splendide partie en 600 qu'il a gagnée en 1876 contre Sexton, au Grand-Hôtel.

Vigneaux dirige l'académie de billard du passage des Panoramas, et l'on y admire son jeu merveilleux.

La grande force au billard n'est pas de faire un grand nombre de coups difficiles, c'est de se préparer à l'avance des coups faciles, et de les garder longtemps sans les manquer. C'est ce qui s'appelle trouver la série. Vigneaux pourrait exécuter des carambolages difficiles, mais il ne les tente pas souvent dans les parties du grand cadre, car il ne fait pas de fautes, et pour lui, ce serait une faute que de tenter un coup hasardeux.

UBASSY (dit le Furet)

Son jeu plein de charme le fit surnommer aux États-Unis : *le Sorcier du billard*. On prétend que Vigneaux fut son élève. S'il en est ainsi, il suffit à la gloire d'Ubassy qu'on dise qu'il fut le maître de Vigneaux.

PIOT

L'ancien professeur du Grand-Café, le second de Vigneaux à l'académie, vient de Reims. Il est le champion qui a joué le plus contre Vigneaux, et, s'il n'a pas été vainqueur, ce n'est pas la science qui lui a manqué, mais plutôt le tempérament. Il est très fort sur les rétrogrades, les massés et les coups de bandes, et il joue la longue série très correctement.

Vigneaux et Piot rendent 120 points sur 250, au grand cadre, aux trois autres joueurs de l'académie qui sont pourtant d'une jolie force.

DAULT

Après avoir fait de bonnnes études, Dault fut longtemps clerc d'avoué à Amiens. Chaque fois qu'un professeur passait par la ville, Dault lui donnait gracieusement la réplique, et quelquefois lui tenait tête. Attaché au casino de Boulogne-sur-Mer, où nous avons eu le plaisir de faire sa connaissance et de lui demander quelques leçons, Dault est professeur au cercle des « Mirlitons ». L'été, il tient les billards au casino de Trouville.

MM. Jean et Gaston Gibelin et Tony Berger sont d'excellents professeurs très appréciés à Paris.

SERMET (Eugène)

Sur des billards de onze à douze pieds, au doublé, au même, Berger et d'autres l'on affirmé, dit Mangin, Eugène Sermet était surprenant de précision dans les coups simples. Pendant plusieurs années, jouant vingt-cinq louis à n'importe qui, et ne trouvant pas souvent à jouer, Eugène a tenu à Paris le haut du pavé. Attaché pendant vingt-cinq à trente ans au cercle de l'Union, on l'y regrette à ce point qu'il n'a pas été remplacé.

AKERMANN (Paul)

Le Cercle agricole possédait en Paul Akermann un amateur de premier ordre. Grand propriétaire, grand chasseur, il était un des plus forts amateurs de son temps, et il a été un des premiers à cultiver la série.

M. de MANTEUIL

Gentilhomme accompli, M. de Manteuil cultivait le carambolage avec art; les anciens professeurs, Eugène Sermet, etc., avaient beaucoup de peine à lui rendre un ou deux points en seize.

DELONGE

Delonge est un amateur de billard bien connu pour son jeu classique et ses brillants coups de rappel. Je l'ai vu quelquefois faire des séries de 80, en plein billard, sur de grands billards qui n'avaient rien de bien neuf et de bien parfait. Il est donc capable de faire des séries de 150 et même de 200 sur des billards plus petits et plus parfaits.

RÉTIF (Marcelin)

L'amateur aimé des Parisiens. D'un caractère égal et charmant, Marcelin a le plus beau jeu qui se puisse voir. Son coup de queue a une ampleur inouïe.

Les séries longues, les rétrogrades petits et grands, les convergents, les coulés sur bande, tout cela est enlevé de main de maître.

En 1879, Marcelin a fait, en plein billard, une magnifique série de 272 carambolages.

JEU DE BOULES

« Jouez-vous au whist, jeune homme ? disait M. de Talleyrand. Non. Alors vous vous préparez une vieillesse malheureuse. » — Jouez-vous au boules ? dirait-on, en parodiant le mot historique. Non. Alors vous ne vous préparez pas de vieillesse du tout.

Il paraît que la boule conserve. Elle n'est pas moins utile à la main qu'aux pieds. La boule !... la boule !... tout est là ! C'est le secret de longévité.

Les joueurs de boule qui n'ont que la soixantaine sont considérés comme les gamins de la Société.

Les deux dernières formes du jeu de boules chez nous sont le *jeu de grosses boules* et celui du *cochonnet*. Dans l'une comme dans l'autre, la boule se lance avec la main.

Pour jouer aux grosses boules, on choisit ordinairement une allée encaissée, qui ne permette pas aux boules de dévier. Il s'agit de prendre place le plus près possible d'un point marqué et d'en expulser ses adversaires. Derrière le but se trouve un petit fossé; la boule en y tombant devient *boule morte*.

L'autre jeu nécessite un grand espace. Une boule

plus petite que les autres, dite *cochonnet*, sert de but, et chacun s'efforce à son tour d'en approcher, en éloignant les autres joueurs. La principale différence entre ce jeu et le précédent, c'est que dans celui-ci le but est mobile. Un coup en déplaçant le cochonnet peut donc changer subitement toutes les chances.

Ces jeux de deux sortes étaient autrefois très répandus dans toute la France. Ils ne sont plus guère en faveur que dans quelques départements. Le Midi surtout leur est resté fidèle. C'est en Provence une des grandes distractions du dimanche.

A Paris, les principaux jeux de boules sont installés au bois de Vincennes, au bois de Boulogne, à Batignolles, à Levallois-Perret. La boule est le sport des petits rentiers. Chaque jeu a son cercle, avec président, secrétaire, cotisations, etc.

Le cercle le plus important est celui du bois de Vincennes, qui compte plus de deux cent cinquante membres. On y est un peu à l'étroit. Les sociétés rivales font remarquer malicieusement qu'on y joue dans des fossés.

Le jeu le mieux installé, qui réunit le plus de célébrités, est celui du bois de Boulogne, le Jockey-Club de la boule. MM. de Courteville et Miraux sont les membres influents de cette société de quatre-vingt-dix-huit membres.

La boule se joue par n'importe quel temps. Quand il fait beau, c'est parfait; mais la pluie ne gêne pas; on joue le parapluie à la main. La neige même ne décourage pas certains champions qui, après un simple coup de balai, se livrent sans murmure aux douceurs de leur cochonnet favori. S'il se glissait des grecs dans la compagnie, s'il y avait des pipeurs de boules, leur revenu serait maigre. Il est rare que les enjeux dépassent cinq sous!

Le jeu du Cours-la-Reine a laissé quelques souvenirs de joueurs de boules plus audacieux. On cite encore dans les légendes le nom d'un certain Burdet qui risquait vingt francs sur un coup de boule. Mais ces folies sont l'objet d'une réprobation générale ; on est loin d'y retomber !

D'ailleurs, le jeu de boules est assez passionnant par lui-même. Le dépit d'un joueur qui a « une cocotte » est indescriptible ; c'est-à-dire qu'il est bredouille, qu'il n'a fait aucun point. Que ne donnerait-on pas pour s'épargner « la cocotte », pour éviter d'entendre de fâcheux *cocorico !* partir des rangs de ses sarcastiques rivaux !...

Il y a un concours annuel de boules à Neuilly très important. Dès que, dans une partie, un joueur fait un joli coup, ses vieux copains lui crient : « A Neuilly ! » ou « à Maillot ! » Tout le monde se tord.

La boule a comme ça quelques plaisanteries qui suffisent à dilater la rate complaisante de ses habitués ; ne lui en demandons pas davantage.

LE POLO.

C'est une sorte de croquet à cheval. — L'amusant de ce jeu consiste surtout dans sa mise en scène et ses préparatifs. Arrivée des poneys conduits par leurs grooms, s'alignant devant la piste, les jambes entourées d'épaisses flanelles destinées à les préserver des coups de mailloches qu'ils récoltent dans la mêlée. J'ai vu jouer le polo à Deauville, à Dieppe et sur la pelouse de Madrid, en présence d'une assistance féminine des plus choisies qui s'y divertissait.

Les costumes réglementaires n'avantagent pas les joueurs, et il leur faut même une grande abnégation de coquetterie pour adopter, devant un sexe assez prompt à des observations malicieuses, une tenue qui fait ressembler les cavaliers à des canotiers à cheval.

Le polo, originaire de l'Inde, où les officiers anglais le pratiquaient dans les stations d'été et où il luttait contre un exercice rival, le *badminton*, se joue sur un terrain spécial, à l'extrémité duquel sont placés deux poteaux séparés par un intervalle et reliés par une traverse. Chacun de ces portiques constitue un but (*goal*), à travers lequel les joueurs doivent faire passer leurs balles malgré les adversaires.

Les joueurs, au nombre de seize, sont divisés en deux camps qui se distinguent par les costumes de couleurs voyantes et différentes. Chacun des joueurs est monté sur un poney spécialement dressé et doué de trois qualités : aller vite, n'avoir peur de rien et obéir au moindre mouvement du cavalier. Celui-ci tient la bride de la main gauche et est armé d'un bâton (*club*) qu'il manœuvre de la main droite. Ce bâton a la forme d'une sorte de marteau, dont les angles extérieurs sont légèrement arrondis ; il est disposé de manière à pouvoir faire marcher la balle par coups. La balle elle-même, plus grosse que celle d'un jeu ordinaire, est généralement en liège épais entouré de fil ciré. Elle est mise en jeu par l'un des cavaliers à égale distance entre les deux buts, et les joueurs des deux camps s'efforcent alors, en la frappant avec leur bâton, de la faire passer entre les poteaux défendus par leurs adversaires.

En Angleterre, le polo est considéré comme une des plus élégantes manifestations du sport britannique, et une de celles où l'agilité se déploie le mieux.

Les amateurs qui s'y distinguaient particulièrement à Paris et en Normandie étaient : MM. le duc de Feltre, Brinquant, marquis de Croix, Errazu, Hennessy, Maurice Ephrussi, Broleman, capitaine Hope, W. P. Douglas, Wright, James Gordon Bennett, directeur du *New-York-Herald*, etc.

Un amateur américain qui était un des assidus du

Gun-Club, M. H., s'amusait entre deux parties à prendre au *lasso* les poneys amenés pour le polo.

Le coup d'œil était des plus pittoresques, lorsque, sur la belle pelouse de Madrid, les hardis cavaliers, montés sur leurs poneys, se précipitaient à fond de train, tenant en main le classique maillet prêt à chasser la boule...

Il y eut alors de superbes parties, qui étaient comme un brillant carrousel, et l'on regrette de ne plus voir au Bois un spectacle que l'on ne retrouve plus aujourd'hui que dans quelques châteaux.

Il avait été question d'en faire jouer une partie au Concours hippique. L'idée était excellente. C'est dommage qu'on ne l'ait pas mise à exécution.

LE CRICKET

On sait que les Anglais n'aiment pas à être gênés dans les entournures. Ils s'arrangent de façon à retrouver partout, même au bout du monde, les plaisirs favoris de leur blonde patrie. Parmi ceux-là compte le cricket. Il n'est pas de village anglais qui n'ait sa société de cricket, et toute ville de quinze à vingt mille habitants possède au moins deux ou trois cricket-clubs avec professeurs entretenus à prix d'or.

Aussi n'est-il pas de ville au monde ayant une colonie anglaise assez nombreuse qui hésite à fonder son cricket-club. L'un ne va pas sans l'autre. A Chantilly, à Boulogne-sur-Mer, à Cannes, à Nice, à Lille, c'est plein de « cricketers ». A Paris, depuis de longues années, l'Anglo-Parisien-Cricket-Club tient ses réunions sur la pelouse de Madrid, à côté du cercle des patineurs. Des Anglais seuls en font partie ; les Français ont essayé du cricket, mais n'y ont pas mordu.

Chaque dimanche d'été, le matin, et le mercredi dans l'après-midi, il y a des cricket-meetings. Les deux camps, onze par onze, rivalisent d'adresse et de force à lancer la boule, à l'attraper, à renverser les « stumps » ou piquets du camp opposé. Rappelons que, dans chaque camp, trois piquets sont plantés en terre; devant eux se tient le « batesman » armé d'un batttoir destiné à arrêter et rejeter la boule lancée par les « bowlers » de l'autre camp.

A Paris, pendant quelque temps, il y eut deux cricket-clubs : l'un était fondé par des Hispano-Américains, de la colonie péruvienne en général, presque tous élevés en Angleterre.

Citons parmi eux M. Escandon, qui était « capitaine »; MM. Pedroso, Sanz, de Gonzalez, Delfino, de Cordova, Aguilera, Herman, etc.

Ce club, disparu depuis quelques années, soutint plusieurs matches, sur la pelouse de Madrid, avec le Cricket-Club, composé surtout d'éléments anglais; ce dernier existe encore.

Le clergé, en Angleterre, compte nombre d'amateurs de cricket. Aussi, pendant longtemps, les cricketers de Paris avaient renoncé à jouer le dimanche.

Le Cricket-Club de Paris a subi quelques transformations. Son comité est ainsi composé actuellement :

Capitaine : M. Marston; trésorier : M. Stawes; secrétaire : M. Ashworth; membres du comité : MM. Preece et Kesteven.

Parmi les autres cricketers figurent : MM. de Angelis, Goldmann, Hawes frères, Symonds, Lugg, Harrison, Arrowmith, Bacon, etc.

J'en oublie et peut-être des plus habiles.

Dans les matchs de Chantilly, les cricketers de Paris ont été souvent vainqueurs.

Leur société est tout à fait distincte de celle des joueurs de « foot-ball », Anglais également, et qui, en hiver, s'exercent aussi sur la pelouse de Madrid. Le cricket suffit au bonheur de ses habitués.

C'est toujours sur la pelouse de Madrid qu'ils tiennent leurs réunions, les dimanche, mercredi et jeudi, dans l'après-midi, pendant la belle saison.

Ils s'habillent sous une tente d'un complet de flanelle blanche qui est la tenue habituelle.

Seulement ce qui les tracasse, au bois de Boulogne, c'est de n'avoir pas un terrain commode. Pour une belle partie de cricket, les Anglais veulent une prairie longue et large de deux cents mètres, bien nivelée, plane « comme un billard ». La pelouse de Madrid laisse beaucoup à désirer à cet égard, et les cricketers parisiens s'arrachent les cheveux de désespoir; ils disent qu'il est impossible de s'entraîner pour lutter avec leurs rivaux de Chantilly, avec lesquels ils font chaque année un grand match, à l'instar du match des Cricket-Clubs d'Oxford et de Cambridge.

LE CROQUET.

Encore une importation anglaise, mais qui a beaucoup prospéré en France, et n'a pas tardé à faire la joie des châteaux et des casinos !

Le croquet est tout à fait un sport de famille où bébés et grands jeunes gens peuvent prendre part et s'intéresser. Il plaît beaucoup aux jeunes filles, et elles y mettent souvent une animation surprenante. Le désir de gagner les décide même à faire appel à la galanterie de leurs adversaires.

— Ne me *croquez* pas, monsieur, je vous en prie !...

En général, on se laisse attendrir quand la suppliante est jolie ; on s'abstient de « croquer » et l'on est récompensé par un petit sourire très agréable. Les autres joueurs ont beau réclamer et crier qu'on triche, on recommence à la première occasion, et parfois ce genre de tricherie devient une sorte de flirtage discret, qui forme bientôt le principal attrait de la partie.

Pour la description du croquet, avec ses arceaux rangés en arche, ses poteaux et sa cage, je renvoie au joli panneau de Clairin, placé dans la grande salle de jeu de Monte-Carlo.

Le croquet est très répandu. Aux environs de Paris, toutes les villas ont leur jeu de croquet, et à Paris même, on y joue dans quelques grands jardins et près de la Muette.

On joue également beaucoup au croquet dans les jardins publics, aux Tuileries, au Luxembourg, où plus d'un promeneur attardé, plus d'une promeneuse non moins attardée, voire même les deux ensemble, s'enchevêtrant, à la nuit tombante, dans quelque arceau oublié, font forcément la culbute, en pestant contre les Anglais et leur maudite invention.

LE LAWN-TENNIS

Un doux nom, un sport de demoiselles. Il convient aux blondes misses de keepsake, qui l'ont importé sur les plages françaises et en font un agréable intermède entre deux parties de flirt.

Le costume de lawn-tennis est, de tous les costumes de sport, celui qui sied le mieux à la femme. Il laisse voir la jambe sous un jour dix fois plus inspirant que la gymnastique ou la natation. La jambe nue ou la jambe pantalonnée est sans charme, il faut le bas ou le maillot, c'est le secret des ballets qui parlent tant à l'imagination. Je ne sais combien de mariages se sont ébauchés au lawn-tennis.

— Monsieur, ma bottine vient de se délacer.

— Pardon, mademoiselle, permettez-moi de réparer ce désastre.

Et le jeune homme, tenant sur son genou le pied dont il rajuste la chaussure, ébauche instantanément des projets d'hymen.

Le lawn-tennis est un jeu de balles qui se joue sur une pelouse parfaitement nivelée, dont le gazon doit être fréquemment coupé, arrosé et passé au rouleau.

Pour ménager le *turf*, les joueurs portent des souliers sans talons avec des semelles en caoutchouc. Ces chaussures ont de plus l'avantage de leur donner plus de solidité. La pelouse a la forme d'un rectangle long d'une trentaine de mètres et large d'une douzaine. Ce rectangle est divisé en deux parties égales par un filet qui le traverse dans sa largeur et mesure au milieu une hauteur de trois pieds environ. Ce filet sert uniquement d'obstacle.

Le lawn-tennis se joue à deux, trois ou quatre. Les joueurs sont divisés en deux camps. Le premier joueur, se plaçant à l'extrémité du terrain, envoie diagonalement la balle par-dessus et le plus près possible du filet. Son adversaire doit la recueillir sans qu'elle ait touché terre plus d'une fois et la lui renvoyer de même. Le jeu se continue ainsi jusqu'à ce que la balle sorte du terrain, soit arrêtée par le filet ou touche deux fois le sol, auquel cas on dit qu'elle est « morte ». Les fautes comptent toutes en certains nombres de points à l'adversaire, la partie ordinaire étant en cinquante.

Il est facile de voir que ce jeu exige de la souplesse et de l'agilité. Les joueurs armés de raquettes perfectionnées sont obligés de déployer toutes leurs ressources pour attraper la balle que leur adversaire cherche à faire tomber hors de leur portée. C'est une course perpétuelle d'un bout à l'autre du champ.

Les balles sont environ de deux pouces et demi de diamètre et pèsent au plus deux onces. Les raquettes — au choix desquelles les vrais joueurs attachent une importance capitale — seront soigneusement proportionnées aux balles. Elles révèlent les formes les plus diverses suivant le goût du joueur.

Il y a, au lawn-tennis, un rôle agréable qui permet de s'intéresser au jeu sans en avoir la fatigue. C'est celui de l'*umpire* ou témoin chargé des coups douteux.

On voit, par ce simple aperçu, que le lawn-tennis est assez compliqué.

A Paris, il se joue surtout au Bois de Boulogne, sur la pelouse du *Cercle des patineurs*. L'endroit est délicieux, et le costume de plage qu'on adopte forcément contraste, d'une façon bizarre, avec les toilettes correctes de l'avenue des Acacias.

Les belles parties ont lieu le matin vers onze heures, et de quatre à sept. Les habituées de l'endroit et du jeu sont Mmes de Belbœuf, Maurice Ephrussi et Mlle Post. Parmi les joueurs : le comte d'Andigné, le comte de Charnacé, le comte de Janzé, Maurice Ephrussi, le comte de Montesquiou, comte Haro, Brinquant, comte d'Alsace, prince de Rohan, R. Hennessy et quelques attachés de l'ambassade anglaise : MM. Herbert, Edwards, Lawther et Carey.

Il y a souvent des concours, où les jeunes filles de la colonie anglaise et américaine se disputent des prix offerts par le cercle.

Il faut voir les intrépides misses du Nord-Amérique, courir à droite et à gauche dans un vêtement qui doit nécessairement être court. Le costume cependant n'a rien de rigoureux, et chacun est libre d'y apporter son élément d'originalité.

Les Anglaises s'enveloppent dans une sorte de long

sarrau collant, avec ou sans manches, qui s'arrête à mi-jambe, et leur donne l'allure peu gracieuse d'un parapluie qui se promènerait sur son manche.

Le lawn-tennis est aussi le jeu de prédilection des Casinos de bains de mer, il est très à la mode à Deauville. Comme le croquet, on le cultive dans les châteaux et dans quelques hôtels parisiens.

LES CIRQUES

LE NOUVEAU CIRQUE DE LA RUE SAINT-HONORÉ.

Le Nouveau Cirque mérite d'être visité, en dehors des représentations et même des répétitions, rien que pour ses dessous à trucs et son installation mécanique et hydraulique. — Est-ce « l'usine » que vous désirez connaître? demande-t-on aux curieux. Alors adressez-vous à M. Solignac, l'ingénieur de la maison. Ou bien ne vous intéressez-vous qu'au côté purement « cirque », dans ce cas nous allons vous faire conduire chez l'un des régisseurs, soit chez M. Loyal, soit chez M. Agoust. — Les deux aspects différents de ce curieux établissement nous semblent également dignes d'être observés. Donc nous acceptons bien volontiers d'être présentés à M. Solignac ; quant à Loyal, c'est une vieille connaissance que nous saurons toujours trouver, s'il en est besoin, exerçant son sacerdoce dans le manège.

M. Solignac est un aimable cicerone qui rend les renseignements scientifiques intéressants — ce qui n'est pas d'ordinaire chose facile. Nous lui laissons la parole.

— Ici, commence-t-il, vous êtes dans l'ancienne salle Valentino, qui fut plus tard le panorama Reischoffen. Le Nouveau Cirque a été inauguré le 12 février 1886. Il a deux destinations distinctes : il est « cirque » pour des représentations d'exercices équestres, de gymnastique terrestre, aérienne ou aquatique, pendant la saison d'hiver ; l'été, il peut être transformé en piscine de natation.

Voici le vestibule éclairé à la lumière électrique par des lampes Edison, d'où l'on accède, par le bel escalier construit par M. Ch. Garnier pour l'ancien panorama, et qui a été conservé, à la salle de spectacle mesurant 33 mètres de diamètre.

Une grande piscine de 24 mètres de diamètre, avec galerie circulaire, a d'abord été créée dans le sous-sol, et c'est sur cette pièce qu'ont été établies la piste centrale de 13^m,50 de diamètre et les galeries du cirque. Six rangs de fauteuils confortables disposés sur les gradins entourent la piste et sont couronnés par un dernier rang de loges. Au-dessus remarquez le large promenoir circulaire qui domine toute la salle. L'orchestre est installé dans cette loge élégante placée tout en haut, au-dessus de l'entrée des écuries.

Trois mille personnes peuvent trouver place dans cette enceinte bien comprise. L'amphithéâtre de gradins et de loges constitue un ensemble de construction métallique, démontable, dont le pourtour intérieur est supporté par vingt piliers en fer, reliés par une ceinture en treillis et limitant l'espace réservé à la piste centrale.

Nous passons à côté d'une grande salle qui n'est

autre que l'école de danse du Nouveau Cirque et où quelques fillettes prennent chaque jour leur leçon.

Le Nouveau Cirque a, en effet, son petit corps de ballet, tout comme il a un essaim de nageuses, dont le public goûte fort les ébats, lorsqu'elles se jouent au milieu des eaux transparentes, comme les naïades antiques, ce qui n'est pas le moindre attrait des pantomimes naumachiques.

M. Solignac, parlant des difficultés vaincues pour construire ce très curieux établissement, nous dit :

1° Présenter pour les exercices équestres un plancher solide, parfaitement uni et sans trépidation sensible, même sous le galop d'un nombreux peloton de chevaux ;

2° Pouvoir faire disparaître à vue ce plancher, au cours même d'une représentation, transformant ainsi instantanément l'espace occupé par lui en un profond bassin pour les exercices nautiques ;

3° Pouvoir enfin, pendant la saison des bains, offrir au public un bassin aux eaux incessamment renouvelées dont la partie centrale resterait le petit bain, toute la partie périphérique devant présenter une plus grande profondeur d'eau et être réservée aux personnes sachant nager.

Pour répondre à ces conditions, nous avons dû établir un plateau circulaire rayonnant du centre à la circonférence. Sur le tout est fixée une forte planche en bois, à claire-voie. Sur ce plancher on étend, pour les exercices équestres, un tapis de $0^m,5$ d'épaisseur en sparterie, destiné à remplacer la couche de tan des pistes ordinaires et qui, tout en donnant aux pieds des chevaux un aussi bon point d'appui, a l'avantage de supprimer complètement la poussière. L'eau qui remplit la cuve jusqu'à la hauteur du plancher filtre au travers, quand on abaisse l'ascenseur. Cette eau est maintenue à une température moyenne de 25° et chauffée uniquement par l'eau de condensation des machines. La première partie du programme consiste donc à enlever le tapis et à faire descendre le plancher.

La manœuvre du tapis n'est pas sans difficulté, car ce tapis pèse 2,000 kilogrammes, et la flexibilité de ce long rouleau, mesurant $13^m,50$ de diamètre, ne permet pas de le rouler comme une simple moquette. Il ne faut pas moins de deux équipes d'hommes bien exercés pour en venir à bout. Des courroies fixées à demeure servent à maintenir l'enroulement. On amène alors à chaque bout un chariot composé de deux poutres portées par des roues et réunies seulement à la partie supérieure, ce qui permet de les conduire au-dessus du tapis. On engage sous le rouleau quatre élingues (deux pour chaque chariot), qui passent sur des crochets portés par les montants des poutres, et on enlève ainsi le rouleau ; puis on passe dessous des tringles qui viennent le supporter. Ces dispositions achevées, il est prêt à être enlevé par les équipes.

L'opération dure environ de sept à neuf minutes.

Quant à notre éclairage, ajoute l'ingénieur, il est tout entier à la lumière électrique. La piste reçoit la lumière de huit lustres garnis de lampes à incandescence. Une lampe à arc des plus puissantes envoie des flots de lumière à profusion dans les parties hautes de la salle. Enfin, une guirlande lumineuse composée de quatre cents lampes Edison règne autour du promenoir. Les diverses colorations de ces lumières s'harmonisent parfaitement entre elles et avec le ton jaune clair de la décoration des murs. Comme mesure de précaution, on a préparé un éclairage de secours au gaz, au moyen de neufs bouquets de gaz, brûlant au pied d'une cheminée.

Le chauffage de la salle se fait par insufflation d'air chaud et au moyen de quatre calorifères disposés dans une même chambre.

On fait ainsi circuler 80,000 mètres cubes d'air, alors que 15,000 suffiraient pour assurer la ventilation.

Notre écurie, aménagée pour recevoir vingt chevaux, est pourvue d'un rideau en tôle de fer qui la sépare de la salle et l'isole complètement, mais dont on n'a pas encore eu occasion de faire usage.

Qu'ajouterai-je encore? me dit M. Solignac, qui se mire dans son œuvre. Vous avez sans doute remarqué l'ornementation générale, trouvée fort belle, et ces fresques très décoratives peintes tout autour de la salle, représentant des scènes équestres. Elles sont l'œuvre de deux peintres de talent, MM. Corneiller et Delaunay. Les délicieuses guirlandes de fleurs qui courent sous les loges sont un des derniers travaux de Petit. Les dorures s'harmonisent avec des tentures choisies; l'ensemble produit un effet merveilleux à la lumière électrique. Notre « clou », car nous en avons un aussi, nous — se produit pendant le dernier entr'acte. A ce moment le lourd tapis est rapidement enlevé et bientôt on voit l'immense piste descendre doucement et s'enfoncer majestueusement dans les flots. Lorsque l'eau de la piscine commence à jaillir à travers la planche à claire-voie, l'effet est irrésistible et les applaudissements qui éclatent chaque soir nous prouvent que, nous aussi, nous avons trouvé la scène à sensation.

Le lendemain de cette visite, à dix heures du matin, ne trouvant Loyal ni dans les écuries ni dans le manège, je grimpai les trois étages qui conduisent au petit appartement qu'il occupe dans le local même du cirque.

Il m'explique que les pantomimes garnissent tous les soirs la salle jusqu'aux combles; mais il regrette que justement ce grand succès des pantomimes menace de reléguer ses chevaux et lui au second plan.

— Tenez, me dit-il, il y a six semaines que je n'ai pu faire de répétitions, mes « sujets » sont « moins dans la main »; le soir, aux représentations, je sens qu'il leur manque l'exercice préparatoire du matin; ils s'ennuient et... quelquefois moi aussi. Enfin, aujourd'hui, on me rend mon manège...

Tout Paris connaît les douze chevaux dressés en liberté par Loyal — le maître, je pourrais presque dire l'initiateur du genre.

Ce « stud » se décompose ainsi : deux pur sang, Crisidis, un bai-brun, fils de Vertugadin, ni plus ni moins, et Pipo, un alezan de bonne origine, issu de Patriarche, mais irritable et difficile à mater. Ce sont deux bien jolis « artistes », fins, élégants, aux allures stridentes, bien cadencées, ardents et chauds au commandement. Seulement il ne faut pas jouer avec ces montres de chez Bréguet, comme avec de vulgaires coucous ; un à-coup violent, un rien même, venant à faux, briserait le ressort. Avec ceux-là pas de brutalité, beaucoup de douceur, des caresses et des chatteries. Seuls en scène, ils sont déjà étonnants, mais travaillant à deux à toute allure, comme des animaux fougueux et emballés, ils sont vraiment merveilleux.

Deux sujets représentent l'Orient, la patrie de l'Arabe le plus intelligent, le prototype de l'espèce et comme tel celui qui est le plus susceptible d'arriver à la perfection du dressage en liberté. Mais il manque de taille et le Parisien aime à contempler des chevaux d'aspect grandiose et imposant du modèle des chevaux de Marly, qu'il est accoutumé à voir dès l'enfance.

L'un de ces orientaux est un syrien faisant le mouchoir comme un pickpocket familier des champs de courses ; l'autre est un arabe de pur sang, gracieux au possible dans sa sveltesse et sa petite taille.

Les trois russes que présente Loyal ont, eux, de la taille. Ils trottent haut et bien, sont coquets et élégants, d'un beau noir, mais ils restent toujours un peu sauvages.

Les « tigrés » d'origine austro-hongroise, au nombre de cinq, ne laissent rien à désirer comme corpulence ; toutefois, ils sont mous, massifs, tout en étant d'un grand effet décoratif.

Peu de chose à dire des chevaux de panneau et

des chevaux de voltige sur lesquels s'escrime l'aîné des fils de Léopold Loyal, très applaudi chaque soir en jockey et dans son travail en arrière.

Mais le véritable triomphe du Nouveau-Cirque sont les pantomimes naumachiques. Elles suffisent à assurer sa vogue en lui créant une situation particulière à côté des établissements similaires.

La *Grenouillère* a été un grand succès. Le *Carnaval de Venise*, quoique d'un genre bien différent et d'une note essentiellement artistique, a, grâce à ses artistes napolitains, remporté un succès égal à celui de la *Foire de Séville*, qui, elle, nous montrait des danseurs et des Estudiantinas espagnols tout aussi curieux, je ne parle pas des combats de *Novillos* où les habiles clowns brillaient de la plus vive adresse.

Aujourd'hui tout cela est déjà loin et il ne saurait être question que de la « Noce de Chocolat », nouvelle et désopilante pantomime nautique qui emprunte tous ses effets aux procédés de la pantomime américaine dont les meilleurs interprètes furent les célèbres Hanlon-Lees. Un de leurs anciens camarades, Agoust, est devenu le régisseur du Nouveau Cirque où il a apporté la tradition de ce comique à toute vapeur — reflet de la vie actuelle.

En m'éloignant, j'ai surpris dans un coin des dessous quelques dispositions mécaniques bizarres. J'ai encore interrogé M. Solignac. Ceci, m'a-t-il répondu, est la première idée d'un nouveau spectacle nautique dont les études dureront bien six mois; il s'agit de faire manœuvrer toute une escadre de cuirassés... minuscules et de combiner l'attaque et la défense d'un port de guerre, et nous espérons bien réussir cette pantomime-là comme les autres.

En résumé la jolie salle de la rue Saint-Honoré se recommande par un cachet d'élégance, de bon ton, de comme il faut qui contribue à son grand succès.

LE CIRQUE FRANCONI.

Les dynasties s'en vont! Celle des Franconi vivra tant que le spectacle du cirque amusera la foule. Et rien n'annonce qu'elle en soit lasse, tout au contraire. Cette année, malgré la concurrence, les recettes ont été en grandissant; l'art de la voltige, du dressage, panaché d'acrobatie, ne semble pas près de tomber dans le marasme. Un des principaux attraits du cirque, ont dit les physiologistes, est de reposer des autres spectacles. Les collègues du docteur Charcot le recommandent tout particulièrement aux gens qui se passionnent et qui doivent éviter comme trop violentes les émotions des pleurs et du rire. En faut-il davantage pour consacrer sa vogue ?

Tout est amusant au cirque, tout est curieux à noter, à la cuisine surtout, c'est-à-dire aux répétitions qui servent de préparation à ces exercices si simples en apparence à force d'être facilement exécutés et qui demandent au contraire un si grand effort de volonté et de patience.

Il y a de bien intéressantes matinées à passer chez Franconi et de bien curieux après-midi, car les répétitions journalières ne sont jamais interrompues.

Dès le matin, de sept à neuf heures, a lieu la promenade des chevaux à la longe, sorte d'exercice préparatoire, destiné à détendre les membres de la troupe équestre.

A neuf heures, Loyal *junior* prend possession du manège, la chambrière à la main, afin de préparer les chevaux qu'il doit présenter le soir en liberté. Tout comme son frère — plus décoratif — passé avec armes et bagages au Nouveau-Cirque, Arsène Loyal cumule avec les fonctions de régisseur le dressage en liberté.

Le cheval a une prodigieuse mémoire ; il n'aime pas les coups ; en revanche, il apprécie, en gourmet, le sucre et les carottes : tout l'art du dressage en liberté est là, le tact et la patience aidant. Il faut pour former un sujet un an en moyenne. L'âge importe peu : toutefois le cheval fait est préférable. Trop jeune, il est fou, nerveux, et se prête difficilement à ce travail d'assouplissement. Le premier soin du dresseur est d'habituer son cheval à la piste, de le faire régulièrement tourner et de l'arrêter à un signal donné. Pour cela l'écuyer amène son sujet dans l'arène et le fait mettre près du pourtour ; lui se place au milieu. De la main gauche il tient une longe qui a été passée dans le caveçon — demi-cercle en fer armé d'une pointe aiguë que l'on met sur le nez du cheval — dans la main droite il tient une chambrière. Derrière l'animal se dissimule un aide avec une forte cravache de manège. Au début de la première éducation, la piste est garnie d'écuyers armés de petites chambrières, ayant pour mission de taper légèrement sur la croupe de l'animal pour l'engager à se porter en avant. Le dresseur fait un appel et, tirant légèrement le cheval, l'oblige à marcher. S'il résiste, l'aide lui applique un coup de cravache ; s'il obéit, il reçoit de son maître, après deux ou trois tours de piste, le morceau de sucre ou de carotte qui est sa récompense. Pour l'arrêter, le dresseur fait brusquement claquer la chambrière devant son nez et en même temps l'aide se jette au-devant de lui.

Le procédé pour faire sauter les chevaux est également fort simple, en théorie du moins. On place le cheval devant un obstacle. Du geste et de la voix, le dresseur l'encourage à le franchir ; s'il refuse, l'aide lui applique sur la croupe une volée de coups de cravache ; s'il saute, il est caressé et récompensé.

Le cheval éprouve une répulsion instinctive à se coucher ou à s'agenouiller au gré de son maître. Il faut, pour obtenir de lui cette position, le prendre par la surprise et se servir d'un appareil spécial. Cet appareil consiste en un ou deux bracelets qu'on lui met au-dessus du pied. Ce bracelet est muni d'une corde que le dresseur tient solidement. A un moment donné, il appelle l'attention du cheval par un mot, tire brusquement la corde qui lui fait lever le pied et détruit son aplomb, puis, en même temps, il lui donne un vigoureux coup d'épaule qui le jette par terre. Au bout d'un certain temps, l'animal, en voyant le dresseur se mettre à côté de lui, n'attend plus la poussée et se renverse de lui-même, bien que son pied ne soit plus embarrassé du bracelet.

Le travail le plus difficile à obtenir du cheval en liberté est le changement de pied. Question de patience, qui demande souvent deux ou trois mois. L'animal est amené sur la piste et commence à en faire le tour. L'écuyer le laisse tranquillement fournir sa course, puis subitement, d'un coup de chambrière savamment appliqué, cherche à désunir son allure, c'est-à-dire à lui faire changer de pied. S'il obtient ce résultat, il le laisse galoper un tour ou deux, puis, brusquement, l'attaque de nouveau pour lui faire reprendre son allure première. Quand le cheval a compris ce qu'il doit exécuter au coup de chambrière, au lieu de lui laisser faire un tour de piste sur le même pied, on le force à changer au bout d'un demi-tour. Plus tard, on ne lui permet plus qu'un quart de tour à la même allure, puis on ne lui tolère plus que quatre mouvements et enfin deux. C'est alors qu'avec l'accompagnement de la musique, qui suit ces mouvements, il a l'air de danser la polka.

En dressage, l'homme doit toujours avoir le dessus. Une faiblesse, une hésitation amènent parfois de funestes conséquences et font perdre le fruit de longs efforts.

Malheureusement, aux représentations du soir, l'animal, qui sait que la correction ne suit pas la faute, en abuse très souvent, car le public n'aime pas qu'on frappe devant lui.

Il y avait au Cirque d'été un cheval qui travaillait merveilleusement en liberté. Un soir, ce cheval, s'étant aperçu qu'on lui avait laissé commettre une faute légère sans le reprendre, abusa complètement de la situation ; il ne voulut rien faire du tout.

— C'est bon, se dit Loyal, je ne tiens pas à jouer de la chambrière en public, mais demain, à la répétition, nous verrons.

A la répétition, le cheval travailla comme un petit ange et ne manqua pas un seul de ses exercices. Mais à la représentation, nouvelle turlutaine; il avait l'air d'un animal qui n'a pas reçu d'éducation : — tout ratait. Loyal eut alors un trait de génie; il fit rester l'orchestre après le départ du public, garnit les places de quelques écuyers, garda le gaz allumé et fit rentrer son cheval; puis, comme il résistait, lui administra une volée qui le guérit pour toujours de ses incartades.

Quand Loyal a terminé le travail de ses chevaux en liberté, il cède le manège aux clowns qui dressent des chiens ou des oies. Le dressage des oies est à pouffer de rire. J'affirme après l'avoir vu que l'oie n'est pas si bête qu'on le prétend et qu'il suffit de lui donner un peu d'instruction pour lui faire exécuter des exercices qui ne sont pas à la portée du premier venu. Elles comprennent admirablement les commandements de la mèche et je leur trouve même une supériorité incontestable sur la plupart des grues des petits théâtres de genre.

Le dressage d'une oie demande un an de patience; celui des dindons, deux ans. Ce n'est pas que le dindon soit plus sot que l'oie, mais il est plus paresseux. De plus, il y a chez le dindon une jalousie professionnelle qui n'existe pas chez l'oie, mais qui se rencontre plus fréquemment chez le journaliste ou chez l'auteur dramatique.

Après les oiseaux, les femmes. Voici le travail debout, le travail du panneau. Grâce à un appareil non moins simple qu'ingénieux et qui pivote sous le grand lustre du manège, il n'y a pas à redouter de chute dangereuse. Les exercices les plus hardis peuvent être tentés sans péril. Ce n'est pas comme autrefois où les accidents les plus graves se produisaient pendant les répétitions. Aujourd'hui, par le moyen d'un appareil perfectionné ou inventé par les écuyers Chiarini et Lalanne, deux équilibristes qui tenaient à la conservation de leur famille, le plus maladroit d'entre nous pourrait travailler debout sur le cheval le plus fougueux. L'écuyer ou l'écuyère, debout, sont attachés à la ceinture par une corde qui communique à l'appareil et empêche toute espèce de chute. On perd l'équilibre, on est projeté en l'air, peu importe, puisqu'on retombe doucement sur les pieds.

La tenue des écuyères aux répétitions est à peu près celle des danseuses, moins le développement de la jupe qui est inutile. Pour faire une écuyère debout, il faut au moins quatre ans d'études. Deux ans de danse, un an de panneau debout et un an pour travailler à l'aise sur le panneau.

On ne s'imagine pas les difficultés de cet exercice, le plus léger mouvement, la plus petite irrégularité dans le galop du cheval dérange instantanément l'équilibre ; il faut que le galop du cheval ait la précision d'un pendule. Le cheval blanc qui sert aux commençants, un petit vieux de vingt-deux ans, a le galop d'un cheval mécanique.

Tout est curieux dans ce métier. S'imaginerait-on, par exemple, qu'il ne serait pas à la portée du premier venu de suivre au milieu du manège l'écuyer qui tient la chambrière. Ça n'a l'air de rien, mais au bout de trois tours on a le vertige.

Les répétitions de l'après-midi sont consacrées en grande partie aux écuyers et aux écuyères de haute école. L'amazone des familles remplace la jupe courte de la voltige. On travaille l'exercice de haute école ou le quadrille. C'est très sérieux. Dès qu'une jeune fille montre quelques dispositions pour l'équitation, ses parents, s'ils se voient quelque peu embarrassés de lui fournir une dot, vont trouver Franconi et lui demandent pour elle une place dans la haute école. Depuis que les princes ont épousé des écuyères, il n'y a plus à hésiter entre le Cirque et le Conservatoire. Le Cirque, à ce point de vue, est presque devenu une agence matrimoniale. Telle demoiselle dont le cheval s'agenouille, en musique, se destine à obtenir le même exercice d'un boyard de l'Ukraine.

Je vous présente Mlle Dudley (Marguerite), l'écuyère-étoile de la maison. C'est une élève de Franconi, et elle lui fait honneur. Au physique, c'est une femme jeune, vingt-deux ans, grande, fort élégante ; comme écuyère, sa caractéristique est la correction, le sang-froid et une grande tenue à cheval.

L'équitation de cirque présente cette particularité qu'elle s'adresse au public, c'est-à-dire à tout le monde, et se trouve par conséquent avoir pour juges des spectateurs dont le plus grand nombre est absolument hors d'état de comprendre les difficultés, la finesse et le charme d'un véritable travail d'école. L'artiste se trouve forcément ici en face d'une double tâche assez épineuse : être applaudie par le troupeau de Béotiens qui emplit les banquettes et mériter les suffrages des Athéniens, c'est-à-dire des raffinés de l'équitation. Aussi, très rares ont été les écuyères en renom qui n'ont pas été contestées. Il en est quatre qui se sont partagé dans ces dernières années la faveur du public. Individualités transcendantes toutes quatre : égales par le talent, mais très différentes dans sa manifestation, chacune d'elles ayant sa physionomie distincte, son caractère propre, sa personnalité définie. La première fut cette pauvre Émilie Loisset, morte si tristement dans une répétition. La seconde, Mlle Élisa Pezold, disparue de la scène aujourd'hui et dont le succès eut, en 1880, un éclatant retentissement. La troisième, Mlle Elvira Guerra, qui a retrouvé au Cirque d'été son succès d'autrefois près du public parisien, après une tournée triomphante en Allemagne. Et enfin, dernière venue, Mlle Filis, qui vient de partir pour l'Espagne avec un brillant engagement. Tel a été ce quatuor dont l'ensemble personnifie une des phases les plus remarquables des annales de l'histoire des cirques. Chacune d'elles, en exprimant un ordre de sensation très différent, a eu ses partisans, ses adversaires, ses fanatiques, ses détracteurs acharnés. Mlle Dudley rappelle surtout Mlle Pezold, dont elle a l'élégance et la correction.

On se souvient de l'accident qui lui est arrivé récemment, tout pareil à celui qui causa la mort de Loisset; peu s'en fallut qu'il n'eût le même dénouement. Ce jour-là, elle montait *Moscou*, son cheval de prédilection, qui était pour elle ce qu'ont été le *Maître de danse* pour le vicomte d'Aure, *Partisan* pour

Baucher, *Gaulois* pour M. Filis, *Mahomet* pour Émilie Loisset, *Conny* pour Élisa Pezold. En sortant du manège pour rentrer à l'écurie, l'animal pris de vertige s'arrêta brusquement, fit une pirouette sur lui-même, tomba en se roulant dans les spasmes suprêmes de l'agonie, entraînant la malheureuse écuyère qui, foulée, meurtrie, ne dut qu'aux fourches de sa selle de ne pas être broyée sous le poids de sa monture.

Moscou était un bel étalon russe remarquablement dressé, valant 15,000 francs, que Mlle Dudley regrette beaucoup, et dont la perte a causé un vide difficile à combler dans les écuries de MM. Franconi.

Auprès de cette étoile de première grandeur, Mlle Vidal, une toute jeune fille, élève de Franconi et de son père, habile écuyer lui-même, faisant fonctions de piqueur de confiance, chargé du service des écuries depuis plus de vingt ans. Tout le monde s'accorde à lui prédire un très brillant avenir.

Le service des répétitions n'a pas dit son dernier mot. Souvent le soir, après la représentation, on répète les pantomimes en costume. Il est deux heures du matin quand M. Franconi congédie définitivement tout son monde.

La direction des Deux-Cirques appartient à M. Victor Franconi, auquel est adjoint son fils, dont tout le monde se plaît à reconnaître l'activité et la grande compétence. C'est à ce dernier qu'incombe la tâche de plus en plus ingrate et difficile aujourd'hui (que les enfants ne peuvent, de par la loi, être initiés de bonne heure aux exercices d'acrobatie), de recruter les « attractions ». Et elles se font rares! Aussi Franconi a-t-il des correspondants dans toutes les villes du monde, qui ont mission de lui télégraphier dès qu'il leur est signalé un nouveau sujet « excentrique ». Arsène Loyal est régisseur et Chadwick, l'ex-clown désopilant, sous-régisseur.

Parmi les artistes en représentation, les demoiselles Seiffer, écuyères debout, dont une surtout, miss Jessie, est une voltigeuse de premier ordre. Elles ont leurs chevaux à elles, ce qui est obligatoire pour un pareil travail, demandant une harmonie parfaite dans la cadence de l'allure et les sauts exécutés.

Deux clowns excellents : l'un, Hayden, connu des habitués des Deux-Cirques, qui goûtent fort son jeu si varié, soit qu'il ait un cochon, un âne ou qu'il monologue; l'autre, Charles Filis, est le neveu du célèbre écuyer, aujourd'hui propriétaire d'un manège, avenue de la Grande-Armée, dont M. Clémenceau est un client assidu ; il rappelle le petit Price, l'homme-papillon.

Les quatre frères Briatore sont réellement des acrobates de la bonne école.

L'orchestre est dirigé par M. Lahour.

L'orchestre ! il semblerait que, dans un cirque, il n'y eût rien de plus banal? Erreur, erreur profonde. Le cheval a une musique à lui, qui lui est propre, spéciale, et qui doit être faite « sur mesure ».

Quand un cheval d'école est destiné à paraître en public, il lui faut ses quatre airs. Et pour ce, voici comme on procède. L'animal fait une entrée, puis passage et galop sur les deux pistes, avec voltes et pirouettes pour clore son travail par des changements de pied aux trois temps et avec deux temps. Le chef d'orchestre est là, écoutant de toutes ses oreilles, observant, notant la cadence de l'allure, cherchant sur son violon un rythme correspondant au jeu plus ou moins vif ou lent de la détente des membres. Quand ce rythme est trouvé, il compose quatre airs particuliers qui jureraient comme une cacophonie, si l'on s'en servait pour un autre cheval. Donc à chaque cheval sa musique !

La remonte des écuries des Deux-Cirques se fait surtout en chevaux d'origine allemande, appelée *Trackchnen*, du nom d'un haras célèbre en Prusse. Ces chevaux sont intelligents, habitués à l'homme dès le jeune âge, bien conformés, mais généralement froids. Franconi, depuis quelques années, recherche les pur sang, et il n'a pas à s'en plaindre. C'est bien là l'animal par excellence, dont on nie les services parce qu'on ne sait pas l'utiliser. Il suffit pour s'en convaincre de voir chaque soir le cheval noir *Amour*, que présente en haute école l'écuyer suédois, Jacques Gauthier, pour admirer sans restrictions les ressources à tirer du pur sang monté par un cavalier.

J'ai rencontré au manège Filis un autre pur sang, *Néocore*, par *Braconnier* et *Négligente*, vendue 10,000 fr. à Mlle Vidal, pour sa tournée prochaine d'écuyère de haute école à travers l'Europe, qui est bien le dernier mot du genre.

LE CIRQUE FERNANDO.

C'est le cirque des boulevards extérieurs. Situé tout en haut de la rue des Martyrs. Sa popularité rayonne des Batignolles à La Villette et Belleville. Pigalle et Montmartre en raffolent. Aussi Fernando, en homme habile, recrute-t-il son personnel — à moins que ce ne soient des *numéros* — dans le quartier, aux alentours. Tout le monde se connaît. Les clowns, comparses, figurants, mimes, sont des enfants du voisinage, que les spectateurs interpellent familièrement en scène. Un jour j'assistais à une représentation où une Léona Dare quelconque faisait ses débuts. Parmi les clowns chargés d'entretenir l'hilarité du public, se trouvait un grand diable long, maigre, serré dans un habit noir étriqué qui se déhanchait, lançant quelques lazzi avec cet accent particulier du titi parisien, tout en ayant l'air de songer à autre chose. Un ouvrier qui l'observait depuis quelque temps, saisissant le moment où il se tournait de son côté, lui cria :

— Hé Gugusse! as-tu « boulotté »! veux-tu que je te passe du saucisson ?...

Le cirque Fernando, en dépit d'un certain laisser-aller dans la tenue que comportent les relations du voisinage, a eu parfois la main très heureuse dans le choix de ses *numéros*.

Récemment, l'artiste en vedette sur l'affiche était *Jumbo*, un curieux éléphant qui méritait d'être vu. Il était présenté par Mme Louis Fernando, la femme du directeur, qui faisait valoir avec habileté les talents de son élève.

L'intelligence de l'éléphant est proverbiale, et cependant il n'a la mémoire ni du chien ni du cheval. Son éducation est courte et facile à faire. Il est desservi par une lourdeur qui met le dresseur dans la nécessité d'employer des moyens cruels. Pour lui faire lever le pied, par exemple, il est bien évident que l'homme ne peut soulever l'énorme jambe de son élève et lui indiquer ainsi l'exercice qu'il réclame de sa bonne volonté. Il est donc obligé d'étreindre ce massif pilier dans une sorte de demi-cercle en fer et armé de pointes aiguës et de tirer violemment. Le pachyderme se sentant piqué cède, lève le pied et le maintient en l'air jusqu'au moment où l'action des pointes cesse de le faire souffrir.

Lorsque cet exercice a été renouvelé plusieurs fois, il lève le pied de lui-même, rien qu'en apercevant le terrible crochet; mais il n'en a pas moins été martyrisé et son martyr se renouvelle à chaque nouveau travail à en obtenir. La crainte des châtiments est pour l'éléphant, plus que pour tout autre, le stimulant qui met en jeu une intelligence parfois surprenante. On m'a cité le cas de plusieurs éléphants qui, en quinze jours, avaient appris à battre de la grosse caisse, à monter sur un vélocipède et à « faire le beau ».

L'éléphant jouit de ce précieux avantage, de pouvoir jouer la pantomime sans le secours d'aucun auxiliaire.

Il existe, dans un cirque du nord de l'Europe, une parade fort amusante jouée par quatre éléphants qui portent dans une litière un de leurs camarades simulant de la façon la plus comique les airs pleins de langueur d'une femme accouchée.

Les vieux Parisiens se rappellent encore les deux éléphants qui jouaient à eux seuls un mimodrame au Cirque olympien. L'un grand, majestueux, solennel ; l'autre petit, alerte et vif. Le premier, réfléchi et calme, tenait les grands rôles, les Bélisaire, les Monk, faisait des restaurations à coup de trompe, avait raison des usurpateurs de l'Inde, éventait les conspirations, punissait le crime et sauvait l'innocence ; le second n'était qu'un loustic et qu'un baladin, il amusait la galerie et développait aux yeux ravis des spectateurs son imagination et ses grâces d'enfant gâté du public.

Ces deux premiers sujets firent florès pendant plusieurs années.

Fernando, mis en goût par le succès de Jumbo, a l'intention de servir à son public des chiens savants, des cochons dressés et même des singes.

Peut-être serait-ce à M. Changeux, celui qui, il y a un an, présentait une meute dressée au Nouveau-Cirque, que l'on ferait les premières ouvertures.

J'ai eu la curiosité d'interroger plus d'une fois cet habile dresseur, et il m'a dévoilé bien des détails curieux sur son intéressant travail.

Saviez-vous, par exemple, que M. Changeux ne

s'occupe jamais de ses chiens en dehors de leur exercice ? C'est un domestique qui les soigne et leur donne à manger.

Le sucre n'entre pour rien dans leur éducation, et la cravache ne sert que pour leur désigner certains accessoires et jamais comme moyen de correction. Du reste, ses chiens travaillent seuls dans la piste.

Le dresseur n'a qu'un truc, la patience et la douceur. Il prend son chien, cause pour ainsi dire avec lui et cherche à se faire comprendre. Il est vrai qu'il lui faut deux ans pour dresser un sujet.

Voici, par exemple, comment il procède pour les équilibristes :

Le chien est d'abord placé sur une planche fixe assez large qu'il parcourt plusieurs fois. Le lendemain cette planche est animée d'un certain mouvement et le patient doit rester dessus. Petit à petit on rétrécit la planche et on la balance de plus en plus. Quand elle est de la grosseur d'un manche à balai, on l'arrondit. Le chien est arrivé graduellement à se tenir en équilibre et à suivre les mouvements de va-et-vient ; on transforme alors cette sorte de canne en une corde de la même grosseur ; puis on diminue également petit à petit le volume de cette corde pour passer à un fil de fer.

La clef du procédé consiste à se servir de l'odorat des chiens. Le dresseur a soin de promener ses mains sur la corde, et l'animal, guidé par son nez, suit les traces de son maître. Partout où on veut le faire passer, il passe et s'arrête à tous les endroits où il doit s'arrêter.

C'est de cette façon, du reste, que l'on apprend aux chiens moutons à jouer aux dominos. On touche le domino que le chien doit jouer, et l'animal, sans le regarder, va le chercher par son flair et le pose.

Le dressage du cochon est plus compliqué.

Le compagnon de saint Antoine n'est pas d'humeur sociable, il est ombrageux et incapable d'attachement, mais il est gourmand à l'excès, et c'est grâce à la gourmandise qu'on arrive à le dresser.

Il faut d'abord s'enquérir des morceaux qu'il préfère — car le cochon est plus particulièrement friand de certaines choses : — tel a un faible pour le gras de bœuf, tel autre adore le sucre. Donc, le dresseur, après s'être muni de l'appât et le lui avoir fait sentir, doit commencer par exécuter lui-même l'exercice qu'il veut enseigner à son élève. S'il veut lui faire sauter une barrière, il la sautera le premier, et le cochon le suivra. On recommence plusieurs fois de suite cette manœuvre et, finalement, on abandonne à l'élève la récompense convoitée. Le lendemain, on recommence, en diminuant la ration, et l'on procède ainsi chaque jour jusqu'au moment où on ne lui donne plus rien du tout. Mais le cochon, frustré, se révolte généralement et refuse d'obéir. Il manifeste une obstination très réelle. Alors on l'oblige à marcher à l'aide du collier de force et de la cravache. Quand il obéit, on le comble de douceurs; quand il regimbe, on frappe. Lorsque le cochon est complètement dressé, son maître peut abandonner à un aide le soin de lui donner à manger, mais il doit se réserver toujours la distribution du comestible qui le séduit.

Le singe, bien que notre ancêtre et peut-être même en raison de cette communauté d'origine, est un intransigeant.

On ne le dresse jamais. On lui apprend certaines choses qu'il exécute une fois, dix fois dans la perfection, mais à la onzième il s'insurge et il est impossible de le faire obéir. La cravache est donc le seul argument à employer avec lui.

Le cirque Fernando a ses « clous », ses attractions qui méritent que l'on gravisse souvent les hauteurs de la rue des Martyrs.

LE CIRQUE MOLIER.

La rue Benouville, inconnue des Parisiens, et neuve pour ainsi dire, a conquis rapidement sa célébrité. Elle changera de nom un de ces jours pour s'appeler la rue du Cirque-Molier.

Dans le domaine de la fantaisie, personne n'avait encore songé à se donner le luxe de Franconi chez soi. L'excentricité des amateurs cherchant à s'offrir, dans leurs hôtels particuliers ou dans leurs châteaux, tous les plaisirs de la vie mondaine et sportive, avait bien fait construire des salles d'armes ou des salles de spectacle. Mais le cirque manquait. M. Molier l'inventa. C'est ainsi qu'il a fait courir tout Paris et qu'il a même trouvé plus tard un concurrent dans les denrées coloniales.

Cirque d'hommes du monde! Qui ferait partie de la troupe? Il ne manqua pas de jeunes gens pour s'en mettre; l'impresario n'eut que l'embarras du choix pour recruter ses sujets parmi ses amis, comme lui fanatiques du cheval et du sport.

Indépendant par sa fortune, Molier a fait de son cirque un salon de réception. Chevaux, barres fixes, trapèze, haltères, fleurets sont à la disposition des visiteurs : on y récolte les mots légers en même temps que les poids lourds.

Ce Parisien vient du Mans, où son père était trésorier général. Côtoyant la quarantaine, de taille moyenne, bien campé sur les jambes, Molier porte les cheveux courts, moustaches longues à la façon des officiers de cavalerie dont il a la tournure.

Tout sportsman a son dada, celui de M. Molier fut toujours le dressage des chevaux en liberté et en haute école. Il fréquentait les manèges et les cirques, il voyait dresser, il assistait à ce curieux travail d'assouplissement des chevaux les plus rétifs, et, de temps à autre, il prenait la chambrière et dressait à son tour. Mais, comme tous les artistes, les dresseurs se jalousent, et, à force d'aller chez les autres, M. Molier finit par se convaincre qu'il serait mieux chez lui ; mais comment introduire un cirque et tout son matériel dans le petit hôtel qu'il occupait rue Blanche ? C'est à peine s'il eût pu y dresser des caniches. Il chercha et loua rue Benouville, à l'entrée du Bois, au milieu de terrains vagues, un vaste hangar dans lequel il installa un manège provisoire.

Ses amis vinrent y faire assaut ; on y dressa, on y voltigea, et ce hangar devint un des centres les plus recherchés des sportsmen parisiens. On y vit, surtout au début, M. le comte Hubert de La Rochefoucauld, comte de Dion, puis MM. Vavasseur, Van Huyssen, Ravaut, Acloque, Guillaume Hughes, et plus tard, MM. Martel, de Quélen, de Beauregard, comte de Maulde, de Montherot, comte de Pully, comte Bernard de Gontaut. Deux peintres connus, Goubie et Heyrault, prirent aussi beaucoup de goût à l'innovation de M. Molier et ornèrent son manège de nombreuses toiles et de nombreuses pochades.

Une fois en nombre, formant un petit cercle de sportsmen et d'amis, ces messieurs eurent l'idée de donner dans le manège, transformé en cirque, une représentation d'amateurs, faisant pendant aux comédies de société.

Ils avaient d'ailleurs, pour tous les genres de sports, les éléments d'une bonne troupe de cirque. Les écuyères amateurs faisaient seules défaut ; mais Mmes Fanny Lehman et Bradbury, deux écuyères bien connues, se chargèrent gracieusement de compléter le programme, — et des invitations furent lancées pour la première représentation du cirque Molier, qui eut lieu en mars 1880.

Le style des invitations montrait bien que l'on comptait régler les choses « à la bonne franquette », avec cette belle humeur et cette absence de pose qui ont été un des grands éléments du succès de cette représentation.

Les lettres d'invitation disaient tout simplement : « On fera un peu d'équitation, d'acrobatie, et après, on mangera des tripes à la mode de Benouville. »

Sur le programme, on lisait : « Dans l'entr'acte (piste ouverte), conversation animée entre les artistes et les invités. » Mais, sans même attendre l'entr'acte, les artistes fraternisaient avec leurs invités — très nombreux, très bien disposés.

Cette première représentation obtint un succès fou; du reste, elle ne manquait pas de clous. Parmi les plus applaudis dans la partie sérieuse on cita Mmes Fanny Lehman et Bradbury, celle-ci montant Casimir, le cheval de haute école monté par Céline

Chaumont, aux Variétés. Comme écuyer, M. Molier fut aussi très applaudi ; il présenta deux chevaux, l'un en liberté, l'autre dressé par lui.

Le comte Hubert de La Rochefoucauld, habillé d'une tunique de soie bleu de ciel, avec une écharpe à glands d'or, obtint un grand succès comme gymnaste émérite, au trapèze et à la barre fixe.

La partie comique fut également très réussie. Outre une pantomime de Molier, *la Famille du Directeur*, on eut les boniments du clown Bobêche (Ravaut), les exercices d'Édouard Philippe qui, après avoir exécuté une valse au piano, en promenant les bords de son chapeau sur les touches, vint jouer d'un harmoni-flûte d'où sortaient des feux d'artifice ; enfin et surtout, les fameux lapins sauteurs qui, depuis, donnés à la direction Fernando, firent avec succès une grande tournée en Belgique. Ces lapins, parfaitement dressés, se livrèrent à une course très amusante, sur laquelle on pariait comme à Longchamps.

On s'amusa tant à cette soirée, que la troupe Molier inquiéta vivement les directeurs des vrais cirques parisiens. Heureusement que ceux-ci n'avaient à redouter que la concurrence d'une représentation annuelle. Mais quelle installation originale dans le décor de Paris-Murcie, justifiant le nom de Molieros ! Quel coup d'œil que celui des gradins supérieurs, garnis de jolies femmes, auxquelles il ne manquait que la mantille espagnole pour figurer dans un tableau de Worms ou de Fortuny !

Un tel succès oblige, il était la condamnation du hangar, qu'une élégante construction, toujours dans le style espagnol, ne devait pas tarder à remplacer. L'année suivante, la troupe Molieros se surpassa, et la soirée fut consacrée par un tableau de Goubie, dont un Américain offrit des prix fous, sans parvenir à tenter le directeur, qui ne l'eût pas donné pour tous les galions de Vigo.

L'année suivante marqua une ère nouvelle pour la troupe Molier. Le directeur était très préoccupé de donner une soirée réservée aux femmes du monde, il rêvait son mardi des Français. Mais comment faire? Pour monter aux gradins supérieurs, où leur place était marquée, on arrivait par des sortes d'échelles très favorables à l'œil indiscret des spectateurs, mais par cela même effarouchantes pour celles qui avaient à s'y engager. Les autres, ça ne leur faisait rien, au contraire; elles montaient même lentement, bien lentement, pour exhiber le plus possible ce qui s'appelle le onze au loto. Personne n'ignore, j'espère, que cela veut dire : les jambes de ma voisine.

Le cirque Molier eut son escalier comme l'Opéra et put donner sa représentation des femmes du monde. La chose se fit à grands frais, mais n'importe, il le fallait !

Programme des plus attrayants, il marqua les débuts de miss Pâquerette, élève de Molier, qui, en sept mois, grâce aux leçons habiles de son maître, avait appris une haute école spéciale des plus réussies. On vit M. Bennett imiter la grenouille. On vit ensuite Auguste, asinus africanus, un petit baudet d'une intelligence au-dessus de la moyenne. M. de Quelen imita les tours du fameux tireur américain Carver, sous le nom de Rabbit, la terreur des forêts vierges.

1882 affirma le succès du cirque d'amateurs de la rue Benouville ; les invitations furent très recherchées, la fête ravissante. Dans les loges : la marquise de Mora, baronne de Précourt, duchesse d'Uzès, la jolie Mme Benardaki, etc.

Sur la scène, grand succès pour le comte Hubert de La Rochefoucauld qui, pour être fils de preux, n'en a pas moins des biceps d'Hercule ; pour MM. de Monthereau et de Clavenas en écuyers : pour M. de Beauregard, en môssieu Loyal, étonnant de ressemblance ; mais surtout pour M. de Saint-Aldegonde en dompteuse de chevaux, stupéfiant avec son corsage rouge capitonné, son feutre à plumes, sa jupe d'amazone et le portrait du « patron » en broche ! Pendant l'entr'acte, le frère de M. de Beauregard, déguisé en ouvreuse, passait des rafraîchissements ; quant à M. Édouard Martell, il fut désopilant de verve dans un rôle de clown où il baragouinait l'anglais à en faire pâlir Chadevick.

En 1883, ce fut l'escrime qui fit tous les frais. Il y eut un grand nombre d'assauts, parmi lesquels une résurrection des principales phases de l'histoire de l'épée ; plusieurs combats à cheval, dont un entre le commandant Dérué, expérimentant sa théorie sur la supériorité de la pointe, contre M. Molier, armé du sabre.

En 1885, programme nouveau et de plus en plus alléchant.

Molier montait en haute école. Mlle Violat, première danseuse de l'Opéra, délicieuse en habit de cheval, triomphait comme Élisa ; bientôt elle revenait avec Mlle Blanc également de l'Opéra, sa camarade : toutes deux en maillot rouge sombre. Celle-ci levait adroitement la jambe, faisait sauter en l'air un chapeau de soie tenu par sa compagne à une hauteur prodigieuse.

Les clowns étaient représentés par M. de la Géterie, portant un gilet blanc inénarrable, perruque rousse, chapeau gris à rubans tricolores; M. James Durand en maillot rouge et noir avec un pied en satin blanc imprimé à l'endroit où les coups de pied se reçoivent. M. de la Géterie, jouant de l'orgue de Barbarie, accompagnait une gigue de son ami John Bull. M. Camille Walberg conduisait en tandem; M. Vavasseur et le baron Rivet faisaient des sauts périlleux sur le tremplin.

Molier en habit noir et Mlle Violat en danseuse exécutaient un pas de deux incomparable. Mlle Violat alliait une fine acrobatie à une danse savante ; rien n'était plus joli, plus émoustillant, plus artistique.

En maillot, M. de La Rochefoucauld faisait de la barre fixe avec le peintre impressioniste Wagner. Le souvenir de Léotard était effacé.

Dernier numéro : Frédégonde et son escorte. Frédégonde : Mlle Walberg, coiffée du casque d'or aux ailes déployées.

L'élément féminin devint une des attractions du cirque de la rue Benouville; le théâtre se piqua au jeu et se fit représenter par ses étoiles les plus en vogue. C'est ainsi que l'on put applaudir Lavigne, d'Ascot et nombre d'autres constellations théâtrales qui ne demandaient qu'à se lancer dans l'acrobatie.

Le cirque Molier est dans son hôtel même. On traverse une sorte de hall, une galerie dont les murs tapissés d'affiches muticolores reproduisent un échantillon de tous les phénomènes du monde entier, puis une autre salle servant de vestiaire aux artistes, et, en bas d'un escalier par où sont passées nombre de jolies femmes, on pénètre dans le manège, chauffé l'hiver par un immense brasero.

Les soirs de représentation, cette salle originale présente un aspect féerique. Autour de la piste, se dressent des constructions bizarres, une arcade mauresque. Partout, aux balcons, aux fenêtres des divers étages, même dans les lucarnes, des têtes ravissantes, chapeaux fantastiques, des chevelures inouïes, des lèvres rouges, des toilettes exquises. Et, bordant l'arène, une double rangée d'habits noirs.

L'existence de Molier n'est pas celle d'un oisif. Il se lève à l'aube; coiffé d'une casquette de cocher de cab, il travaille au manège jusqu'à midi. A deux heures, les camarades arrivent, et souvent des écuyers et des clowns de profession qu'il reçoit comme des confrères. On parle de cirque, d'acrobatie et de tout ce qui concerne le métier.

Les représentations du cirque Molier ont lieu chaque année au mois de mai : le jeudi devant les belles de théâtre et de boudoir, et le mardi, devant les femmes du monde. Molier est garçon.

Une anecdote à ce sujet :

Une de ses parentes, femme d'un austère magistrat

de province, bien que peu enthousiasmée pour la haute école, consentit un jour à venir à la représentation et s'y amusa. Un incident toutefois faillit l'indisposer ; une femme, se donnant comme la directrice de l'endroit, affichait des allures cavalières, prenant tour à tour des poses gracieuses et athlétiques, sous le nom d'Éléonore Molieros.

Mais on rassura l'excellente dame, tout à fait effarouchée, en lui confiant en secret que la gaillarde en question n'était autre que le vicomte de Saint-Aldegonde !

L'HIPPODROME.

Dès que le printemps est signalé, d'énormes voitures-affiches couvertes de grands dessins à l'américaine : gymnastes en l'air, clowns cabriolants, chevaux de haute école, ballerines et phénomènes, parcourent Paris, précédées ou suivies de jockeys nains enrubannés, montés sur des poneys : c'est l'Hippodrome qui fait sa réouverture.

L'Hippodrome n'est pas seulement un spectacle parisien, c'est un spectacle cosmopolite.

L'Hippodrome a son histoire que je ne crois pas utile de conter. Il fut construit d'abord barrière de l'Étoile, puis à l'entrée du Bois, où le feu ne tarda pas à le détruire. C'était en 1869 ; il disparut comme dans une apothéose finale.

Une immense bâtisse entièrement en bois, de forme ovale, contenait à l'intérieur une arène gazonnée, qu'encadraient des gradins en amphithéâtre pouvant contenir quinze mille spectateurs.

De pareilles dimensions se prêtaient à merveille aux grandes pantomimes équestres avec luxe de figuration, aux spectacles militaires, aux courses de toutes sortes. La vogue du Cirque-Olympique, comme on l'appelait, fut retentissante.

Les artistes les plus renommés cherchaient à s'y faire engager. Blondin, l'incomparable équilibriste, s'y révéla aux Parisiens, avant d'aller tenter ses vertigineuses ascensions du Niagara. On y vit : Loyal, Clara-Rack, Thérèse Voital, Lehman, Pauline, la fameuse Céleste Mogador dont tout Paris admirait, en 1856, le costume orange. Elle exécutait à ravir la course des haies, avant de devenir comtesse de Chabrillan, puis romancière, auteur dramatique et directrice de théâtre. Là s'exhiba Adèle Mentken, dont la vie ne fut pas moins mouvementée.

Le nouvel Hippodrome du pont de l'Alma, plus étroit que l'ancien, est encore très vaste, puisqu'il occupe une superficie de dix mille mètres et peut contenir huit mille personnes.

Il a ses mardis et ses vendredis pendant la saison. Son édifice en fer est aussi élégant que solide ; parfaitement aéré, grâce à une surface mobile, et éclairé à giorno de tous côtés par de puissants appareils électriques. Le public y est plus mêlé qu'aux samedis du Cirque, mais encore élégant et paraissant lui-même en spectacle, comme les centaines de figurants au costume pittoresque qui défilent dans les pantomimes, comme les gymnastes et les clowns aux maillots étincelants qui exécutent dans l'arène des merveilles acrobatiques, comme les écuyères à la mode, qui, le gardénia à la boutonnière, parcourent triomphalement la longue piste du manège.

Dans ce vaste établissement, les programmes sont variés, surtout à partir de mai. C'est la véritable ouverture, mars, avril étant considérés comme des mois préparatoires. J'y ai vu des numéros curieux. L'Hippodrome possède un fond classique, qui fait partie à demeure de son répertoire. Ce sont les courses de toutes sortes : courses en char, steeples de petits jockeys, courses plates d'amazones, courses debout à deux, quatre, six et jusqu'à trente-deux chevaux, courses de chevaux libres, de lévriers et courses à pied toujours amusantes.

L'ex-voiture de gala du duc de Brunswick et la daumont de Saïd pacha, qui servent à amener les acrobates dans l'arène et à les faire défiler sous les yeux du public, excitent régulièrement son admiration et son enthousiasme.

Le matériel de l'Hippodrome est assez important. La sellerie mérite d'être visitée. J'y ai vu une collection de plus de cinq cents harnais de toutes les époques et de tous les genres soigneusement entretenus. Les écuries, vastes, bien aérées, contiennent cent cinquante chevaux, plus quarante poneys que les visiteurs comblent de sucre.

Le personnel varie. C'est ainsi que, pour la grande pantomime russe *Skobelef*, on a engagé cinq cents figurants pour paraître ensemble. Que de gens à mettre à cheval !

Je veux, pour terminer, vous parler des pantomimes. Une des plus classiques et des plus désopilantes dont j'aie gardé le souvenir est celle de *Robert Macaire*. Elle se terminait par l'enlèvement du cadavre d'un gendarme que le cheval de Bertrand emportait dans sa bouche, à la grande joie des titis. Mais la pantomime a fait des progrès, et il n'y en a certes pas eu de plus originale que celle qui figura sur l'affiche sous le titre de : *la Noce à Jules*.

Vous connaissez Jules, ce farceur des farceurs, ce comique entre les comiques, plus fantaisiste que la fantaisie même. Voici le scénario qu'il composa et dans lequel il figura pour une bonne œuvre : il s'agissait de faire remonter les recettes du directeur de l'Hippodrome!

Deux fiacres entraient dans le manège; le premier était à deux chevaux et à galerie, conduit par Paul, vêtu d'un manteau antédiluvien à collets.

Le second fiacre, conduit par Jules, était découvert. Sur le siège, à côté de Jules, se tenait un suisse en grande tenue. Dans la voiture, Auguste et une femme se prélassaient nonchalamment étendus.

Ces deux premiers fiacres entraient suivis de plusieurs autres bondés dedans et dessus.

Les voitures faisaient un tour et le suisse conduisait le cortège à la mairie.

Le décor de la mairie brillait par sa simplicité. Une grande table posée sur un piédestal se donnait des façons de tribune. Cette table, deux chaises et quelques bancs composaient tout l'ameublement municipal.

La noce prenait place sur les bancs qui faisaient face à la tribune; les deux cochers, Paul et Jules, étaient installés comme témoins sur deux chaises entre les bancs.

Entrée solennelle du maire qui faisait le saut périlleux par dessus la table et saluait gracieusement l'assistance.

Les gens de la noce s'inclinaient avec respect, et le mariage était célébré civilement au milieu du recueillement général.

Après la cérémonie la noce se formait en cortège et repartait à pied.

Nouveau décor très peu compliqué. Un bosquet, une grande table, des sièges ; nous étions dans un restaurant à la mode. La noce se mettait à table, mais tout à coup tous les invités se levaient sous l'influence d'une inspiration subite et sur deux rangs se livraient à un cancan échevelé.

Le suisse les regardait d'un air effaré.

Après la danse, on se plaçait autour de la table sur laquelle le marié montait tout à coup et menaçait de prononcer un speech.

Le maire, pour conjurer le danger, faisait avancer une voiture dans laquelle il poussait la mariée. En même temps on accrochait derrière le fiacre la table toujours surmontée du marié qui continuait à gesticuler et à débiter son boniment.

Mais les invités se mettaient à danser en rond autour de lui. Cette façon d'écouter son discours le rendait tout à fait épileptique ; il en profitait pour faire une scène à sa femme en présence du suisse dont l'effarement était à son comble.

Le marié calmé, la noce repartait ; cette fois elle était arrêtée par un arroseur public qui dirigeait sa lance sur la couronne d'oranger de la mariée.

Tout le monde ouvrait son parapluie, pendant qu'Auguste, en proie à la plus légitime indignation, se précipitait sur l'arroseur qu'il parvenait à terrasser avec l'aide de la demoiselle d'honneur.

Un instant après, Auguste se trouvait seul avec le suisse et les deux cochers qui lui réclamaient leurs courses. Pendant cette querelle, les gens de la noce, gens peu délicats, s'esquivaient avec les fiacres.

Auguste, ne sachant comment se débarrasser de ses deux cochers et du suisse, les invitait à boire, et, tout en remplissant leurs verres, les attirait sur une trappe par laquelle ils disparaissaient.

Auguste, enfin délivré, ramassait un peu de sable qu'il jetait dans le trou en poussant un cri de triomphe!

Ce dénouement aussi simple qu'ingénieux avait déterminé le succès de la grande pantomime, qui passionna Paris pendant deux mois et qui eût fait évidemment la fortune du directeur, s'il avait pu décider les gens du monde qui l'avaient inventée, pour un soir à en prolonger les représentations.

LE FIACRE A PARIS

— Cocher, psitt !... psitt !...
— Voilà, bourgeois !...

Le cocher rajuste le plus lentement possible la muselière de son cheval, après quoi il grimpe sur son siège sans se presser, après quoi il s'enroule les jambes dans des couvertures sans s'émouvoir, après quoi il boucle le tablier, après quoi il vous passe son numéro, après quoi il vous demande d'une voix enrouée :

— C'est-il à l'heure ou à la course?

Quand ces interminables préparatifs sont terminés, le fiacre s'ébranle. Il n'est que temps...

Vous connaissez l'historique du fiacre. Inventé sous Louis XIV par un nommé Sauvage, sous le nom de voiture à cinq sous parce qu'on ne payait que cinq sous par heure pour y monter, il ne s'intitula fiacre qu'à cause du portrait de saint Fiacre qui fut peint sur ses portières quand le moine de ce nom mourut en odeur de sainteté au couvent des Petits-Pères, près duquel se tenaient les principales stations des petites voitures.

Depuis cette époque, ce modeste véhicule s'est multiplié dans de telles proportions, à Paris notamment, qu'on n'y évalue pas à moins de vingt mille le nombre de voitures de place. Aussi, de toutes les grandes capitales, Paris est celle où les piétons sont le plus gênés, menacés, tyrannisés par les voitures. A Londres, le mouvement de la foule affairée est plus caractérisé que chez nous ; mais les piétons peuvent se réfugier dans des *lanes* très nombreux. Les stations de voitures de louage sont au milieu des grandes voies qu'elles divisent naturellement : les véhicules qui vont et viennent suivent forcément la gauche ou la droite, selon leur destination. Tous d'ailleurs ont une vitesse à peu près égale. Les *cars* et les *wagons* traînés par des chevaux de sang marchent constamment à la même allure et au train d'un équipage de maître. A Paris, ce qui étonne, c'est qu'il n'y ait pas chaque jour à tous les carrefours une ou deux douzaines de gens renversés, écrasés, mutilés ou plus ou moins avariés. Il suffit, du reste, d'examiner pendant dix minutes la façon dont sont menées les voitures de place pour s'apercevoir que la plupart des cochers ne sont pas du métier.

Allez donc leur faire entendre qu'ils tournent toujours trop court, qu'ils devraient ralentir l'allure au coin des rues, et de ne pas prendre régulièrement la droite, qu'ils recherchent les accidents en s'enfilant dans les voies embarrassées. Ils se moquent bien de ces bagatelles qui n'intéressent que le bourgeois. Le bourgeois, ils ont pour lui le même dédain que pour le « canasson » de la Compagnie. Une seule chose les préoccupe, c'est la *moyenne* qui augmente dans des proportions inquiétantes et qu'il faut atteindre coûte que coûte pour ne pas y être de sa poche. Cette moyenne, de 16 à 17 francs par jour, les oblige à abuser de leur cheval qu'ils rendent fourbu au bout de deux ans de service.

Les compagnies ont cependant amélioré depuis quelques années leur cavalerie et leurs attelages.

Ce progrès s'est affirmé au dernier concours hippique au Palais de l'Industrie où la Compagnie générale a remporté un succès éclatant.

Du haut du ciel, saint Fiacre a dû être satisfait. En tout cas le public l'a été. Je n'entendais que des gens criant bravo! Voilà qui est utile et parfait. Stimuler le zèle des loueurs à mettre à la disposition de leur clientèle des équipages irréprochables, c'est faire le bonheur des Parisiens.

La voiture de louage est commode entre toutes, elle débarrasse de bien des soucis, et, quand elle atteint la perfection d'un service de maître, il n'y a qu'à se déclarer enchanté.

La Compagnie générale des voitures a pris la première place dans ce Derby des *sapins*. Celui qui met un frein à la fureur des flots... de rubans n'a pas pu s'empêcher d'en placer à toutes les têtières des chevaux de M. Bixio.

Il y a eu notamment des attelages qu'on a trouvés si réussis qu'on se les est arrachés. L'un d'eux, composé d'un poney bai brun et d'un alezan, a été marchandé par plusieurs amateurs et, finalement, acquis à M. de Guilhemanson pour 5,000 francs. Ces deux poneys étaient ravissants et marchaient comme des poneys de cinq cents louis. Leur acquéreur a fait, je crois, une excellente affaire. En somme, la Compagnie générale a paru de *premier numéro*. Je vous recommande le 47, rival du 117. Si jamais il daigne vous prendre dans Paris, vous m'en direz des nouvelles.

Avec des voitures de louage aussi confortables, on aurait bien tort de se donner les embarras d'une écurie chez soi et de ne pas appliquer le vers du poète :

Aimez qu'on vous carrosse et surtout qu'on vous loue.

Il y a dix ans, quand on montait dans un fiacre, on ne savait jamais si l'on arriverait à destination : les malheureux chevaux, étiques, mal nourris, encore plus mal couchés, faisaient peine à voir.

J'eus à ce sujet, en 1877, une polémique dans le *Figaro* avec M. Bixio, qui fit un certain bruit. Je reprochais au directeur de la Compagnie des Petites-Voitures de nourrir ses chevaux avec du maïs et de les coucher sur de la sciure de bois. Je disais notamment :

« Tourteau, maïs, féveroles, c'est l'histoire du soulier de l'Auvergnat dans le pot au feu : ça tient de la place, voilà tout. Le poids n'est rien, c'est la qualité de l'aliment qui est tout.

« Que M. Bixio se mette au régime des confitures pour remplacer la viande et cela à poids égal et il verra ce que deviendront ses muscles. »

Le directeur des Petites-Voitures ayant objecté que la litière de sciure de bois enlevait la totalité des odeurs d'écurie, je lui répondais :

« Parbleu ! je crois bien qu'elle les enlève, elle les garde même et on s'est aperçu du reste. Quant à la richesse du fumier qui en résulte, elle est telle que personne n'en veut et que les imprudents qui s'en servent ne voient plus d'herbe sur leurs champs. »

Aujourd'hui la paille a remplacé la sciure de bois et l'avoine a remplacé la féverole dans l'alimentation de la cavalerie.

Il était temps d'aviser, car, en continuant l'ancien système, on n'eût pas trouvé de différence entre le fiacre de compagnie et le fiacre de maraude.

Quand on revient tard à Paris d'une expédition de chasse ou de tout autre voyage, on est généralement fort désireux de regagner promptement son domicile.

A moitié endormi, ayant commencé sa nuit dans les demi-délices d'un sommeil cahoté, on ne demande qu'à se jeter dans un véhicule rapide pour être transporté le plus instantanément possible des coussins d'un wagon de 1re classe, aux matelas d'un lit moelleux.

Il fait à peine jour, les abords de la gare sont déserts, on se presse de déclarer son gibier, de retirer ses bagages et de chercher un fiacre.

Un fiacre !... Ils sont rares, extrêmement rares, les fiacres qui desservent les gares la nuit.

Suivez-moi à mon arrivée, et vous verrez que mon aventure a été souvent la vôtre.

En quittant le train de Montargis, je suis descendu le long de la rue de Lyon, où stationne une file de voitures. Chose singulière, les sièges étaient absolument vides, et je ne savais à qui m'adresser pour prendre possession d'un des véhicules que je cherchais.

Enfin, dans la situation d'un homme qui entre dans une boutique vide et qui éprouve la tentation de se servir soi-même, j'ouvre une portière, la première venue.

Une forme humaine se déroule d'une vieille couverture, comme un boa qui vient de digérer son lapin, saute à terre et me crie d'une voix enrouée :

— Voilà! patron, voilà!...

Je lui demande son numéro, et comme les bagages se faisaient attendre, j'eus le loisir d'examiner avec soin le char singulier qui devait me transporter chez moi.

Le cocher avait un vieux carrick arlequiné de toutes sortes d'étoffes et graisseux à rendre des points à une botte de marais ; le pantalon avait été pantalon de soirée d'un pianiste en 1830 ; le chapeau, un feutre réformé de la figuration du théâtre Beaumarchais.

Quand le cocher sortit de sa voiture, l'air s'imprégna immédiatement d'une mixture d'ail et de vieille chique. Impossible de maîtriser mes nausées.

Le fiacre était un ancien coupé à la caisse ventripotente, avachie sur des ressorts criards. Les brancards rajustés et les harnais rapiécés par les plus étranges combinaisons de ficelles contenaient une pauvre rossinante qu'on n'eût pu redresser à demi sur ses jambes qu'en l'enlevant à l'aide d'un ballon captif.

Tel était l'équipage qui ne mit pas moins d'une heure et demie pour me ramener à ma destination.

Quand j'arrivai à ma porte, j'avais été secoué et bousculé de si belle façon, que je n'avais plus la moindre envie de dormir; il me semblait que mes membres, à force d'être émoulus, étaient capables de rendre des angles aux épaules de mon cheval.

Une fantaisie étrange me prit, je donnai cent sous à mon cocher, à la condition qu'il me dirait par quelles circonstances bizarres il menait l'équipage dans lequel il m'avait trimballé depuis la gare.

— Voulez-vous me conter, lui dis-je, votre histoire et celle de votre cheval?

— Pourquoi pas? me répondit-il; je parie que c'est pour mettre sur le journal.

Le gaillard avait du flair.

— Mais, continuai-je, je pense à une chose; comment allez-vous faire pour abandonner votre voiture à la porte?

— Oh! là! là! fit-il, y a pas d'danger que l'canard s'emballe!

Et il me fit, dans son langage imagé, le récit dont voici à peu près le résumé.

Ce qu'on ignore absolument, c'est que la catégorie des fiacres, dits de maraude, appartient à une grande administration.

Cette administration fonctionne à la Villette-Belleville et dispose d'un matériel considérable : près de

100 voitures, 150 chevaux, une forge, un atelier de réparation, des peintres, des selliers, un outillage complet, un stock de cochers de toutes provenances.

Le Bixio de cette compagnie est son seul actionnaire. A lui tous les profits, à lui tous les dividendes. Aussi achète-t-il, entre temps, quelques nouveaux immeubles. Il en est à son quatrième, et ne veut pas s'arrêter en aussi beau chemin...

M. Bertrand — c'est le nom de l'heureux directeur propriétaire, — avait petite bourse et grand appétit lorsqu'il vint, il y a une dizaine d'années, chercher fortune à la Villette. Sa longue blouse bleue, son teint haut en couleurs, lui assuraient estime et sympathie dans ce quartier où le boucher donne le ton et impose sa livrée.

Il arriva un beau jour sur le pavé de la capitale avec un équipage acheté « cheval dans les brancards » à la barrière d'Italie, pour la somme de dix pistoles (100 francs).

Dès le lendemain, on attelait. Le cocher choisi pour trouver des jambes au trotteur efflanqué qui traînait la carriole était un contraventionniste incorrigible, renvoyé de partout et travaillant pour n'importe quel prix. Sorti à cinq heures afin de pouvoir « faire le théâtre », il alla fièrement se camper à la station située à l'embranchement de la rue d'Allemagne et de la rue de Meaux.

Quand les confrères virent arriver le nouveau venu, ce fut une explosion de rires et de quolibets à ameuter le voisinage. Le surveillant sortit de son kiosque au bruit. Un premier coup d'œil lui suffit. Hélas! malgré un adroit maquillage, Rossinante sentait son Macquart d'une lieue; le harnais bâillait de toutes parts, en dépit des nombreuses cordes qui tentaient de l'assujettir; le véhicule boitait en gémissant sur son essieu. — Rentrez, impropre à *la circulation!* exclama l'agent; défense de sortir sous peine de fourrière.

M. Bertrand fut atterré... Mais la nuit porte conseil... Quand il se réveilla, une idée — une de ces idées qui décident de l'avenir d'un homme — avait germé dans son cerveau.

Son cocher était à l'écurie. Il alla le trouver.

— Eh bien! mon vieux, lui dit-il, on n'a pas voulu de toi à la station, sois sans inquiétude, tu t'en passeras de la station, et tu chargeras plus souvent qu'eusses !...

Les kiosques ferment à onze heures et demie. Passé cette heure, il n'y a plus ni station ni contrôle, les fiacres sont libres, les honteux et les rôdeurs n'ont plus rien à craindre.

A eux la maraude nocturne, la plus lucrative; à eux le chargement aux abords des gares, avec tarif facultatif; à eux l'étranger fourvoyé dans un quartier perdu; à eux le provincial en liesse; à eux le soupeur inconscient, le noctambule réveillé en sursaut par le froid du plein jour : c'est-à-dire les pigeons les plus faciles à plumer.

Le cocher de M. Bertrand, peu scrupuleux, rusé, insolent, avait ce qu'il fallait pour réussir dans ce « genre de travail ». Aussi apportait-il chaque matin

— malgré le prélèvement obligé — de plantureuses recettes.

Trois mois plus tard, M. Bertrand achetait, au même prix, dans les mêmes conditions, cinq autres voitures et embauchait pour les conduire des cochers taillés sur le modèle du premier.

Il est à la tête aujourd'hui d'une grande administration de jour en jour plus florissante.

Par exemple, ce qu'il ne faut pas s'attendre à y rencontrer, c'est le lustré, le recrépi des entreprises qui se requinquent après fortune faite. Oh! non, la compagnie Bertrand a conservé son caractère primitif : le vieux y prime le neuf.

Vieilles voitures disloquées, vieilles roues, vieilles ferrailles, vieilles baraques en bois ; va-et-vient de figures patibulaires, les chevaux de l'Apocalypse ; voilà ce que l'on voit dans la grande cour d'entrée.

Le recrutement des cochers n'est pas la partie la moins intéressante de l'affaire. M. Bertrand sait son cocher noctambule sur la mèche de sa chambrière.

Aussi ne demande-t-il au postulant aucun certificat. Il le toise, le dévisage du haut de sa taille d'athlète, et cela lui suffit.

Mais point de médaille sans revers. Un pareil personnel est capable de tout, et principalement de garder la recette et d'abandonner cheval et voiture dans un chemin désert. M. Bertrand, en homme de précaution, a paré à cette éventualité par l'usage du cautionnement.

— Je veux bien t'embaucher, dit-il à l'automédon

qui se présente, bien que tu n'aies ni papiers ni certificat ; chez moi tu gagneras plus d'argent qu'ailleurs ; mais il me faut un cautionnement.

— Je n'ai rien ! riposte l'autre.

— Allons donc ! emprunte alors, mets en gage ce que tu n'as pas ; fais ce que tu voudras, mais il me faut cent francs, cinquante francs, vingt-cinq francs — ça dépend de ce qu'il espère en tirer — pour avoir droit de fouet chez moi.

Quelquefois, dès le lendemain, il y a désaccord entre le cocher et le patron. Celui-ci renvoie son serviteur infidèle qui, tout naturellement, réclame son cautionnement. C'est alors qu'a lieu une scène de pugilat, dans laquelle l'avantage reste toujours au seigneur.

On va chez le commissaire.

— C'est une affaire Bertrand, affaire de cautionnement sans doute, dit le magistrat. Ça ne me regarde pas ! C'est du ressort de M. le juge de paix.

Devant le juge de paix, M. Bertrand, interrogé, répond invariablement que les dégâts occasionnés à sa voiture, à son cheval et à ses harnais dépassent de beaucoup le montant du cautionnement et que, d'ailleurs, il demande un expert.

Ce qu'il avance est d'autant plus facile à prouver qu'il n'est pas un attelage auquel il n'y aurait plusieurs centaines de francs de dépenses à faire pour les plus indispensables réparations. — Que répondre à cela ? Le juge de paix engage les parties à s'arranger à l'amiable et... le cautionnement reste à la caisse !...

Mme Bertrand, la directrice, est une maîtresse femme, à la hauteur de ses fonctions. C'est elle qui a la surveillance des ateliers composés d'ouvriers peu recherchés dans les autres ateliers et travaillant au rabais. La discipline n'est pas précisément la loi de la maison, aussi a-t-elle à son service des moyens de persuasion : les demi-setiers et les bourrades.

Quand ça va bien, elle régale chez Coustou, le marchand d'en face, et y va de son demi-setier, sa seule consommation.

Quand ça va mal, elle frappe et frappe dur, s'il faut en croire un de ses voisins.

— Je suis assez bien charpenté, pas maladif, il s'en faut ; mais, si deux hommes de ma trempe avaient à lutter avec Mme Bertrand, elle les tomberait !

Ce même voisin disait que M. Bertrand pouvait bien payer pour 50,000 francs de contraventions par an. Un jour, en l'espace d'une heure, il en a subi quatre.

Les cochers jouissent d'une pleine liberté. Ils n'ont aucun tarif, prennent le prix qu'ils veulent, restent vingt-quatre heures, quarante-huit heures dehors, ça ne fait rien, pourvu qu'ils rapportent une bonne recette.

De temps à autre, ils laissent les voitures en plan ou se font mettre en fourrière. Les plus polis renvoient l'attelage par un commissionnaire.

Depuis que M. Bertrand a augmenté sa cavalerie, M. Macquart se désole. Jadis, au marché de la rue d'Enfer, M. Macquart avait son lot, auquel on se gardait bien de toucher. Aujourd'hui M. Bertrand le passe en revue et fait son choix. Il emmène les pauvres invalides, les tient une huitaine de jours à l'écurie et, à force de fourrage, les met en service jusqu'à ce qu'ils tombent pour ne plus se relever!..

TABLE

	Pages.
Les Mystères du Turf	1
Les Courses de chevaux	19
Le Yachting et les Yastchmen	31
Le Rowing et les Rowingmen	37
Courses à pied	42
Le Vélocipède	53
La Chasse à tir	60
Élevage du gibier	77
Épreuves pour chiens	83
Épreuves pour chiens d'arrêt	91
La Vénerie en France	102
Types de veneurs	133
La Fauconnerie	136
La Pêche à la ligne	143
L'Escrime	152
Le Tir aux pigeons	162
Le Pigeon voyageur	174
Le Jeu de paume	182
La Gymnastique	192
La Natation	206

348   TABLE.

                                                                   Pages.

	Pages
Le Patinage	209
La Lutte	219
La Boxe et la Canne	223
Le Tir au pistolet	233
Tirs à l'arc, à l'arbalète	248
Le Coaching	255
Les Ballons	261
Le Jeu de billard	268
Le Jeu de boules	277
Le Polo	280
Le Cricket	283
Le Croquet	286
Le Lawn-Tennis	288
Les Cirques	292
Le Fiacre à Paris	333

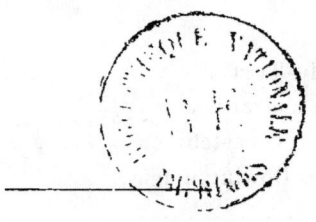

LIBRAIRIE MODERNE

7, RUE SAINT-BENOIT, PARIS

Collection grand in-18 jésus, à **3** fr. **50** le volume

Contes modernes, 1 vol., par GASTON BERGERET.
Céleste Prudhomat, 1 vol., par GUSTAVE GUICHES.
La Brèche aux loups, 1 vol., par AD. RACOT, ouvrage couronné par l'ACADÉMIE FRANÇAISE.
La Marie Bleue, 1 vol., par CH. DE BORDEU.
Mam'zelle Vertu (nouvelle édition), 1 vol., par HENRI LAVEDAN.
La Grande Babylone, 1 vol., par EDGAR MONTEIL.
La Mal'aria, 1 vol., par HENRI ROCHEFORT.
Mademoiselle, 1 vol., par ÉDOUARD CADOL.
Richard Wagner et le Drame contemporain, 1 vol., par ALFRED ERNST, introduction par L. DE FOURCAUD.
Lydie, 1 vol., par HENRI LAVEDAN.
L'Ennemi, 1 vol., par GUSTAVE GUICHES.
Provinciale, 1 vol., par GASTON BERGERET.
Histoires insolites, 1 vol., par le comte DE VILLIERS DE L'ISLE-ADAM.
Charles d'Arin, 1 vol., par PAUL DE CHAMPEVILLE.
Mon Ami Hilarius, 1 vol., par PAUL LINDAU, préface par EMILE AUGIER, de l'Académie française.

Mes Petits Papiers, deuxième série, 1871-1873, 1 vol., par HECTOR PESSARD.
Le Maréchal de Moltke, 1 vol., par X***.
Maro Fane, 1 vol., par J.-H. ROSNY
En secondes noces, 1 vol., par ALEXANDRE BOUTIQUE.
Les Corneilles, 1 vol., par J.-H. ROSNY.
Le Rosier de Madame Husson, 1 vol., par GUY DE MAUPASSANT.
Londres, croquis réalistes, 1 vol., par P. DEGRÉGNY.
La Tresse blonde, 1 vol., par GILBERT AUGUSTIN-THIERRY.
Sire, 1 vol., par HENRI LAVEDAN.
L'Armée russe et ses chefs en 1888, 1 vol., par l'auteur du Maréchal de Moltke.
Lamiel, roman inédit de STENDHAL, 1 vol., publié par CASIMIR STRYIENSKI.
Chants et Chansons, 1 vol., par PAUL AVENEL.
A la Côte, 1 vol., par FRANTZ JOURDAIN.
Mesdemoiselles de Barberioi, 1 vol., par le marquis de CASTELLANE.
L'art en Exil, 1 vol., par GEORGES RODENBACH.
Les Mémoires de Paris, 1 vol., par CHARLES CHINCHOLLE, avec préface de ÉMILE ZOLA.

Volumes illustrés, format grand in-18 jésus. — Prix : **3** fr. **50**

Les Gaietés de l'Année (1re année), 1 vol., par GROSCLAUDE, avec 80 dessins de CARAN D'ACHE.
Les Gaietés de l'Année (2e année), 1 vol., par GROSCLAUDE, avec 120 dessins de CARAN D'ACHE.
Les Gaietés de l'Année (3e année), 1 vol., par GROSCLAUDE, avec 80 dessins de JOB et BAC.
Le Frère lai, 1 vol., par HUGUES LE ROUX, dessins de JULES GARNIER.
La Vie galante, 1 vol., par PIERRE VÉRON, dessins de DRANER.

Paris. — Maison Quantin, 7, rue Saint-Benoît.

www.ingramcontent.com/pod-product-compliance
Lightning Source LLC
Chambersburg PA
CBHW050731170426
43202CB00013B/2261